HÄXORNAS FÖRSVARARE

Ett historiskt reportage

JAN GUILLOU

Häxornas Försvarare

Ett historiskt reportage

pirat
FÖRLAGET

Den här boken har vi valt att trycka på ett
träfritt obestruket papper, Munken Pure.
Det crémefärgade papperet underlättar läsningen.
Dessutom är det helt oblekt – till nytta för allt liv –
inte minst i Örekilsälven och Gullmarsfjorden vid pappersbruket.
Trebruk Sverige har levererat papperet.

Bildleverantörer
Kungliga Biblioteket: 51, 132 (Hjärne)
Statens Konstmuseer: 132 (Rosenhane), 141, 146
Stockholms Stadsmuseum: 132 (Thegner)
Bilderna på sidorna 215, 239 och 261 är hämtade ur
Häxornas Europa 1400–1700.

ISBN 91-642-0037-X

© Jan Guillou 2002
Utgiven av Piratförlaget
Omslag: Kaj Wistbacka, illustration
Ateljén Arne Öström, form
Tryckt hos ScandBook AB, Falun 2002

Innehåll

I

Om hur Blåkulla förvandlades från fantasi till verklighet

1. Vallflickans möte med fel präst vid fel tidpunkt

Gertrud Svensdotters bevisligen goda förmåga att berätta och hennes livliga fantasi blev orsak till många människors död. Det är sant. Det är också i detalj dokumenterat intill varje halshuggning, brinnande bål och sista piskrapp. Eftervärlden har därför dömt Gertrud Svensdotter hårt och beskrivit henne som medvetet ondskefull.

Henne vill jag dock försvara. Anklagelsen om hennes ondska är meningslös redan av den anledningen att hon var ett barn när hon drogs in i mardrömmen.

Hon var född uppe i Lillhärdal i Härjedalen men hade blivit nedskickad till släktingar i byn Åsen i Österdalarna. Hon bodde hos sin farfars syster och förmodligen var det varken bättre eller sämre än att bo uppe i Lillhärdal. Men det är troligt att hennes far Sven Nilsson Hwass hade velat bli av med henne, åtminstone tillfälligt, på grund av en del vardagliga misshälligheter i familjen. Gertruds mor hade dött i barnsäng och hennes far hade funderingar på att gifta om sig med en nittonårig piga som hette Märit Jonsdotter. Det hade lilla Gertrud svårt att förlika sig med. Och så blev hon nedskickad till släkten i Åsen vid östra Dalälven.

Det var inget märkvärdigt beslut, vare sig för samtiden eller för eftervärlden. Men det skulle leda till att Märit Jonsdotter brändes på bål.

På hösten 1667, i slutet av september eller början av oktober, var Gertrud ute och vallade getter vid en plats som heter Hommansäng i närheten av älven. Hon var elva år gammal och ansvarade inte bara för getterna utan säkert också för den två år yngre Mats Nilsson. I fäbodkulturen var små barns arbete sådant som kunde skötas i hemmet eller nära hembyn och pojkar och flickor kunde utan problem utföra sysslorna tillsammans. När pojkarna blev ynglingar upphörde för deras del allt arbete med djur utom hästar och när flickorna blev äldre kunde de börja sommararbeta på fäbodarna med tillverkning av ost och smör, ett arbete som tillmättes stort värde både ekonomiskt och i social prestige.

Men nu, denna satans höst, var Gertrud och Mats ute tillsammans för att passa byns getter. Någon gång under dagen blev de ovänner om ett stycke bröd, det blev slagsmål och den två år äldre Gertrud vann.

Senare på eftermiddagen fann de att några av getterna hade förirrat sig ut på en liten holme i älven som kallades Lisleön. Det hade regnat mycket den sommaren och kanske var älvens lopp något stridare än vad som var vanligt så här i den tidiga färgrika hösten. Mats vågade hursomhelst inte gå ut i älven trots att Lisleön låg nära älvstranden utan det blev Gertrud som vadade över och ledde tillbaka getterna med ett stadigt grepp om deras horn så att också hon själv gick säkrare.

Det är hela saken, åtminstone som eftervärlden kan tolka och förstå den. Bara detta är vad som faktiskt hände.

Men när den nioårige Mats, tilltufsad i slagsmål och möjligen skamsen över att han inte vågat gå ut efter getterna fastän han var pojk, berättade om händelsen för sin far måste han ha lagt till ett och annat. Han kom med en övernaturlig förklaring till att Gertrud men inte han själv kunnat vada ut i älven.

Den tröstande fadern tog inte oväntat sin lille sons parti. Och nog överdrev fadern något, eller bättrade åtminstone på historien, när han träffade nämndemannen Olof Matsson i grannbyn. Och nämndeman Matsson förbättrade säkert historiens dramatik när han i sin tur berättade den för byarnas kyrkoherde Lars Elvius.

Men därmed var fan lös.

För den version av händelsen med getterna på Lisleön som Lars Elvius nu hade att ta ställning till gick ut på att Gertrud hade kunnat gå på vattnet som Jesus Kristus själv. Fast detta mirakel hade en ond förklaring, eftersom Gertrud först hade anropat Djävulen om hjälp, vilket hon också hade fått. Djävulen hade infunnit sig i egen hög person och smörjt Gertruds ben och fötter med en magisk salva. Därför hade hon men inte lille Mats kunnat rädda getterna.

Kyrkoherde Lars Elvius tog sig an frågan med största allvar. Han kallade till sig Gertrud och inledde en lång serie förhör, om vilka vi dessvärre inte vet någonting eftersom han inte förde något protokoll. Förhören varade emellertid i flera månader och måste i sak ha gått ut på att Gertrud skulle erkänna ett förbund med Djävulen.

Hon nekade ihärdigt och länge. Men efter nyåret 1667–68 kom en Erich Erichsson, 15 år gammal, till kyrkoherde Elvius hjälp. Gossen Erich visste berätta att Gertrud minsann ofta farit till Blåkulla och även fört en av hans småsystrar dit, liksom en del andra namngivna barn.

Förhören med Gertrud hade knappast varit någon hemlighet på bygden och eftersom kyrkoherden tog saken på så stort allvar hade han på olika sätt berört den med de flesta av sina församlingsbor, både i sin predikotjänst och i sin själavård. Det ena åsyna vittnet efter det andra anmälde sig tjänstvilligt och så skapades en ohållbar situation för den nekande Gertrud.

För hennes del blev det därmed klokast att bekänna så mycket som förväntades. Även om Gertrud själv inte var tillräckligt bevandrad i kristen tro, särskilt inte i den svårbegripliga frågan om Nådens under, så bör den samvetsgranne kyrkoherden ha ansträngt sig åtskilligt för att förklara den saken.

Först med bekännelsen kan en kristen bli förlåten av Gud och människor. Men den som nekar, som den redan överbevisade Gertrud, och framhärdar i sin synd förbryter sig därmed ytterligare mot både Gud och människor. Innebörden av detta är enkelt att begripa och i religiös mening fullkomligt logiskt: erkänn och allt kan bli förlåtet!

Problemet med att erkänna något som inte är sant blir emellertid det snart växande kravet på att förtydliga: Om du nu far till Blåkulla som vittnena anger och du själv så godeligen bekänt, vem var det då som lärde dig den onda konsten? Vilka av dina grannar har du sett i Blåkulla? Tänk nu lilla flicka på att du inte blir fri från synden förrän du fullkomligt och ärligt lättat ditt hjärta!

Och allteftersom Gertrud bekänner, och rykten om hennes bekännelser sprider sig, kommer nya barn in i handlingen, ibland frivilligt, ibland ledda i örat av sina föräldrar, dock nästan alltid med livfulla och entusiastiska skildringar av livet i Blåkulla. Än förstod inte barnen vilka ohyggliga konsekvenser deras berättelser skulle få. Och senare när den saken uppenbarades i all sin blodiga konkretion var det för sent att börja ta tillbaka.

Vid fjärdingstinget i september 1668, knappt ett år efter händelsen med getterna vid älven, angav Gertrud Svensdotter 19 personer, därav åtta vuxna, för Blåkullafärd. Den som hon utpekade som sin lärare i de sataniska konsterna blev, föga överraskande för oss i eftervärlden, Märit Jonsdotter som hennes far hade tänkt gifta om sig med.

Snart skulle häxbålen resas. Historien med Gertrud och getterna ute på en holme i Dalälven blev trots sin skenbara obetydlighet inledningen till ett av de mörkaste kapitlen i den svenska rättshistorien. Paniken spred sig snart över stora delar av landet och när eldarna slocknade ett knappt decennium senare hade mer än 300 människor avrättats. De allra flesta efter att ha bekänt.

2. Ögonvittnesskildring från Blåkulla

Blåkulla var vid den här tiden, under häxhysterins första år, en munter och i huvudsak ljus plats. Allteftersom bödelsyxorna och häxbålen arbetade sig vidare från Älvdalen i östra Dalarna och ut i landet kom emellertid denna Djävulens boning att fördystras avsevärt. Legenden om Blåkulla är från början närmast att betrakta som en folklig sägen och välkänd minst tvåhundra år innan den förvandlades till juridisk verklighet.

I hela Europa tog sig häxor på olika sätt – alla kunde inte flyga – till fest hos Djävulen för att äta de vidrigaste ting, helstekta barn med grodor, paddor och ormar i sås av fladdermusblod, och för att ha sexuella orgier både inbördes och med Djävulen. Så hade det varit från senmedeltiden och framåt.

Men kalasen hos Djävulen i Dalarna var till en början jämförelsevis anständiga och dessutom både gemytliga och kulinariskt angenäma. Det måste till några års bearbetning av de förhörande svenska prästerna för att få Blåkulla att bli en otrevlig plats.

En av de präster som jämte Lars Elvius kom att bli närmast heltidssysselsatt under flera år med häxförhör och rättegångar var kyrkoherden i Mora, Elavus Skragge. Från hans hand finns en utförlig redogörelse, en sorts sammanfattning av läget i Blåkulla omkring år 1670. I det följande återger jag, något förkortat, hans berättelse som han skrev ner den själv. Jag översätter dock hans ord till modernt språk. För en sådan text skall egentligen inte läsas på ett ålderdomligt, groteskt stavat och till hälften latiniserat språk med tysk ordföljd. Det ger bara ett orättvist komiskt och overkligt intryck. Och det pastor Skragge skrev var sannerligen inte avsett att verka komiskt eller orimligt. Tvärtom, det följande plitade han samvetsgrant ned som både det vittne och den själasörjare han var:

"Enligt vittnesuppgifter i Älvdalen tar man kontakt med Djävulen genom att diskret ge sig ut till en avsides belägen plats där två vägar korsas. Där klär man av sig naken och springer runt vägkorset tre varv, på varje varv med allt högre stämma åkallande Satan. De ord som används är vanligen: 'Antifar, kom och för oss till Blåkulla!'

När Djävulen därvid infinner sig kan han vara klädd på flera sätt, men oftast i grå jacka, röda byxor och blå strumpor. Han har rött skägg, bär hög hatt som är utsmyckad med färgglada tofsar och bollar, liksom hans knästrumpor.

Djävulen frågar nu dem som åkallat honom om de är beredda att tjäna honom med kropp och själ. När den frågan besvarats med ja, sätter han sig på det riddjur eller den tingest han för tillfället disponerar för ändamålet, och ber sina gäster sitta upp. Därefter bär det iväg över kyrkor och hav och stora moar fram till den vidsträckta gröna äng där Blåkulla är beläget.

Vid de kyrkor man passerar på vägen gör man uppehåll och då måste gästerna fara upp till kyrkklockorna för att med tänderna lösgöra metallfragment eller rost.

När man själv lärt sig att färdas på detta sätt får man ett magiskt horn av Djävulen med häxsalva samt en sadel med träspikar att fästa sadeln med. När kreaturen sadlats och är klara för avresa vänder man dem upp och ned och kör dem med bakdelen först – – –

För transporten kan dock en mängd ting användas, bakspadar, till och med människor, eldgafflar och annat. Och när man rider på getter, och har många barn med sig för transporten, sätter man en stång i ändan på geten så att alla skall få plats – – –

Föräldrarna som sitter och vakar över barnen hela nätterna, för att förhindra att de förs bort, brukar rycka och skaka dem så fort de märker att barnet tycks vara på väg att rövas bort. Dessvärre ofta förgäves, vilket visar sig av att barnet har blivit kallt. Sätter man därvid ett tänt ljus mot barnets hår brinner det inte och detta tillstånd kan vara upp till flera timmar. När barnen senare kommer till medvetande klagar de ofta högljutt, gråter och åkallar Gud så gott de kan – – –

Om själva Blåkulla är vittnesuppgifterna samstämmiga. Blåkulla ligger vid en behaglig äng med vidsträckt utsikt över ett vackert landskap. Framför själva huvudbyggnaden finns en stor målad portal och där innanför framför storstugan en beteshage där gästerna kan släppa ut sina riddjur vid ankomsten.

Inne i den stora salen är det dukat med långbord där kärringar står på huvudet vid kortändarna och tjänstgör som kandelabrar eftersom de har stora ljus nedstuckna i de nedre kroppsöppningarna. Bakom salen har Satan en kammare där flera sängar är bäddade med fint krusade lakan.

Det första som förväntas av gästerna är att de avsvär sig tron på Gud och överlämnar sin kropp och själ till Satan, som de kallar Liothe. Han skär dem därefter i ett finger och skriver med blodet in namnen i en stor bok och låter döpa om dem till namn som Stygging, Gudsdöd, Herreskämspådig och allehanda svordomar.

Satan ger dem därefter en läderpung som är avsedd att förvara de metallfragment som de karvar loss från kyrkklockorna och därtill en sten så att de skall kunna nedsänka pungen med dess innehåll i havet då de flyger förbi. I det sammanhanget skall de uttala formeln 'att så som detta aldrig kommer åter till kyrkklockan så kommer heller aldrig min själ till himlen'.

På en del barn kan man iaktta ärr efter de snitt som Satan gör när han skriver in dem i sin församling. En flicka hade ett stort och tydligt ärr över hela fingret och förklarade det med att Satan tog i lite för ivrigt eftersom hon inte höll fram sin hand på rätt sätt.

Efter dessa förberedelser sätter sig gästerna till bords och de som Satan uppskattar mest sitter finast bordsplacerade. Barnen får vanligtvis stå nere vid dörren, men Satan ser till så att också de blir serverade. Man äter kål, fläsk, bröd, smör, mjölk och ost. Somliga säger att maten smakar utmärkt, andra har motsatt uppfattning.

Efter måltiden blir det dans, svordomar och slagsmål. Satan spelar själv, i Älvdalen på en harpa som han stämmer med en eldgaffel. Men i Mora däremot disponerar han ett helt spelmanslag.

Efter dans och förlustelser går Satan in i kammaren med dem han behagar och har samlag med dem, vilket ju många kvinnor har bekänt. På frågan hur detta upplevs är svaret vanligtvis att det inte är någon märkbar skillnad på samlag med Satan och ordinarie sådana förlustelser, utom möjligen att Satan ofta upplevs som mycket kall.

De barn som förs in i kammaren låter Satan sammanviga innan han lär dem hur samlagen skall genomföras. Därefter föder de paddor och ormar – – –

Han visar dem himmelriket och helvetet och förklarar att himmelriket är till för dem som tjänar honom och helvetet för de andra. I helvetet visar han dem en stor djävul som ligger kedjad som en drake i elden och han säger att den som bekänner för människor eller präster om sin samvaro i Blåkulla kommer att förtäras av denna drake, eller hotar han att släppa den lös så att hela Sverige drabbas av undergång. Och då det började ryktas om att man i Stockholm tillsatt en kunglig kommission mot trolldom sände Satan dit några av sina tjänare för att mörda kungen och regeringen och på så sätt förhindra kommissionens ankomst till Dalarna. En del personer har ju mycket riktigt bekänt att de nattetid flugit till ett stort hus i Stockholm i syfte att förgöra kommissionens medlemmar. Det skulle ha gått till så, att de stack dem i huvudet med knivar, men knivarna blev då helt mjuka så att ingen skada uppstod.

Barnen berättar också om en vit ängel som hindrar dem från att göra sådant som Satan befaller, eller håller ängeln sin hand i vägen för den mat som Satan försöker stoppa i dem – – –"

3. Blåkulla blir juridik och teologi

Så ser alltså grunddragen ut i Blåkullasagan efter ett par års förhör med några hundra barn. Ett stort antal variationer tillkommer av både komisk och mer satanisk natur. Dansmusiken i Blåkulla kan exempelvis framställas av musikanter som trumpetar med ändorna och de paddor och ormar som barnen föder strax efter sina sexuella övningar läggs i en stor kittel och kokas ihop till den häxsalva som alla behöver för att kunna flyga.

I alla sina varianter är emellertid Blåkullasagan en kompromiss mellan folklig fantasi om ett gemytligt gästabud – ungefär så som man skulle kunnat önska sig i verkligheten – och grov brottslighet. För hade man bara farit på kvast eller upp och nedvänd ko till Blåkulla för att ha trevligt, dansa och äta gott så uppfylldes åtminstone inte kraven för dödsstraff.

Att bola med Djävulen är således inte bara en fantasieggande synd. Det är brottsligt redan av den anledningen att vanlig otrohet mellan gifta människor var ett grovt brott som i värsta fall kunde straffas med döden.

Till det kommer en mer förfinad teologisk aspekt som nog få av de bekännande barnen kunde inse: hela arrangemanget förutsätter en pakt, ett ingånget avtal, med Satan. Och för samtidens teologiska expertis var detta det värsta brottet.

Men från Blåkulla utgick också en mer vardaglig brottslighet som säkert de flesta människor kände till. Den allmänna föreställningen om trollkvinnor var sedan urminnes tider att dessa kunde ställa till stor skada på skörd och boskap. De hade exempelvis sina *bäror*, konstgjorda magiska små väsen som kunde smita över till grannens kor och tjuvmjölka dem. Bärorna såg ibland ut som vanliga små kattungar, ibland som vita harar och hade i undantagsfall ett mer fantasieggande utseende, ungefär som sydamerikanska bältdjur. Att denna typ av välkänd brottslighet skulle dyka upp i upphetsade barns berättelser, för att därefter bekräftas i de utpekade kvinnornas bekännelser, var närmast självklart.

Men påståenden om hur Blåkullaresenärerna skulle försöka mörda medlemmar av den kungliga specialdomstolen i trolldomsmål verkar mer vara en konstruktion av förhörande jurister, som vill ha något konkret att döma på, än av fantasifulla barn. Ett liknande förhållande kan man ana bakom påståenden om hur Satans anhängare försökte mörda de mot trolldomsraseriet tappert kämpande prästerna. Kyrkoherde Lars Elvius noterade att han då och då fick huvudvärk till följd av sådana attentatsförsök och en präst i Mora redogjorde för hur han fått nattliga besök av satansfolk som så när hade lyckats strypa honom.

Det är två helt olika världsbilder som har kolliderat. Om Blåkulla hade folket skämtat så långt tillbaka man kunde minnas utan att uppfatta sådant tal som farligt eller ens särskilt kränkande. Men nu kom en våldsam omsvängning och alla skämt som nyss varit harmlösa kom att bli dödligt farliga för den som utsattes för dem eller kunde sägas ha talat om sådana saker tidigare.

Upphovet till den psykiska epidemi som snart skulle svepa över landet är mötet mellan Gertrud Svensdotter och kyrkoherde Lars Elvius efter den till synes obetydliga händelsen med getterna på en holme ute i älven. När Gertrud och kyrkoherde Elvius med sina två helt olika världsbilder möttes blev det som en kemisk reaktion som framkallade ett helt nytt ämne, häxpanik. Ingen av de två kan sägas ha varit en ond människa, ingen av dem hade ett ont uppsåt. Gertrud var ett barn på elva år och oskyldig redan av den anledningen. Och kyrkoherde Lars Elvius kom i det följande förloppet att handla efter sitt samvete och bästa förstånd. Det är svårt att se hur han skulle ha funnit en annan utväg. Han gjorde bara vad en man i hans ställning måste göra. Han var som vi alla en produkt av sin tid, han var en typisk 1600-talsman.

4. Från den ljusa medeltiden till 1500-talets mörker

Birger jarls mor Ingrid Ylva (ca 1180–1255) var en av sin tids mest vördade kvinnor och det redan långt innan hennes son Birger erövrade den politiska makten. Om henne sades det att så länge hon höll sitt huvud högt kunde intet ont drabba folkungaätten. Varför legenden gör gällande att Birger jarl lät begrava henne stående i en pelare i Bjälbo kyrka när hon dog. Arkeologiska försök att kontrollera uppgifterna har visat sig resultatlösa.

Men Ingrid Ylva hade också ett gediget rykte om sig att vara trollkunnig. En legend beskriver exempelvis hur folkungarnas Bjälbo en gång blev utsatt för ett överraskande anfall av fiender. Läget var kritiskt. Men då gick Ingrid Ylva upp i kyrkans torn, rev sönder några kuddar och skakade ut innehållet i luften. Varje litet dun förvandlades i samma ögonblick det tog mark till en riddare klädd i rustning.

Legenderna om Ingrid Ylvas trollkunnighet kan inte uppfattas som förtal utan snarare som motsatsen. Häxprocesserna på 1600-talet låg så långt bort i den mörka framtiden att ingen vettig människa skulle ha kunnat föreställa sig ett sådant barbari.

Lagstiftningen på Birger jarls och Ingrid Ylvas tid hade förvisso stadganden mot trolldom. Men det hade inte varit tillrådligt för någon av hennes eller hennes släkts många fiender att försöka föra fram trolldomsanklagelser vid tinget. Det hade med allra största sannolikhet slutat med elände för anmälaren:

"Detta är okvädningsord till kvinna. Jag såg du red på en fåll-grind med utslaget hår och lös gördel i trolls hamn, då det vägde jämnt mellan dag och natt. Säger man att hon kan förgöra kvinna eller ko, det är okvädningsord."
(Äldre Västgötalagen, Rättslösabalken 5:5)

Vad vi ser är för det första en mer än åttahundra år gammal förtalsparagraf. Den som gjorde sig skyldig till grovt förtal av detta slag hade dryga böter att vänta.

För det andra får vi en tydlig bild som handlar om en häxa på mystisk skymningsritt i vårnatten. Men detta var förtal och ingenting annat, det kunde alltså inte bli föremål för någon sanningsprövning.

Och för det tredje skymtar det som i verkligheten var medeltidens trolldom, nämligen "förgöring".

Att förgöra någon är nästan uteslutande detsamma som att förgifta. Förgöring med dödlig utgång, giftmord således, betraktades som grovt mord (till skillnad från lindrigare mord, exempelvis i slagsmål). Om man förgiftade annans boskap så var det skadegörelse med ungefär samma åtföljande ersättningskrav som idag.

Ingrid Ylvas rättstrygghet var emellertid stark, eftersom inga trolldomsrykten runt henne handlade om att göra ont eller förgöra. Tvärtom var hennes trolldom god, en sorts vit magi. Och det var inte förbjudet.

Till detta kommer att om Ingrid Ylva mot all sans och förnuft hade anklagats för otillåten trolldom så hade hon haft goda möjligheter att värja sig när det kom till den bevisning som krävdes enligt landskapslagarna. Hon hade skyddat sig med en eller flera tolfter edgärdsmän, en sorts karaktärsvittnen, så som lagen föreskrev. Det säger sig självt att en kvinna i Ingrid Ylvas sociala ställning hade kunnat kommendera fram en mer än tillräcklig rad av släktingar som gick ed på hennes oskuld. Varefter den som gjort sak mot henne hade hamnat i en ytterst brydsam, och dyrbar, situation.

Våra allra äldsta kända lagar är alltså högst konkreta när det gäller brott som har med "trolldom" att göra. Antingen handlar det om giftmord eller också om skadegörelse, eller om försök till ettdera:

"Nu tillvitas det henne (dvs trolldom) och säker förgöring syns på bonden eller på hans husfolk eller på hans boskap; då värjer hon sig med tretolftsed eller böte fyrtio marker. Misstänkes hon för en sådan sak, men det syns ingenstädes på hans boskap, då värje hon sig med tolvmannaed eller böte tre marker."
(Östgötalagen)

Konkreta gärningar som förgiftning och skadegörelse var således inga teoretiska eller abstrakta brott på Ingrid Ylvas tid och utgjorde därmed inte heller några juridiska problem.

Däremot var det svårare att hantera allmänt hokus pokus. Vidskepelse saknades inte heller på medeltiden men blev efterhand, genom kyrkans inflytande, kriminaliserat:

"Far kvinna med vidskepelse, böte hon sexton örtugar tre gånger, den första till biskopen, de två andra till häradet och kungen."
(Yngre Västgötalagen, Rättslösabalken 11)

Den medeltida katolska kyrkan hade dock ett något kluvet förhållande till magi och vidskepelse. Inte minst måste ju kyrkans egen vita magi ha gjort det svårt att övertygande argumentera

21

för att sådant varken fungerade eller vore tillåtet. Varje kyrka kunde uppvisa åtminstone någon undergörande helgonrelik, under hela medeltiden bars Erik den heliges benknotor runt åkrarna i Uppland för att garantera en god skörd, vigvatten var en starkt undergörande medicin och så vidare. Kyrkan måste alltså haft det besvärligt med sina dubbla budskap om att all form av icke auktoriserad magi var verkningslös men ändå måste förbjudas och straffas.

En berömd kyrklig lag från 900-talet och framåt, den så kallade Canon Episcopi, fördömer kategoriskt alla föreställningar om flygande häxor, med eller utan kvastar eller riddjur, som hädelse: *"Ty om en oräknelig mängd som vilseförts av denna falska uppfattning tror att detta är sant, och därigenom avviker från den rätta tron, delar den hedningarnas villomeningar."*

Dessa ord var så sent som på Ingrid Ylvas tid, år 1234, införda i kyrkolagen under påven Gregorius IX.

Om kyrkoherde Lars Elvius i Älvdalen således hade mött Gertrud Svensdotter på 1200-talet hade det sannerligen inte blivit några häxbål. Däremot hade han strängt förmanat henne att inte sprida vidskeplighet omkring sig och han hade ålagt henne en bot på, säg tio Ave Maria, fem Pater Noster och en dag på vatten och bröd och stilla eftertanke.

Den dramatiska förändringen mellan den ljusa medeltiden och det mörka 1600-talet har uppstått till följd av fyrahundra års intellektuell och vetenskaplig utveckling.

Det kan i förstone verka som en svårsmält tanke, eftersom den dels kolliderar med våra invanda föreställningar om den "mörka medeltiden", dels med tanken att utveckling i intellektuell och vetenskaplig mening alltid är något som går framåt mot något bättre.

Följaktligen tänker vi oss lätt att eftersom de häxprocesser vi har hört talas om, de från 1600-talet, var ett svart och skrämmande kapitel i mänsklighetens historia, så måste allting ha varit etter värre under medeltiden. Det blir nästan självklart att betrakta de hysteriska häxprocesserna på 1600-talet som medeltidens sista onda suck. För därefter kom ju upplysningen och ljuset. Och med en viss psalms kända ord: "Från mörkret stiga vi mot ljuset."

Om således Lars Elvius genom några av de magiska krafter som han själv trodde på, hade kastats 400 år tillbaka i tiden, så hade han ingalunda framstått som någon modern avancerad tänkare. Tvärtom. Hade han börjat tala om Blåkullafärder *i sinnevärlden*, och alltså inte som vidskeplighet eller djävulska illusioner, så hade medeltidens kyrkliga expertis betraktat honom som en farlig stolle av just det slag kyrkan ständigt måste bekämpa med upplysning och själavård. Hade han framhärdat så hade han i värsta fall riskerat att dömas som kättersk spridare av irrläror och – åtminstone längre söderut i Europa – slutat sina dagar som bränd på bål. Levande.

Det hade han visserligen inte riskerat om han i stället kunnat resa lika långt framåt i tiden, till 2000-talet. Men ironiskt nog hade hans trovärdighet varit lika låg nu som på 1200-talet. Skillnaden hade bara varit att kyrkans ställning är oändligt mycket svagare idag än på Ingrid Ylvas tid.

Från 1200-talet och framåt kretsade kyrkans ideologiska utveckling huvudsakligen kring kamp mot vantro, vidskepelse och kätteri. Det är också en grym historia som krävde ett mycket större antal dödsoffer än den betydligt senare epoken med häxjakt. Skillnaden mellan dessa två mörka kapitel i kyrkans historia är dock i ett avseende klar och tydlig. Kätteriet fanns i sinnevärlden och var periodvis utbrett och till och med ett verkligt hot mot kyrkans ledande ställning. Därför upphöjde påvemakten all kamp mot sådan vantro till rangen av korståg.

Albigenser, valdenser, katarer och andra var verkligen gudstroende i opposition mot den katolska kyrkan och i den meningen tvivelsutan "skyldiga" och i många fall beredda att dö för sin tro på kättarbålet.

Men vad trolldom beträffar stannade såväl den världsliga som den kyrkliga makten fram till 1300-talet vid att enbart straffa *maleficium* (att göra ont, förgöring) i dess många men vanligen högst begripliga och konkreta former.

Däremot ägnade såväl den kyrkliga som den världsliga överheten på 1300- och 1400-talen bara förstrött intresse åt folkliga föreställningar om att nattetid bege sig till hemliga orgiastiska möten, med eller utan ridverktyg. Tro på sådan vidskeplighet var bara en milt straffvärd form av vanföreställningar som kunde behandlas inom ramen för den vanliga själavården: be si och så många böner, ångra dig och gör inte om det!

Den kyrkliga tolkningen av kätteriets kärna hade varit enkel – det var Djävulens verk. Det tog dock den katolska kyrkan 200 år av ansträngningar att vinna över Djävulen i kättarstriden.

Men under stridens gång var de intellektuella ingalunda overksamma. Tidens förnämsta vetenskap var skolastiken, enkelt uttryckt en avancerad överkurs i kristen analys. I samma takt som lärda arbeten författades fjärmades visserligen vetenskapen från folket och den kristna grundtron. Det är få ens kyrkligt skolade personer i vår tid som kan följa logiken i ett raffinerat skolastiskt arbete som diskuterar… tja, säg frågan om vad som uppstår om en råtta olyckligtvis lyckats boa in sig i ett skrin där oblaten förvaras. Har oblaten anfrätts även i en gudomlig mening av råttans gnagande och orenlighet? Har råttan nu kommit i åtnjutande av Helig ande? Kan således en så upphöjd råtta inte slås ihjäl på vanligt sätt?

Svaren på de tre frågorna är nej, nej och jovisst. Men på 500 sidor.

Allvarligare problem fanns förvisso att sysselsätta de intellektuella. Störst av allt var frågan om hur man skulle förstå Djävulens anlopp mot människorna. Stora olyckor i tiden fanns att grubbla över, de spetälska, den förhärjande digerdöden, hungersnöd och krig.

Det enkla var att förklara dessa olyckor som Djävulens verk. Det svåra var att förstå innebörden i denna straffdom, då Djävulen inte kunde verka av egen kraft utan bara med tillåtelse av Gud.

I tiotusentals kyrkliga skrivarceller kände sig nu tidens intellektuella manade att analysera dessa frågeställningar. Deras metod skulle inte kallas vetenskaplig idag eftersom deras källmaterial bestod av funderingar som andra skrivit ned före dem och det de tillfogade bestod av nya funderingar där, rått men enkelt uttryckt, den egna fantasin var den enda nya källan. Den enda vetenskap som arbetar med sådana metoder i vår tid är nationalekonomin.

I lager på lager samlades de skolastiska texterna, författade av män som lovat sexuell avhållsamhet och antingen led helvetiska kval av den anledningen (eftersom Djävulen metodiskt och uthålligt frestade dem med nattliga fantasier) eller också heroiskt motstod varje frestelse från Djävulens förnämsta verktyg, nämligen kvinnokroppen. Det ångar våta drömmar blandat med sexualskräck och kvinnohat ur munkcellerna.

Lärda avhandlingar skrevs om demoner i kvinnogestalt som överfaller munkar vid middagsvilan, ofta i gestalt av en svart nunna, eller i nattens ensamhet i sovsalen för att köttsligen kunna förena sig med de stackars troende, dra ned dem i synden och därmed glädja sin Mästare.

Sex mellan människa och demon, som fram till 1200-talet hade betraktats som vidskeplighet av så visserligen fånig men oskyldig art att den inte ens var straffbar, kom genom skolastikens vetenskapliga framsteg att bli bevisad verklighet en bit in på 1300-talet.

Under första hälften av 1400-talet började häxorna flyga, det vill säga flyga i bokstavlig och vetenskapligt bevisad mening. Enligt folktron hade det flugits länge, men nu blev det sant. Folktro och kyrklig dogmatik började smälta samman.

Den första vetenskapligt belagda flygturen kan dateras till 1428. En nunna som ställdes inför rätta i Rom, Matteuccia de Francesco, erkände efter en lång uppräkning av sådant som var standard, läkedomsbesvärjelser och kärleksramsor med magisk effekt, att hon flugit till ett valnötsträd, förvandlad till en fluga men ändå ridande på en demon i skepnad av en bock sedan hon smörjt sig med en salva där blod från nyfödda barn var den viktigaste ingrediensen. Den teologiska expertisen godtog hennes berättelse och därmed var flygvallen genombruten.

Det är således på 1400-talet som häxprocesserna kommer igång i Europa men till en början i mycket blygsam omfattning. Emellertid kulminerade den skolastiska vetenskapens samlade resultat år 1484 när påven Innocentius VIII gick till frontalangrepp mot häxeriet. Han utfärdade en bulla (en sorts generalorder till hela kyrkan), där han utnämnde de två ledande häxexperterna Jacob Sprenger och Heinrich Institoris till överinkvisitorer. Därefter publicerades dessa två dominikanermunkars banbrytande verk i ämnet, *Malleus Maleficarum*, den så kallade *Häxhammaren*.

Den boken, som i ständigt nya upplagor kom att ges ut fram till år 1699, är sannolikt en av de mest ondsinta skrifter som någonsin publicerats. Till skillnad från *Mein Kampf* är den också i stora drag helt begriplig.

I Häxhammaren finns nu för första gången den färdiga teoretiska konstruktionen av en häxa. För det första är det en från Gud avfallen människa, således en kättare, redan det skäl för dödsstraff. För det andra är det en person som ingått ett förbund med Djävulen och gett honom både sin själ och sin kropp, det senare dessutom vanemässigt och i olika gruppsexritualer. Vidare besöker häxan med jämna mellanrum svarta sabbatsövningar och har som tack för sin underkastelse belönats med onda förmågor som att framkalla oväder och slagregn, sprida sjukdomar eller förgöra djur och människor eller förstöra skördarna och är kort sagt ett ont väsen som till varje pris måste utrotas.

Häxbrottet har nu fått den definition som kom att bli gällande. Tidigare hade trolldomsbrott bara förekommit i lindrigare form och enbart som maleficium. Nu är analysen utvidgad och innehåller ytterligare fyra avgörande moment, djävulspakten, metamorfosen (förvandling av sig själv eller andra till exempelvis djur), djävulssabbat och nattflygande. Det som tidigare var vidskepelse hade upphöjts till högsta gällande kyrkliga dogm.

Häxhammaren är indelad i tre volymer, de första två beskriver problemet och den tredje anger riktlinjer för hur man skall lösa det. Vad den beskrivande delen beträffar så uppvisar den en förbluffande mängd praktiska kunskaper som de två dominikanermunkarna inhämtat vid sina skrivpulpeter. De vet allt om hur häxorna bär sig åt för att flyga, hur de hämmar människors barnalstringsförmåga eller rentav stjäl den manliga lemmen, vilket sägs vara ett mycket vanligt oskick i deras repertoar.

Vad de två författarna åstadkommit verkar vara en tämligen komplett insamling av tidens folkliga föreställningar och sagor i Europa.

När det gäller frågan om hur man skall bekämpa häxorna är de två munkarna inte oväntat stenhårda. Eftersom häxeriet är ett undantagsbrott så gäller inga vanliga rättsliga regler. Den romerska rätten hade redan mer än tusen år tidigare slagit fast att tortyr av en romersk medborgare var ett otillåtet rättsmedel. Dock fanns ett undantag, när det gällde majestätsbrott. Man kunde tortera en gripen gärningsman efter mordet på Caesar i syfte att få honom att ange konspiratörer och medgärningsmän. Alltså bygger nu Häxhammarens författare vidare på en analogi, där man beskriver häxeri som det högsta av alla majestätsbrott, nämligen mot Gud. Således är tortyr av häxor tillåten och mer än så, en varmt rekommenderad metod.

Häxorna har nämligen en illistig benägenhet att neka när de

1500-talets något kluvna konstnärssyn på häxor, här i Hans Baldung Griens tappning. Kropparna är läckert och pornografiskt avbildade, vi befinner oss ungefär i Rubens tidevarv och bilderna svarar perfekt mot det dåtida kvinnoidealet. Avsikten är som synes inte enbart att betraktaren skall förfasa sig. Även om det var bildernas formella skäl att tillverkas.

anklagas. Och därtill har Djävulen ofta gett dem medel att göra sig okänsliga för tortyr. Varav logiskt följer att den häxa som inte erkänner när hon torteras ens å det grymmaste måste uppfattas som skyldig.

För att ändå försäkra sig så gott det går mot Djävulens finter bör häxorna rakas rena från allt kroppshår innan tortyren inleds, eftersom de brukar gömma sina av Djävulen tillverkade små tortyrskydd i håret, även könshåret eller håret under armarna.

Vad vittnen och övrig bevisning gäller rekommenderas också ett totalt undantagstillstånd gentemot gällande rätt. Dödsfiender får gärna vittna (eftersom det ändå är vars och ens skyldighet att vara dödsfiende med en häxa), hustru får vittna mot man och omvänt, såvida de inte vill fria den misstänkte.

Författarna är kvinnohatare av det mest ursinnigt fanatiska slag. De redovisar en utförlig argumentation till stöd för tanken att det egentligen bara är kvinnor som kan sluta trolldomsförbund med Djävulen. I sådana resonemang har de för övrigt starkt stöd från en mängd andra skribenter inom tidens intellektuella elit.

Det var redan vetenskapligt bevisat att kvinnan var av naturen skvallrig och bräcklig i tron. Belägg för det senare finner man ju redan i ordet kvinna, *femina* på latin. Det är nämligen svart på vitt, eftersom ordet är sammansatt av *fe*, som kommer av *fides* (tro), och *minus*. Alltså har kvinnan mindre tro.

Och det var som alla vet Eva som genom att låta sig förledas av Djävulens frestelser gjorde att även den oskyldige Adam måste lämna paradiset. Eva är dessutom skapad av ett krokigt revben, följaktligen är hela hennes intellekt krokigt och böjer sig, inte åt det goda hållet utan åt det onda. Trots att Gud skapade kvinnan blev hon ändå som skapt åt Djävulen skulle man kunna sammanfatta.

Det tog sexualneurotiska klosterintellektuella knappt 250 år att totalt omvärdera bilden av kvinnan. På den ljusa medeltiden, i exempelvis 1200-talets Sydfrankrike, var det sannerligen raka motsatsen. Då på riddarnas och trubadurernas tid upphöjdes kvinnan till närmast gudomligt ideal (förutsatt att man inte var gift med henne, den heta lågan gällde alltid en oåtkomlig jungfru). Riddar Roland och hans bröder från Chanson de Roland skulle inte ha trott sina ögon om de läst Häxhammarens kvinnoskildringar. Birger jarl hade för övrigt reagerat på samma sätt och hans mor Ingrid Ylva hade förmodligen skrattat ihjäl sig.

5. Reformationen övertog den katolska häxtron

Men med reformationen och Martin Luther kunde historien ha tagit ett helt annat flöde och räddat bland andra kyrkoherde Elvius i Älvdalen från eftervärldens avsky och hårda dom. En förändring med reformationen, som man skulle tro hade omedelbart lindrande verkan på kyrkomän plågade av sexuella fantasier, var att även prästvigda män nu kunde bilda familj. Martin Luther själv hade som bekant många barn. Olyckligtvis var han blint och övertygat häxtroende. Han vittnade om hur han ständigt såg demonerna flyga runt sitt huvud, och då menade han bokstavligen, i sinnevärlden. Dessutom hade Martin Luther den största respekt för Djävulens flitiga konster att förleda människorna och han lyckades hålla mer än jämna steg med de katolska intellektuella på detta kunskapsområde.

De protestantiska ideologerna tog således vid där de lämnat sina mer bildade katolska trätobröder. Reformationslitteraturen ger en mängd exempel på nya vetenskapliga bevis för kvinnans låghet, list, kättja och allmänna fördärv. År 1595 lades en vetenskaplig disputation fram i självaste Wittenberg, där Martin Luther inlett reformationen, som i 51 teser bevisade att kvinnan inte hade själ och således inte kunde räknas som människa.

Reformationen medförde alltså ingen förändrad syn när det gällde häxeri eller antagandet att Gud önskade se dessa sataniska konster bekämpade. I de nordiska länderna skulle det ändå dröja närmare hundra år innan man började komma igång med en mer systematisk jakt på häxor. De vetenskapliga instrumenten låg visserligen blanka och färdiga på operationsbordet. Men samhällsutvecklingen på detta område fördröjdes dels av en svårlöslig motsättning, om det var den världsliga makten eller den kyrkliga makten som hade det avgörande ansvaret i kampen mot Djävulen. Dels hade vissa reformer spätt på förvirringen om vad som egentligen var brott och synd och vad som i så fall var så allvarlig synd att den krävde lagens hårdhandskar.

För i och med den katolska kyrkans avskaffande, på diktat uppifrån, hade alla kloster stängts och de präster som inte antagit den nya kristendomen fördrivits. Protestantismen såg dessutom strängt på katolsk "vidskepelse" i form av exorcism, tillbedjan av helgonben, föreställningar om vigvattnets undergörande effekter och annat som ditintills hade varit laglig och av samhället sanktionerad vit magi.

Resultatet av att driva arbetslösa munkar ut på landsbygden för att söka sig uppehälle med de konster de behärskade, eller numera mot viss ersättning påstod att de behärskade, blev snarare att en mer oskyldig form av trolldom ökade. Katolska ritualer blandades upp med gammal känd folklig läkekonst.

Således ökade nu *lövjeriet* och *signeriet*, milda och i regel harmlösa former av trolldom, som en löpeld över de nyreformerade nordiska länderna.

Signeri är en rent verbal konst, böner och magiska formler blandas för att till exempel bota sjukdom. Lövjeri är samma konst fast i praktisk hantering. Med hjälp av katthjärnor, döda människors ben, naglar eller hår, gärna från en oskyldigt hängd yngling som man viss natt på visst sätt grävt upp från galgbacken, torkade paddor, fladdermusblod, nystulen oblat, vigvatten, ormskinn, gärna den sällsynta växten alruna, som i så fall också den enligt viss ritual måste ha grävts upp från galgbacken, kunde en hel del ofog åstadkommas. Man kunde sätta sjukdom på grannen eller hans boskap eller åstadkomma en obetvingligt uppflammande kärlekspassion hos fjär jungfru eller ovillig yngling.

I denna villervalla, säkert förvärrad av alla munkar som redan genom sitt latin ansågs besitta magiska krafter, uppstod nu hart när omöjliga gränsdragningsproblem. För även långt efter reformationen var den officiella inställningen att det brott som på allvar skulle bekämpas var maleficium, den gamla förgöringen,

31

medan harmlösa former av lövjeri och signeri kunde avfärdas med bannor och kyrklig tukt. Men hur skulle man exempelvis bedöma sådant lövjeri som en viss Conrad, tysk invandrare, svarade för i Stockholm 1584? Han hade lärt en kokerska i en borgarfamilj den på kontinenten välkända konsten att förgöra genom att sticka nålar i en vaxdocka som föreställde det tilltänkta offret. Var detta verkligen förgöring i den traditionella meningen, något likställt med giftmord? Enligt den samtida uppfattningen var det tveklöst så. Men vi vet inte hur eller ens om Conrad bestraffades.

Huvudansvaret för lagarna och deras tillämpning låg nu enligt protestantisk ordning hos kungamakten även när det gällde kampen mot Djävulen. Men prästerskapet drev på så gott de kunde, eller vågade. För med den temperamentsfulle Gustav Vasa var det sannolikt inte klokt att stöta sig eller diskutera maktfrågor.

Men redan vid Erik XIV:s kröning i Stockholm 1561 talade ärkebiskopen Lauréntius Petri i sin kröningspredikan om hur kungamakten har ansvaret att bekämpa avgudadyrkan och trolldom. Och hans förslag till förbättring och kungliga krafttag var att införa Bibeln som lag.

Av detta blev inget av tills vidare och även om flera lagförslag i den riktningen formulerades under såväl Erik XIV som under de följande Vasa-sönerna så tycks skepsis ha varit rätt utbredd inom överheten. Även om de första ansatserna till en mer ordnad häxjakt nu börjar framträda så vacklar den världsliga makten. Till och med Karl IX, som inte var en härskare känd för sin mildhet, tvekade så sent som 1593 att ta ställning i ett mål mot några trollkonor i Stockholm eftersom han menade att de kunde ha bekänt rena förvillelser eller inbillningar och att det vore olämpligt att avrätta dem innan man utrett saken bättre.

Vid samma tid lät riksrådet Gustav Banér helt sonika frikänna en kvinna som utförligt erkänt sin trolldom därför att han menade att hennes bekännelse inte tydde på någon farlig skarpsinnighet utan snarare på enfald och okunnighet.

På samma sätt bestämde hans kollega Erik Sparre när det gällde en bonde i Mora som stod till svars för att ha utslungat en del förbannelser mot en ovän som därefter verkligen drabbats av sjukdom eller olycka, vilket ju var ett graverande bevis för den misstänktes onda och olagliga förmågor.

Emellertid avfärdade Erik Sparre den bevisningen med att det kunde hända både en och två gånger att någon kastade ord efter en ovän utan att mena mer än just ord, men att slumpen därefter kunde ställa till det.

Dessa tidiga exempel på häxornas försvarare visar att det redan från början i häxjakternas tidevarv fanns makthavare som litade mer till sitt eget sunda förnuft än till invecklade kyrkliga analyser. Exemplen visar däremot inte att någon av dem i och för sig skulle ha betvivlat häxeriets existens; det hade varit detsamma som hädelse.

Med tiden övervann Karl IX sin tveksamhet. År 1607 befallde han en fogde i Hälsingland att avrätta en trollkona och året därpå rekommenderade han tortyr i ett trolldomsmål i Värmland.

Men hans beslut år 1608 att gå kyrkan till mötes blev ett av de mest avgörande i den svenska häxjaktens historia, ett steg över dödens flod utan återvändo. Gamla testamentets lagar och budord infördes som ett tillägg till den gällande Kristoffers landslag och alla brott mot "Guds lag" kom att jämställas med högmålsbrott. Följden blev ett mer än hundraårigt blodbad.

Ty vad som nu kom att bli gällande lag var inte bara de ständigt citerade raderna ur Andra Mosebok 22:18: *"En trollkona skall du icke låta leva."*

Redan i nästa vers står betydligt mindre kända ord som skulle komma att skörda mer än dubbelt så många dödsoffer: *"Var och en som beblandar sig med något djur skall straffas med döden."*

Och i Tredje Mosebok 18:29 läser vi följande bestämmelse: *"Ty var och en som gör någon av dessa styggelser skall utrotas ur sitt folk, ja var och en som gör sådant."* En generell dödsstraffsparagraf, således. Och "sådant" som skulle straffas med döden räknas upp i de föregående verserna: incest i alla de former som idag skulle innefattas i definitionen, men därtill svågrar, svägerskor, svägerskors systrar och så vidare. Därtill samlag med två nära släktingar, exempelvis två systrar eller mor och dotter. Därtill det brott vi idag skulle kalla otrohet mellan gifta parter ("dubbelt hor"), liksom enkelt hor, samlag med kvinna som har menstruation, all form av homosexualitet samt tidelag för både man och kvinna.

Den svenska synden hade blivit kriminaliserad. Och dessutom belagd med dödsstraff. Därmed fanns det lagliga instrumentet för den kommande massakern. Men det skulle dröja ännu drygt sextio år innan tiden var mogen.

Frågan är då förstås vad det är som får tiden att "mogna" och åtminstone det enkla svaret är intellektuell och moralpolitisk utveckling. Den framväxande staten kan förvisso ha ett intresse av att fostra och tukta folket och med bödelsyxan högst konkret visa sin makt. Just detta motiv brukar ofta föras fram som en av de viktigaste bakomliggande orsakerna till häxprocesserna.

Men den förklaringen håller inte. För om överheten inte är enig utan beter sig som skeptikerna och riksråden Gustav Banér och Erik Sparre i exemplen ovan så får bödlarna inte mycket att göra. Och det alldeles oavsett hur väl skickade bödlar kan tyckas vara när det gäller att sätta skräck i allmänheten.

Kyrkoherde Lars Elvius, ännu inte född när Guds ord blev lag, och den allmoge i östra Dalarna som han skulle själavårda måste båda var för sig bli övertygade om det goda eller åtminstone det nödvändiga i att bränna häxor på bål.

Det är inte så svårt att förstå hur Lars Elvius kom till sin övertygelse. Under hela hans uppväxttid svällde den vetenskapliga litteraturen, nu gammal katolsk skolastik omstöpt i protestantiska former, på alla nordiska universitet och lärdomsanstalter. Litteraturen i ämnet är så omfattande att inte ens den specialiserade historieforskningen kan överblicka den. Men innehållet skiljer sig inte på något betydelsefullt sätt i sak från det som redan stod att läsa i Häxhammaren. När Lars Elvius som ung djäkne kom till Västerås, och senare som teologistudent till Uppsala, hade det mesta av det som en viss Gertrud Svensdotter en dag skulle komma att bekänna för honom, eller få hans utdragna hjälp att bekänna, sedan länge varit vetenskapligt analyserad och bevisad sanning.

När Lars Elvius mötte den elvaåriga Gertrud som sades ha gått på vattnet när hon skulle hämta två getter ute på Lisleön i Dalälven föll alla pusselbitarna på plats för honom. Allt stämde. Där fanns djävulspakt, nattflygande, metamorfoser och sataniska sexorgier. Men Gertrud kan inte ha haft en ringaste aning eller ens föreställning om vilken värld av lärdom hon nu skulle komma att bekräfta med sina underhållande berättelser. Hennes värld var en annan och mer jordisk.

6. Två olika världsbilder kolliderar – och därmed häxpanik

Om Gertrud Svensdotters fysiska liv vet vi nog det mesta av betydelse. Det beror på att forskningen lagt ned en beundransvärd möda för att spåra henne inte bara i rättegångsprotokollen utan också i kyrkböckerna. Hon spelade ju på sätt och vis huvudrollen i den framväxande tragedin.

Ingenting tyder på att hon skulle ha varit särskilt annorlunda eller avvikande. Visserligen var hon i någon mån utsocknes eftersom hon kom flyttandes norrifrån vid åtta års ålder. Dialekterna i Älvdalen har i alla tider varit så avvikande från andra former av svenska att språkvetenskapen behandlar dem som ett annat språk, ett språk som fram till våra dagar är i stort sett obegripligt utanför regionen.

Barn brukar lära sig språk fort och ingenting i protokollen tyder på att Gertrud var mobbad eller illa behandlad av omgivningen. Man kan åtminstone lätt föreställa sig att det skulle ha visat sig när hon genom omständigheternas spel fick en ohygglig makt att hämnas. Men den enda person hon uttrycker illvilja eller hat mot är den Märit Jonsdotter som var på väg att bli hennes styvmor och antingen direkt eller indirekt bar skulden till att hon måste flytta hemifrån och ner till släkten i Älvdalen.

Hon hade inget lyte, var knappast ful eller tjock. Hon levde i en region med ett betydande kvinnoöverskott, eftersom det var stor åtgång på unga män i de svenska stormaktskrigen, och hon tillhörde dem som gifte sig tidigt, redan i 17-årsåldern.

De forskare som grubblat mest över Gertrud har resonerat sig fram till att det nog bara var i ett avseende som Gertrud skilde sig från andra barn. Hon hade en ovanligt stark berättarförmåga. Och det var helt säkert ingen socialt obetydlig begåvning i fäbodkulturen där sägner och sagor spelade en stor roll och dessutom var det enda nöje som fanns i stället för framtidens litteratur och bildskärmar. Och när barn tar skydd undan ett sommarregn i en lada eller fäbod, då som nu, finns inte så mycket annat att göra än att berätta spökhistorier för varandra. Och något eller några barn kommer då att visa sig mer talangfulla i den konsten och får dessutom genom publikens stigande förväntningar skäl att utveckla sin förmåga; jag var själv ett sådant barn, lyckligtvis inte i Dalarna vid mitten av 1600-talet.

Men ur vilken föreställningsvärld hämtade Gertrud material till sin underhållning?

Naturvetenskapligt levde hon i en annan verklighet än vår. Trollen ute i skogen var lika verkliga som björnen eller vargen och en dramatisk angelägenhet för barn som vallade får eller getter. Dessutom spelade just trollen nog en inte så oviktig roll i tidens barnuppfostran.

För tvärtemot vad man kanske skulle föreställa sig var barnuppfostran på Gertruds tid liberal när det gällde bestraffningar. Föräldrarna tog ogärna till ris eller andra fysiska metoder. Däremot hade man en rik fauna att hota med för den som inte skötte sig. För med trollen, vittrorna, skogsrået och sjöarået, näcken i älven och vättarna under vårdträdet var det så att man måste upprätthålla en balans i samlevnaden. Dessa varelser var nämligen inte alltid onda. När kolaren somnade ifrån sin mila kunde det gott hända att något av skogens väsen kom honom till undsättning och räddade kolhärden från att brinna upp. Vättarna under vårdträdet skyddade familjen, liksom den enstörige tomten, bara de fick vara ifred och man inte förtörnade dem. Dock kunde de förtörnas av vanartiga barn, vilket barnen också ständigt och med eftertryck påmindes om.

Inte ens Djävulen, i Dalarna under flera pseudonymer som exempelvis Liutan eller Liothe, var annorlunda i avseende på dubbelnatur. Han var å ena sidan självklart ond, liksom trollen, den sidan av hans natur som med kraft och ihärdighet predikades i alla kyrkor. Men enligt alla ögonvittnesrapporter från rättegångsprotokollen framstår han å andra sidan som en gästfri storbonde, en välvillig värd fylld av glada upptåg på ett gott kalas. Bilden av honom är som hämtad från en kurbitsmålning: hög hatt med band i glada färger, röda byxor, tofsar eller bollar på de blå knästrumporna, grå väst och rött skägg, som klippt och skuren att ta plats i ett senare tiders folkdanslag. Den kontinentale, franske eller tyske Djävulen såg mer ut som i en modern amerikansk skräckfilm med vingar, spetsiga öron, reptilögon, fjäll och lång svans.

På Gertruds tid var all sjukdom i viss mening ett angrepp av onda andar. På den ljusa medeltiden hade det funnits en möjlighet att vända sig till kloster för att få dubbel behandling, både böner och medicin, mot sådant ont. I klostren bedrevs inte bara exorcism, sådan läkekonst som utförs av dagens frikyrkliga predikanter i framför allt USA, utan också behandling med medicinalväxter. De katolska klostren drev som mest omkring 25 sjukhus i Sverige. Men i och med reformationen lades inte bara sjukhusen ned, snart raserades också klosterträdgårdarnas produktion av medicinalväxter.

Veterinärer eller läkare fanns helt enkelt inte på 1600-talets landsbygd. De få medicinutbildade som Sverige kunde uppbåda levde i Stockholm eller i universitetsstäderna där de kunde få betalt för sitt arbete. Ändå räknade huvudstaden Stockholm vid den här tiden högst ett tjugotal läkare. På en befolkning som delvis bodde tätt sammanpackad och på bara några decennier flerdubblats upp till 40 000 invånare.

I den folkmedicin som stod till buds, ofta praktiserad av udda individer som kallades "kloka", flyter magi och läkekonst samman på ett sätt som gör det omöjligt att skilja mellan medicinsk behandling i någon mening och lövjeri eller signeri.

För barn blev inte bara sjuka. Om olyckan var framme råkade man ut för att, än värre än sjukdom, få sitt barn bortrövat av trollen och ersatt med en trollunge. I så fall krävdes list och knep. Om man misstänkte att ens barn var bortbyting borde man behandla det illa så att det skrek och jämrade sig. Då skulle trollmor finna sitt eget barns lidande outhärdligt och byta tillbaka. Om någon blivit bergtagen av trollen kunde man befria honom eller henne genom olika ritualer som att exempelvis härma kyrkklang utanför berget.

Några "signerskor" som ställdes inför rätta av ärkebiskop Abraham Angermannus år 1596 redogjorde för hur de med olika konster kunde bota tandvärk, torskabett (en sorts munsvamp), älvablåst och näckbett (hudsjukdomar), spenböld (infekterade bröstkörtlar), vredet (vrickning eller stukning), gastkram (värk lite här och var), trollskott (*hekseskudd* på dagens norska, ett mycket passande ord för ryggskott), liksom sjukdomar som vi skulle uppfatta som förkylning eller rentav lunginflammation. Redan beteckningarna på olika sjukdomar och åkommor visar hur de ansågs ha sitt ursprung i naturens andeväsen.

Men vad säger att dessa "kloka" inte rent faktiskt kunde åstadkomma en hel del med sin på erfarenhet och många försök baserade läkekonst? Om de aldrig haft framgång med sina behandlingar så skulle ju ingen ha anlitat dem.

Problemet för de kloka var den inte orimliga föreställningen att den som kunde bekämpa ont också kunde skapa ont. Därför levde de kloka ibland farligt, för om de misslyckades med en behandling som de tidigare bevisligen klarat av – säg att de först behandlade förstoppning eller allmänt magont med framgång och därefter misslyckades med synbarligen samma åkomma fast det då var en brusten blindtarm – så låg slutsatsen nära till hands att de gjort ont med flit. Och då vore det juridiskt sett frågan om maleficium, en förbjuden magi som var straffbar i förhållande till skadan. Brusten blindtarm således med dödsstraff.

I de enstaka häxprocesser som förebådar den hysteriska massaker som inleddes efter att slumpen fört Gertrud och kyrkoherde Elvius samman förekommer en hel del signerskor och lövjerskor som antingen misslyckats med någon behandling eller också hotat ovänner, eller ovänliga, med allsköns magiskt ont. Men i de stora häxprocessernas tid är dessa kloka en liten minoritet av alla dem som straffades med döden. Möjligen låg de kloka särskilt illa till under de första angiverivågorna, och i de därefter följande rättegångarna ansågs det som en belastning att ha släktskap med någon man, kvinna eller familj där de magiska läkekonsterna utövades.

Men Gertruds fantasi var en mycket viktigare faktor för de svenska häxprocessernas inledning än förekomsten av enstaka barfotaläkare och kvacksalvare på landsbygden.

I Gertruds kultur och miljö där hennes fantasi fått spira fritt var ondskan inte svårbegriplig utan ytterst konkret. Om skörden slog fel ett år fanns få reserver och ett hungerår väntade. Om inte Gud straffade människorna med detta så var det lägre, onda krafter som låg bakom. Och om den enes ko dog och grannens ko frodades så låg det nära till hands att förklara orättvisan med brott. Om en ko sinade, men inte grannens, så var förklaringen att någon, kanske rentav grannen själv, använde sig av en mjölkhare. Ty hade man inte härförleden sett en vit hare passera? En präst i Ångermanland fick en kvinna dömd på en sådan observation. Än idag kan vi på en del medeltida kyrkors kalkmålningar se den vita haren som kommer åter till trollkonan och spyr upp sin stulna mjölk. Emellertid var alla nordiska harar vid denna tid periodvis vita, den helbruna tyskharen hade ännu inte invandrat.

När Gertrud Svensdotter kom till förhör hos kyrkoherden Lars Elvius hade de alltså i mångt och mycket samma världsbild när det gällde konkreta företeelser i naturen. Båda var lika övertygade om existensen av sådant som vi i dagens värld avfärdar som skrock och vidskepelse. Men det som skiljde dem åt på djupet var förståelsen av ondskan. I det avseendet var Lars Elvius utrustad med ett bagage av teoretisk lärdom som måste ha varit fullkomligt obegripligt för lilla Gertrud – liksom för de allra flesta av hennes äldre släktingar.

Nu möts de två sent på hösten 1667, förmodligen i prästgården eller i sakristian, kanske hellre i sakristian för att få lugn och ro från allt stök i prästgården. Gertrud är blek och trumpen eftersom hon hålls inspärrad i länsmansgården och nu än en gång hämtas till det tröstlösa förhöret som aldrig tar slut. Dagarna är korta och solen står lågt, det blir inte mycket ljus som tränger in genom det lilla dragiga fönstret i den tjocka och med husmossa tätade stockväggen. Snart måste rummet lysas upp med åtminstone ett enda av de dyrbara vaxljusen som ställs i en lykta på det mörknade furubordet, ganska nära Gertruds ansikte så att Lars Elvius kan se henne i ögonen.

Kyrkoherde Elvius är klädd i svart rock, vit krage och snäva knäbyxor. Kragstövlarna har han lagt av inomhus och han bär grova svarta skor. Han är en mäktig man i bygden och väl medveten om sin betydelse. Han är fjärde generationens präst i Älvdalen och tämligen förmögen, han har flera kor än de flesta. Han har nyligen efterträtt sin far som kyrkoherde.

Framför honom sitter Gertrud med sänkt huvud. Hon är nu tolv år och inte längre klädd i någon barnkolt utan som en liten kulla, nästan vuxen. Med hennes dialekt har kyrkoherden inget besvär, han är infödd älvdalning och talar älvdalsmål lika obehindrat som svenska. Nu är han i sina bästa år, 44 år gammal, och han har sex egna barn att sörja för, mellan ett och tolv år gamla. Han är väl medveten om att också hans barn kan vara i fara.

Gud har gett honom ett uppdrag som han inte får vika från. Dagligen har han återkommit till detta i sina böner när han bett om styrka och klokskap för att klara det ohyggligt svåra uppdrag som Gud lagt i hans händer. Nu måste han efter sitt samvete och efter sina kunskaper och bästa förmåga utröna sanningen.

Fast det är en sanning som Gertrud inte har den ringaste möjlighet att förstå, eftersom det rör sig om resonemang på en abstrakt nivå som bara teologiskt utbildade, liksom Lars Elvius, kunde begripa. Huvudfrågan tycktes inte vara vad som utspelades vid en eller annan märklig resa till Blåkulla. Hur mycket Gertrud än försökt vara sin förhörare till lags med även de mest succéartade berättarpoänger, som när grannkärringarna spelade basun med ändan, så är prästen alltid ute efter något annat. Somt viftar han undan och vill alls inte höra talas om igen. Men andra småsaker kan han vrida och vända på i det oändliga, som vad man sa till Djävulen när han skulle sticka en i fingret.

Huvudfrågan var om här förelåg si eller så många fall av *pac-*

tum diaboli, en olaglig förbindelse med Djävulen och ett brott lika allvarligt som prästamord.

För att fastställa de avgörande förhållandena enligt sin egen världsuppfattning kan Lars Elvius inte gärna ha gått rakt på sak genom att exempelvis försöka översätta pactum diaboli till älvdalsmål och dessutom undervisa om begreppets teologiska och juridiska innebörd. Han måste ha lirkat sig fram, han måste ha försökt med stränghet och auktoritet i början, vilket tydligen inte gick så bra eftersom hon nekade så länge. Därefter måste han ha försökt vinna hennes förtroende och få henne att börja berätta. Vilket inte var så lätt eftersom hon länge och tjurigt bara såg ner i golvet.

Därför började han om på nytt, gång på gång. Han förklarade den mirakulösa Nåden på nytt och han berättade än en gång om hur det blev desto större glädje i himmelen av en enda omvänd syndare än av hundra rättfärdiga män.

Liksom Fan själv höll han fram det frestande betet: Bekänn och du blir renad från all synd, förlåten blir du också. Men fortsätter du att vrenskas och neka hamnar du i fördömelsen, liksom alla de andra själar som du hindrar mig från att rädda.

Så började det. Snart skulle häxbålen resas runt om i Dalarna, snart skulle tusentals barn vara beredda att vittna, snart spred sig "det stora oväsendet", som man sade lite nedlåtande i Stockholm, norrut mot Härjedalen, Ångermanland och Västerbotten och därefter Gästrikland, Uppland och slutligen Stockholm.

När vändpunkten äntligen kom i Stockholm hade hundratals människor halshuggits och bränts på bål.

II

Om vägen mot förintelse

1. Gertruds bekännelser och de första processerna

När Gertrud Svensdotter efter långt och envist motstånd började bekänna sina sataniska synder blev hon desto mer talför. Men nu hade hon också börjat få konkurrens och måste anstränga sig för att upprätthålla sin ställning som den ledande barnstjärnan i skådespelet.

Det är såvitt dokumenten berättar Gertrud som är först med att införa berättelsen om de vita änglarna i Blåkulla. Hon beskriver en ung vitklädd man med milda ögon som talat vänligt till henne och förklarat att hon för mänsklighetens fromma måste sprida sanningen om Blåkulla över hela landet. Den vite hade också sagt att om folket inte ville bättra sig så skulle hela Sverige drabbas av hungersnöd och svält.

Blåkullas vita änglar blev snart populära bland de vittnande barnen. Något år efter Gertruds första version bebor de vita änglarna en hel granngård till Blåkulla och har utvecklat sig till ett arbetslag ivrigt sysselsatt med att hjälpa de bortförda barnen. Det är svårt att se påhitten om de hjälpande vita änglarna annat än som ett berättartema avsett att underförstått minska barnens skuld för sin delaktighet i synden. Barnens situation var ju dubbel, de var dels offer för ett grovt brott – trollkonorna som mot deras vilja förde dem till Blåkulla – och dels brottsliga själva på grund av de synder de lockats till när de väl kom dit. Blåkullas vita änglar illustrerar i all enkelhet ett grundläggande tema i den kristna tron, förlåtelse för synd genom en mer eller mindre mirakulös nåd. För om nu Guds egna representanter i Blåkulla så tydligt visade att de ville skydda och förlåta barnen borde väl den världsliga rättvisan, häradsrätten, handla och tänka på samma sätt?

Flera av de jurister som snart skulle börja visa sig alltmer skeptiska mot barnvittnesmål tycks ha anat att änglarna var till för att mildra barnens egen skuld och en hel del listiga förhörsfrågor började ställas i ämnet: "För om nu dessa änglar ville hindra er från att äta maten i Blåkulla, varför hindrade de er inte exempelvis från att bola med Djävulen?"

Även om dessa Blåkullas änglar från början var en uppfinning av Gertrud Svensdotter så var det inte enbart dygdig undergivenhet och samarbetsvilja som präglade hennes bekännelser. Hon passade också på att ge igen mot kyrkoherde Lars Elvius. När hon ställdes inför rätta i Älvdalen i september 1668 erkände hon exempelvis att hon hade "mjölkat" (ungefär: ta makten över) pastorns hustru föregående sommar, liksom hon för övrigt mjölkat prästfamiljens informator Erik Andreae. Som motiv att angripa prästfrun angav Gertrud att hon från sina vistelser i Blåkulla visste att prästfamiljen bestod av storljugare. Hon antyder att prästfrun också varit i Blåkulla, att Satan i vart fall hade en älskarinna med just hennes namn och att de barn som avlats i denna orena förbindelse råkade ha samma namn som barnen i Lars Elvius egen familj. Dessa försök till angiveri tog rätten emellertid inte på allvar.

Däremot betraktade man hennes övriga utpekande av närmare 20 personer som mer välgrundat, i synnerhet när det gällde Märit Jonsdotter som skulle ha varit den som lärt Gertrud hur man flög till Blåkulla och således var mest ansvarig för att dra in henne i synden.

Efter rättegången i Älvdalen – där Gertrud tillhör dem som

tills vidare döms till döden – sändes protokollen fort upp till Härjedalen så att saken utan dröjsmål kunde drivas vidare där uppe. Snart transporteras Gertrud och en något äldre flicka som visat sig vara ett nästan lika begåvat vittne, Gålichs Anna Olsdotter, upp till Lillhärdal där nästa process tog vid. Under tiden hade präster och länsmän börjat bearbeta de nya anklagade.

Därmed hamnade Märit Jonsdotter i en fulländad mardröm. Mot sig hade hon nu inte bara två dokumenterade stjärnvittnen, båda själva dömda och ångerfulla och därmed särskilt trovärdiga. Mot henne stod också hela den upphetsade bygden och hennes egna syskon. Dessutom belastades hon av två rent faktiska omständigheter. Hon hade ett ärr på vänster lillfinger, vilket visade på Djävulens typiska snitt när han ville komma åt nykomlingars blod för att skriva in dem i Blåkullas svarta bok. Och efter hård press erkände Märit också att hon kunde läsa i salt, en ganska allmän folklig trollkonst mot ryggskott på människor eller ont på kreatur. Man strödde ut salt i en ring, läste någon vers och bjöd patienten på saltet. Den vers som Märit bekände löd: "Vår Herre Jesus, han rese fjäll och fjär, bote flog och finnskott, vattenskott och all den skott som skjuten är mellan himmel och jord. Guds ord och amen."

Det var inte alltid detta fungerade, påpekade Märit, och dessutom hade det ingenting med Blåkulla att göra. Hon nekade konsekvent till alla sådana grövre anklagelser.

Men hon befann sig nu i en knökfull storstuga i Lillhärdal med upphetsad allmänhet utanför, alla de tillresta nyfikna som inte fått plats vid rättegångsförhandlingen. Mot henne vittnade först Gertrud som berättade hur hon för flera år sedan blivit lärd av Märit att fara till Blåkulla och hur de första gången ridit dit på en "blackig kviga" som ägts av Gertruds far, men hur de senare till och med använt fadern själv som ridverktyg och hur Märit i Blåkulla bett Satan förgifta honom med ormgift.

När fadern Sven Hwass kallades att vittna erinrade han sig

inte bara att han verkligen haft en "blackig kviga" just som beskriven utan också att han vid den angivna tidpunkten haft en del värk och symptom som helt säkert tydde på att han behandlats illa både som riddjur och vid förtäring av ormgift i Blåkulla. Gålichs Anna Olsdotter, som kom nere från Älvdalen och således bara kunde ha träffat Märit i Blåkulla, kände dock igen henne genast bland sex andra misstänkta, vilket rätten fäste stor vikt vid. Gertrud kunde förstås ha beskrivit henne på vittnenas gemensamma transport upp från Älvdalen men det föll tydligen ingen in i den upphetsade stämningen.

Gålichs Anna kunde därefter fylla på med ungefär samma uppgifter som Gertrud lämnat, att Märit var en stadig gäst i Blåkulla och van att bola med Djävulen. Märit värjde sig hela tiden bestämt, bedyrade sin oskuld och anklagade de två vittnena för att ljuga. Men Gertrud och Gålichs Anna hade ett starkt försvar på den punkten. De hade båda valt att bekänna, trots att de därmed dragit på sig en dödsdom. Men de hade inte bekänt för att göra någon illa, utan för att de genom Guds nåd hade blivit upplysta om sin skyldighet att rädda så många som de kunde från den eviga fördömelsen.

Värst för den tappert kämpande Märit måste det ha varit när hennes småsyskon – väl förberedda och bearbetade av omgivning och präster – började vittna mot henne. Det var den 16-åriga Märit, Lill-Märit som hon kallades, och bröderna Olof och Joen, 14 och 10 år gamla.

Lill-Märit berättade hur hon redan för åtta år sedan hade blivit förd till Blåkulla för första gången av sin storasyster. De hade ridit på en ko "med rumpan förut och huvudet efter". Väl i Blåkulla hade Lill-Märit uppfört sig något så när dygdigt, mest suttit på en stubbe och bjudits på rågbröd och smör. Dock hade Satan skurit henne i fingret och skrivit in henne i Blåkullaboken. Och den ko de ridit på dog till följd av sina vedermödor.

Hon berättade hur storasyster bolat många gånger med Djävulen, själv hade hon inte gjort det så ofta men första gången när hon var nio år. Av Djävulen hade hon liksom sin storasyster fått ett horn med svart och grön smörja så att hon kunde ordna sina egna flygturer. Det hornet hade hon hållit gömt bakom en rotvälta ute i skogen och även om hon kunnat peka ut platsen så var det inte så konstigt att hornet hade försvunnit. Djävulen hade säkert skaffat undan det när han fick veta att hon bekänt. Till Blåkulla brukade hon fara på jularna och på påsknatten och olyckligtvis hade hon ridit ihjäl flera kor.

Stor-Märit hade också lärt henne att tjuvmjölka med bäror och en kniv som man stack in i väggen. Gemensamt hade de stulit matvaror från bonden Halvar Svensson och överlämnat dem till Satan (bonden Halvar förnekade visserligen i sitt vittnesmål att han blivit av med några varor, men för sådana synvillor som hans fanns en mängd djävulska förklaringar).

Småbröderna upprepade liknande berättelser och alla syskonen förklarade att de var oroliga för Stor-Märit och fruktade att hon inte skulle bekänna, eftersom hon var mycket starkare förbunden med Djävulen än de själva. De tog sin äldre syster i famn och försökte med skrik och tårar beveka henne att överge Satan och på nytt bli ett Guds barn.

På samma sätt bearbetades hon inför rätten av sin gråtande mor som besvor henne att ge sig Gud hän och inte neka längre och därmed döma sig själv till undergång.

När hennes mor och småsyskon till slut tvingades ge upp tog kyrkoherden vid. Han berömde henne för hennes goda kristliga sinne och för hur väl hon läste sina böner, han frestade henne med bekännelsens lättnad och välsignelse, men allt förgäves. Märit Jonsdotter måste ha varit en människa med enastående själsstyrka, eftersom hon kunde stå emot all denna psykiska tortyr. I hennes pressade belägenhet var det många som gav upp och erkände.

Vid dessa första rättegångar i Lillhärdal i Hälsingland, som skulle följas av många fler, dömdes ett tiotal personer till döden. Men bara två av dem, Märit och Karin Änka, mot sitt nekande. Hoppet var emellertid inte helt ute med en dödsdom vid häradsrätten. Alla dödsdomar skulle vid den här tiden underställas Svea hovrätt som brukade rensa ganska friskt i underrätternas dödsdomar. Fast det skedde mer på grund av formella kriterier än någon egentlig bevisprövning. I hovrätten var man ytterst restriktiv när det gällde att döma barn till döden eller att låta ett dödsstraff gå i verkställighet där den dömde inte hade erkänt.

Gertrud Svensdotter och Gålichs Anna, som varit både vittnen och brottslingar, fick sina dödsdomar mildrade till straffet att tre söndagar i rad stå med ris i händerna och skämmas utanför kyrkporten för att därefter hudstrykas.

Hovrätten bekräftade således inte heller dödsdomen mot Märit Jonsdotter, eftersom hon hade nekat sig igenom hela sin process. För henne hade man i stället en överraskning i beredskap, en metod som man tillämpade någon tid innan den blivit alltför välkänd. Hon dömdes att föras ut på avrättningsplatsen som om hon skulle dö. Där skulle prästerna ge henne en sista chans att erkänna. Gjorde hon det skulle straffet enligt hovrättens beslut omedelbart verkställas. Nekade hon skulle hon räddas tills vidare.

Märit bestod provet och överlevde några år tills hon ändå avrättades, fortfarande mot sitt nekande. Också hennes lillasyster Lill-Märit, som vittnat mot henne och kommit undan med kyrkostraff och hudstrykning, fick sitt straff ändrat till döden. De två systrarna avrättades tillsammans. Såvitt man kan förstå hade Lill-Märit då blivit galen och hade, enligt hovrättens protokoll, "underliga affekter och läten för sig".

Processerna i Älvdalen och Härjedalen hade i inledningsskedet kostat något dussin människor livet. Men de stränga straffen hade på intet sätt dämpat hysterin, tvärtom. Processerna hade blivit en ond cirkel. Ju fler människor som avrättades desto mer verkligt och hotfullt föreföll Satans raseri. För varje halshuggen och bränd kom fem eller sex nya att anklagas. Dödsstraffet fungerade alltså inte avskräckande – "androm till varnagel" – utan fick motsatt verkan. Därmed inleddes den tröstlösa och skräckinjagande marschen mot rena massprocesser.

2. Den första massavrättningen i Mora

Det var en klar och vacker dag i Mora den 25 augusti 1669. Rättegången som letts av den från Stockholm utsända specialdomstolen, den Kungliga Trolldomskommissionen, hade just avslutats. Av ett sextiotal anklagade hade 23 erkänt sig skyldiga till Blåkullafärd med barnaförande samt bolande med Djävulen.

De 22 kvinnor och ende man som hade erkänt fördes till sockenstugan där de skulle få ta emot nattvarden av prästerna. Men nu ångrade sig sju av kvinnorna och återtog sin bekännelse. De återfördes utan vidare resonemang till fängelset i Mora.

Efter nattvard och välsignelse vidtog vandringen ut mot avrättningsplatsen, en sandudde som stack ut i älven där man rest tre bål. Ett halvdussin präster deltog i paraden med uppgift att trösta och lugna de dödsdömda.

Det var ett stort skådespel och Mora hade denna dag mångdubbelt antal invånare eftersom tusentals människor kommit från grannsocknarna för att se dramat.

Framme vid avrättningsplatsen kallades en kvinna, den 25-åriga Karin, tillbaka då det visade sig att hon var havande; hon skulle benådas till efter nedkomsten. Detta känsloladdade avbrott ledde till en stunds tumultartade scener eftersom två andra kvinnor nu gråtande började ta tillbaka sina bekännelser. Prästerna måste ingripa och fick arbeta en god stund med övertalning för att få de två ångrande att lugna ner sig, upprepa sina bekännelser och "godvilligen giva sig under döden".

Därefter vidtog 15 halshuggningar och de dödas kroppar hivades upp på de tre bålen, sju på det första, fem på det andra och de återstående tre på det tredje. Enligt en av de närvarande prästerna, Georg Moreaus, var det "ett gräsligt spektakel".

Bålen antändes och fick brinna ut. Därefter vidtog risbestraffningen av de 36 barn mellan 9 och 15 år som hade vittnat mot trollkonorna – men då oundvikligen angivit också sig själva för satanisk brottslighet. De straffades med olika antal slag, beroende på hur gamla och stryktåliga de ansågs vara och på hur syndfulla konster de hade bekänt. Hela skådespelet bör ha tagit mer än fem timmar i anspråk.

Två dagar senare följde nya massavrättningar i Älvdalen.

När själva massprocessen i Mora var avslutad och bara avrättningarna återstod skrev den kungliga specialdomstolens ordförande Lorentz Creutz en rapport till det kungliga rådet ("regeringen") i Stockholm. I hans brev kan man indirekt utläsa vilka frågor som bör ha varit tvisteämnen i rådet innan man sände ut en specialdomstol för att ta tag i häxepidemin. Ordförande Creutz urskuldar sig för de hårda domarna, samtidigt som han försvarar dem. Han börjar med att berömma taktiken med snabba avrättningar, här översatt till modern svenska:

"Med hjälp av de snabba och oväntade avrättningarna har vi lyckats injaga en betydande rädsla hos dem som ägnat sig åt sådant här djävulskap och jag förmodar att detta, näst Guds hjälp, skall leda till att ondskan hämmas och trängs tillbaka."

Och vidare om både nyttan och nödvändigheten av dessa avrättningar:

"På så vis har vi faktiskt fått en hel del uträttat, genom att allmogen här i landsorten nu är nöjd och tillfredsställd. Oväsendet har ju varit till den grad skräckinjagande att de högljutt framhävt att om inte överheten grep in med kraft så skulle de föredra att deras barn togs ifrån dem och dödades, hellre än att Djävulen skulle fortsätta att ha barnen i sitt våld. Jag kan således försäkra Er,

Illustration till ett av 1600-talets mest spridda sensationsreportage från massavrätt-ningen i Mora 1669. Bilden gjordes året därpå i Tyskland, varför konstnären låter bränna häxorna levande och fjättrade vid en påle. Flygande häxor och smådjävlar ger fart och fläkt åt reportagebilden, som förmodligen är en av de bilder genom alla tider som mest påverkat omvärldens syn på Sverige. Berättelsen om häxorna i Mora hade exempelvis stor betydelse för en senare häxprocess i Nordamerika.

Herrar Grevliga Excellenser, att utan denna snabbhet i hantering-en hade vi antagligen stått inför en fullkomligt vidrig situation."

Allmogen blev emellertid alls inte nöjd med massavrättningarna. En del barn hade visserligen börjat dra öronen åt sig, eftersom det med särskild pedagogisk tydlighet visat sig att det inte var helt riskfritt att vittna för unga Blåkullaresenärer. Men föräldrarna blev bara misstänksamma av barnens plötsliga ovilja att berätta nya historier och satte åt dem desto hårdare.

Genast efter avrättningarna i Mora spred sig häxpaniken till de angränsande socknarna Orsa och Rättvik. Överallt restes krav på rannsakningar av misstänkta och särskilt av alla dem, merparten av dem som rannsakats i Mora, som förskonats från dödsstraff i brist på bekännelse.

Bara sex dagar efter massavrättningarna i Mora och Älvdalen, den 31 augusti, skriver pastor Elavus Skragge, han som nedtecknat den sammanfattande beskrivningen om hur Blåkullafärderna gick till, en bön till landshövdingen Gustav Duwall om nya krafttag. Ty fortfarande, menar han, förs barn dagligen till Blåkulla av sådana misstänkta som har släppts fria och överallt hörs gråt och klagan från både föräldrar och allt mer hårdfört förhörda barn. Och här i Mora, fortsätter pastorn, talar man redan om en ny rannsakning "som vi i det snaraste förväntar oss och med stor längtan och underdånighet vill be Er om".

Nya rättegångar blev det, med nya dödsdomar. Redan i december var domstolsförhandlingarna igång på nytt i Mora. Den 10 december avkunnades 55 domar, mot 40 vuxna och 15 barn.

Men det var ändå en avsevärd skillnad. För den här gången höll sig den kungliga specialdomstolen, som kunde döma till döden med omedelbar verkställighet, borta och överlät hanteringen åt det lokala domstolsväsendet. Vars dödsdomar inte fick verkställas utan att först underställas Svea hovrätt i Stockholm.

Överheten hade gjort fiasko med sitt snabba och resoluta ingripande och försökte nu vinna tid. Följaktligen växte också motsättningarna som funnits bland de höga herrarna i Stockholm när de nu började inse att trolldomsraseriet höll på att växa till en pest som kunde sprida sig runt om i landet.

3. En förvirrad överhet försöker avrätta "lagom många"

Eftersom den lagliga ordningen var den att alla dödsdomar i riket skulle underställas hovrätterna hade det varit Svea hovrätt i Stockholm som fått ta emot den första vågen av trolldomsdomar från Dalarnas underrätter. Här fanns nu plötsligt långa serier av dödsstraff att ta ställning till. Och dessutom gällde domarna ett svårbegripligt brott.

Lagrum som gällde dödsstraff för trolldom fanns visserligen sedan medeltiden och förstärktes när Karl IX upphöjt Bibelns bestämmelser om synd till gällande svensk lag. Andra Moseboks stadgande om att "en trollkona skall du icke låta leva" var i och för sig tydligt. Så långt inga problem.

Men i sina arkiv hade hovrätten bara ett fåtal äldre mål som rörde trolldom och man saknade därmed både praktik och teori när det gällde bedömningen. Ytterligare ett problem var att processerna i lägre instans fullt klart innehållit en del inslag som var helt främmande för tidens rättstillämpning. Man hade använt sig av tortyr för att få fram bekännelser, på en del håll hade det varit regel snarare än undantag. Och tortyr var inte tillåtet enligt lag. De protokoll hovrätten fick se var censurerade och förskönade.

Dessutom hade såväl barn som medbrottslingar tillåtits att vittna, också det klara brott mot den gällande ordningen.

Komplikationen när det gällde barnvittnen, liksom för övrigt med hela den svenska vågen av häxprocesser, var emellertid att svenska häxor tycktes specialiserade på att föra barn till Djävulen. Det svenska beteendet var nästan okänt i den europeiska häxtraditionen, inte ens den i häxeriets metoder utomordentligt utförliga Häxhammaren kunde redogöra för detta specifika häxbeteende som nu uppstått i Dalarna. Men eftersom barnen intog en avgörande roll i Blåkullaresandet var det svårt att bortse från just deras vittnesmål, även om de inte skulle ha kunnat godkännas i andra sammanhang. Mängden barn hade också betydelse. Trolldomskommissionerna gav sig in på resonemang om att ett barn kunde räknas som ett fjärdedels vittne. Den trollkona som haft 20 barn vittnandes mot sig hade således haft fem hela vittnen. Tortyren tycks man inte ha haft några informationer om.

Hur omfattande bildningen var bland hovrättens ledamöter när det gällde övriga Europas diskussioner de föregående hundra åren i ämnet häxprocesser är inte gott att veta. Ämnet var mer teologi än juridik. Men hade de ett minimum av kunskap borde de ha varit väl medvetna om att häxeri räknades som ett *crimen exceptum*, ett undantagsbrott där vanliga rättsregler sattes ur spel.

Den franske, ytterst inflytelserike och rättslärde Jean Bodin hade redan i slutet av 1500-talet konstaterat att skulle man följa vanliga rättsregler när det gällde häxor "skulle inte ens en på miljonen skyldiga" åka fast. Jean Bodin, hyllad som "sin tids Aristoteles", hade också med kraft hävdat att var och en som ifrågasatte undantagsmetoder mot misstänkta häxor i själva verket var en häxornas försvarare. Således en häxa själv, således en som själv borde brännas på bål. Vilket också skedde i en del fall.

Svea hovrätt bemödade sig emellertid inte över hövan när det gällde den första vågen av inkommande trolldomsmål från Dalarna. Kanske underskattade man faran, kanske trodde man sig kunna bli av med problemet genom att handla snabbt och beslutsamt.

Hovrätten nöjde sig till en början med att sortera lite i de domar man fick in. Man tog bort alla underåriga från dödslistan, liksom alla dem som inte bekänt, och fastställde resten av domarna. När det snart visade sig att några resolut snabba dödsdomar alls inte hejdade utvecklingen vände man sig till riksdrotsen Per Brahe som i sin tur tog upp frågan i rådet.

Rådet var vid den här tidpunkten Sveriges högsta maktcentrum. Tronföljaren, den blivande Karl XI, var ännu ett barn satt under förmyndarregering.

Per Brahe ville beröva de vanliga domstolarna makten att döma i häxerimål och tillsätta en särskild kommission för att få politisk kontroll på utvecklingen. Han var uppenbart skeptisk till hårda och förment avskräckande metoder och påpekade att "när man förr i världen försökt gå till rätta med alltför hårda metoder mot trollpack så har det lett till att hela provinser har blivit besmittade". Och han varnade vidare vid kommissionens tillsättande att "förfar man alltför skarpt mot dem som är smittade så lär det bara öka på trolldomen, eftersom dessa människor inbillar sig mycket som inte har med verkligheten att skaffa".

Per Brahe var inte ensam i rådet om sin försiktiga hållning. Överbefälhavaren Karl Gustav Wrangel påpekade till exempel att enligt hans erfarenheter från Pommern stod det klart att "ju mer man rör i den här saken, desto värre blir det... låter man det bliva orört så lär det upphöra".

En annan rådsmedlem med skeptisk hållning var Gustav Soop som ansåg att en läkare borde följa med kommissionen upp till Dalarna för att kunna avgöra vilka som kunde vara "melankoliker eller hypokondriker" bland vittnen och bekännare.

Men den avvaktande, försiktiga eller skeptiska hållningen var i minoritet i rikets högsta styrande organ. Lorentz Creutz, som utsågs till ordförande i denna första Kungliga Trolldomskommission i Dalarna, tycktes inte hysa några tvivel när det gällde den centrala fråga som skeptikerna bland hans kolleger i själva verket hade berört: Var trolldomen en fråga om djävulska illusioner eller en realitet?

Rådsmajoriteten tycks ha haft en inställning liknande den man kan skymta när Svea hovrätt höll i yxan: Det gäller att fort och beslutsamt bli av med problemet, låt oss därför avrätta lagom många.

För att fastställa vad som skulle bli lagom många definierade man bevisläget för skyldiga så att det skulle gälla "gamla förhärdade trollpackor som sedan ungdomen med sådant djävulskap umgåtts, avsagt Gud och Satan sig alldeles tillsvurit samt mycket ont uträttat, och sina brott frivilligt tillstått och bekänt hava".

Med de till synes restriktiva instruktionerna for kommissionens ordförande Lorentz Creutz till Dalarna och tvingades redan efter en första omgång förhandlingar rapportera hem till Stockholm att ett drygt tjog människor avrättats. Och därmed spred sig paniken ytterligare och än fler processer var att vänta.

Lorentz Creutz och de andra inom den rådsmajoritet som förespråkat hårda metoder och snabbt och beslutsamt agerande hade haft fel i sina prognoser. Per Brahe, Karl Gustav Wrangel och Gustav Soop hade haft rätt när de rekommenderat en försiktig återhållsamhet. Det måste vara därför som Lorentz Creutz föreföll så överdrivet optimistisk när han rapporterade hem efter den första massavrättningen i Mora.

Det kan för en nutida läsare verka som ett betryggande skydd för en trolldomsanklagad att inte kunna dömas utan egen bekännelse. Men då är det några inte helt oväsentliga skillnader mellan vår tid och 1600-talet som vi underskattar.

Bekännelsen sågs inte enbart som ett bevis. Många av de nekande, exempelvis en kvinna i Dalarna som hade inte mindre än 105 barn vittnande mot sig, var redan överbevisade. Det var inte där det rättsliga problemet, eller snarare samhällsansvaret, låg.

Däremot ansågs det ytterst olämpligt att avrätta en människa som inte hade bekänt, eftersom hennes själ då var fördömd. De som bekände fick ju ta emot nattvarden och syndernas förlåtelse innan de gick till bödeln och bålet. Därmed dog de både smärtfritt och saliga.

De som avrättades mot sitt nekande skulle däremot komma att bli en fara för sin omgivning, eftersom de blev osaliga andar och således spöken.

Av den logiken följer också att tortyr inte bara var ett sätt att bättra på bevisningen genom att tvinga fram en bekännelse. Tortyr var snarare en omsorg och själavård, en hjälp för den brottsliga trollkonan att rädda sig själv.

Under de första årens häxprocesser avrättades med få undantag bara misstänkta som hade bekänt. Det stora flertalet som nekade, med eller utan tortyr, gick således fria.

Politiken att avrätta "lagom många" misslyckades därför att de lagom ändå var mer än tillräckligt många för att sprida häxpaniken i allt vidare cirklar ut från Dalarna till andra delar av landet. Och politiken att strikt begränsa avrättandet till enbart dem som hade bekänt fungerade dubbelt. För när det spred sig att man kunde neka sig fri – och det spred sig tämligen snabbt – så ökade de misstänktas förmåga högst märkbart att stå emot både fysisk och psykisk tortyr, och bekännelser och avrättningar minskade i samma takt. Men då ökade den uppjagade befolkningens krav på att man skulle döma de misstänkta även om de inte bekänt.

När den kungliga kommissionen tvingades återvända för andra gången till Dalarna, något man helt säkert hade velat undvika, möttes man alltså av befolkningens krav på skärpt hårdhet.

Och skärpt hårdhet blev det, men inte så som allmänheten hade krävt. I stället gav sig kommissionen nu med kraft på vittnen och angivare. Det var en ny taktik.

I Rättvik dömdes bara tre av 65 anklagade häxor till döden, men i gengäld "en hop skalkaktiga drängar till gatlopp, lögnaktiga gossar till att stupas med ris, vanartiga kvinnspersoner till stocken med ris i handen".

Kommissionens ordförande Lorentz Creutz hade nu en uttalad målsättning "att avstraffa en hop vanartiga barn och andra av Satan uppeggade människor som bedraga den enfaldiga allmogen".

Creutz hade tidigare bevisligen tillhört den majoritet inom den stockholmska överheten som trott på alla Blåkullahistorier som verklighet. Den nya taktiken att med avsevärd kraft ge sig på vittnen och angivare tyder nog på att han efter ett samlat intryck av erfarenheter från praktiskt arbete börjat ändra uppfattning. Emellertid var hans nya taktik för sent påkommen för att hindra att häxpaniken spred sig till andra landskap.

Bara 18 dödsdomar avkunnades och verkställdes på kommissionens andra resa uppe i Dalarna.

Det kan i nutiden förefalla något egendomligt att tala om "bara 18 dödsdomar". Men när man summerar de första årens häxjakt i Dalarna så blir antalet anklagade 279 personer, däribland 15 procent män, och "bara" 35 avrättade. Mer än 550 barn hade uppträtt som vittnen.

Mot den bakgrunden förefaller det mig något orättvist att beskriva den i Stockholm uttänkta metoden att avrätta "lagom många" som helt misslyckad. Dessutom förbättrade och förnyade man sin taktik på andra resan när attacken plötsligt sattes in mot vittnen och angivare.

För just efter denna andra resa tycks det ha börjat gro ett allvarligt tvivel hos den tidigare så paniskt övertygade allmänheten. Nu hade man fått se alldeles för många erkänna att de ljugit och fantiserat för att därefter dömas till ris eller gatlopp. Tidigare hade huvudstaden överhopats av skrivelser från Dalarna där ständigt nya församlingar krävde att få kunglig dömande kommission. Nu började skrivelserna tvärtom handla om att man helst ville slippa nya rannsakningar och kommissioner. Därmed dog häxjakten i Dalarna ut. Det hade tagit drygt tre år.

Men ryktet om Satans raseri i Dalarna hade flugit långväga. Det stora antalet samtidigt avrättade i Mora 1669 hade till och med blivit föremål för den tidens sensationsjournalistik. Ända nere i Tyskland publicerades lärda verk av teologer illustrerade med fantasifulla kopparstick av ungefär samma sanningshalt som moderna pressbilder från fjärran krig. Den litteratur som spreds om händelserna kom att nå ända bort till Salem i den

Nya Världen och skulle i sinom tid bilda underlag för de mest ökända häxprocesserna i Amerikas historia.

Inte så underligt då att spänningen hade stigit till det olidliga i de landskap som gränsade till, eller låg i närheten av, Dalarna. Satan var lös och på väg mot Hälsingland. Ännu återstod något hundratal människor att bränna.

4. Häxornas första, och försiktiga, försvarare

I Hälsingland började det med en skrytande skräddare vid namn Jöns Gudmundsson som hamnade i dispyt med pigan Margareta Ersdotter från Knåda by. Hon hade varit på besök i Dalarna och kunde berätta hiskeliga och imponerande historier om hur Satan härjade där nere. Jöns som inte ville vara sämre menade då att när det gällde sådant djävulskap var man på intet sätt mindre drabbad i Hälsingland än vad de var i Dalarna, tvärtom.

När han tvingades förtydliga sina antydningar om de två landskapens jämbördighet i fråga om häxor namngav han ett antal kvinnor från Ovanåker som minst lika hiskeliga häxor som de som fanns i Dalarna. Det skvallret skulle inte bara stå honom själv dyrt.

Han ställdes inför rätta av några av dem han utpekat. Det var ju inte vilket skvaller som helst han hade kommit med. Han blev alltså svarande i ett vanligt förtalsmål.

Några förtydliganden kunde han då inte komma med utan fick göra avbön för att han, som han ursäktade sig, "med dristigt tal" hade försvarat sin hembygd. Med det menade han bara att man minsann inte var sämre i Hälsingland än i Dalarna.

De kvinnor som Jöns Gudmundsson utpekat friades högtidligen från alla anklagelser och själv bötfälldes han för förtal. Men i sin dom tillfogade häradsrätten taktiskt att den lämnade "det fördolda under Guds dom, som allt efter Sitt behag i sinom tid uppenbarar".

Kort därefter haglade om inte Guds så dock allmänhetens uppenbarelser i Hälsingland och snart var processerna igång. Anklagelserna blev de gamla vanliga, från och med nu är det nästan identiska historier och vittnesmål som skall dyka upp var gång en häxpanik inleds. Utpekade kvinnor har fört barn till Blåkulla och där bedrivit de vanliga orgierna, barnen har tvingats avsvära sig Gud och med blod hämtat från vänster lillfinger skrivits in i Blåkullas förteckning. Anklagelsernas närmast monotona uniformitet beror inte bara på rykten och spridda kunskaper om vad som ägt rum på andra håll i landet, utan säkert än mer på att prästerna vid det här laget lärt sig vad de skulle fråga efter.

Följande år har hovrätten i Stockholm att ta ställning till 22 dödsdomar från Hälsingland. Man bestämde sig för att fastställa åtta dödsdomar och benåda resten med samma kriterier som man använt tidigare, framför allt att benåda minderåriga till kroppsstraff och kyrkoplikt.

Så långt var ingenting nytt i hanteringen. Däremot var det nu som hovrätten för första gången dömde en kvinna till döden mot hennes nekande och enbart på vittnesmål från barn och andra kvinnor som bekänt och pekat ut henne. Det var ett avsteg från tidigare principer.

Den som blev först att dömas till döden på detta sätt var Märit Jonsdotter i Lillhärdal. Nu var hon, efter nära fem års kamp för sitt liv, förlorad. "Hennes blotta nekande kan icke hjälpa eller från livsstraffet befria", konstaterade hovrätten. Hovrättens ärade ledamöter verkar ha tröttnat på att ständigt få Märit Jonsdotters ärende på sitt bord.

Omedelbart efter att dödsdomarna i Ovanåker, den första stora processen i Hälsingland, hade verkställts inleddes nya processer där ytterligare 19 häxor dömdes till döden. Och så spred sig paniken enligt tidigare mönster till alla byar i landskapet och snart var hundratals människor inblandade som misstänkta eller vittnen. Det stod klart att hovrätten i Stockholm på nytt skulle riskera att dränkas i trolldomsmål med dödsstraff. Man vände sig då tämligen omgående till rikets styrande och bad om avlastning, eftersom allt annat arbete i domstolen annars riskerade att läggas åt sidan.

Det var således dags för en ny kommission. Ledningsuppdraget den här gången gavs åt en erfaren jurist och ämbetsman vid namn Gustav Rosenhane, som i det följande skall spela en av de sorgligt sällsynta hjälterollerna i den här historien.

Detsamma kan emellertid också sägas om några av hans bisittare, framför allt den unge assessorn vid hovrätten Anders Stiernhöök, professorn i juridik Carl Lundius och häradshövding Erik Theet.

Kommissionen skulle bestå av åtta världsliga och sex andliga medlemmar som var permanenta och på varje plats man besökte skulle man adjungera sex av de bästa nämndemännen som stod till buds. Kommissionen fick nu ta tag i de hundratals anklagelser som fanns att behandla i Bollnäs, Ovanåker, Järvsö och Delsbo.

Processmaterialet bör vid det här laget inte ha erbjudit några överraskningar för kommissionens medlemmar. Det liknade punkt för punkt allt sådant som presenterats redan under processerna nere i Dalarna. Ett stort antal barn hade berättat om hur de mot sin vilja hade förts till Blåkulla och ett antal kvinnor hade med eller utan tortyr bekänt och andra inte. Menigheten var upphetsad, barn vaktades nattetid och hindrades sova, eller hölls tillsammans i så kallade vakstugor (så att de kunde jämföra sina erfarenheter och förbättra sina historier med nya impulser) och allmänhetens företrädare i socknarna krävde som vanligt krafttag och många avrättningar.

Vad som är nytt är emellertid att det i denna Rosenhanekommission för första gången uppstod en rejäl och tydlig motsättning bland medlemmarna. Präster och lokala nämndemän intog konsekvent en benhård attityd och yrkade genomgående på dödsstraff.

Mot denna majoritet stod en grupp av de juridiskt mer kvalificerade, Rosenhane själv, Stiernhöök, Lundius och Theet.

Bland bevarade dokument från denna kommissionsresa till Hälsingland finns en sorts promemoria som för tanken till ett hemligt dokument av sammansvurna. Här beskrivs exempelvis hur man kommit överens om att gå till väga för att ifrågasätta bevisningen genom att ställa motfrågor, korsförhöra och jämföra förhörsutsagor. Ett exempel på orimligheter man bör angripa är berättelser om de vita änglarna i Blåkulla och deras benägenhet att vilja rädda barn från småsaker, som att äta olämplig mat, samtidigt som de tycks mindre bekymrade över att barnen bolar med Djävulen. Liksom påpekas det suspekta i att änglarna skulle ha låtit hälsa hem till mänskligheten att barnen inte behövde arbeta med spinneri på lördagar och torsdagar. Vilket ju snarare förefaller vara ett förslag från listiga små lättingar än från änglar som oroar sig över barnasjälar i fara.

Författaren till denna sammanfattande instruktion för skeptiska häxdomare är med största sannolikhet den yngste juristen i kretsen, hovrättsassessorn Stiernhöök, vilket i så fall stämmer bra med hans senare insatser i häxprocesserna. Stiernhöök var en man som med sitt tvivel och sunda förnuft kom att rädda många människoliv.

Hans dokument beskriver vidare hur man måste sätta åt föräldrarna med frågor om hur de övertalat eller påverkat sina barn och om hur vissa vittnesmål med uppenbara svagheter borde angripas. Exempelvis berättelser om personer som setts fullt sysselsatta i arbete vid tidpunkter då de enligt barnvittnesmål skulle ha varit i Blåkulla. Målet för den kritiken är barnens vanligaste förklaringar om hur den misstänksamt vakande omgivningen kunde bedras med exempelvis ett vedträ eller en halmkärve som lades i den bortfördes säng och formades till en perfekt avbild av offret. Påståenden om sådana substitut var standard i barnvittnesmålen. Det var ju den enda möjliga förklaringen till hur de själva kunde ha alla spännande upplevelser i Blåkulla att berätta om, trots att deras föräldrar vakade över dem som hökar. Nåväl, säger Stiernhöök, låt oss godta att häxorna kan manipulera med sådana substitut. Men kan denna halmkärve, detta vedträ eller vad det nu är, verkligen tala, röra sig, gå omkring och arbeta medan den verkliga kroppen är borta? Jag skulle uppskatta en förklaring på den punkten...

Med samma energi skulle man ägna sig åt varje liten motsägelse i sak som dök upp i olika barnvittnesmål: Men nu har ju den upp och nedvända hästen som ni red på i din brors version enligt dig förvandlats till en ko? Och enligt din syster så hade Djävulen faktiskt ingen svans den dagen?

Hälsingekommissionens skeptiska minoritet kring Rosenhane och Stiernhöök utvecklade en gemensam inställning som i korthet gick ut på att egen – och frivillig! – bekännelse skulle vara ett avgörande krav för dödsdom. De såg då inte längre bekännelsen som en fråga om själavård utan som ett avgörande bevis. Dessutom krävde de att bekännelsen inte fick vara dunkel eller osannolik.

Därmed hade de fyra 1600-talsjuristerna i praktiken intagit en hållning som deras nutida efterföljare i dagens Svea hovrätt rimligtvis borde instämma i. Eftersom man får förmoda att dagens hovrättsassessorer och lagmän nog skulle betrakta varje frivillig bekännelse i ämnet som "dunkel och osannolik".

Minoriteten kring Rosenhane hade alltså intagit en position som i praktiken betyder att de inte ville döma någon alls för häxbrott. Men de var i minoritet i kommissionen och majoriteten hade en helt annan uppfattning. Inte minst bland de lokala nämndemännen väckte allt som tydde på mjukhet mot häxeriet kraftig indignation:

"Då uppsteg nämndemännen sägandes, att om inte dessa kärringar bliva av daga tagne som bortför deras barn (till Blåkulla), så vilja de själva gå under bödeln."

Majoriteten av präster och lokala nämndemän drev igenom sina dödsdomar. Kommissionen var därmed uppdelad i två oförsonliga läger.

Det verkade som om minoriteten hade förlorat. De kunde inte komma så mycket längre med formalistiskt ifrågasättande av vittnesmål och krav på egen och frivillig bekännelse. De riskerade att under resten av kommissionens resa bara följa med som en sorts laglig gisslan i kraft av sina ämbeten men ändå alltid bli överröstade av en blodtörstig majoritet.

Då genomför ordföranden Gustav Rosenhane själv en elegant, och kanske något vågad, kupp. Han skriver till kung Karl XI, som fortfarande är tonåring men nu myndig och krönt, som befann sig på Eriksgata i Dalarna. I sitt brev lindar Rosenhane sirligt in sin kritik mot att döma sådana som inte bekänt till döden, påpekar att man riskerar ett blodbad eftersom många socknar nu har blivit smittade och befarar att massavrättningar inte kan få oväsendet att upphöra – och funderar över hur man egentligen borde förfara med dem som inte har bekänt...

Han får ett svar från kungen som borde ha fått både honom och hans medkonspiratörer inom minoriteten att hoppa jämfota av glädje: "...att några få allenast av dem som till den svåra synden äro övertygade och *själva det hava bekänt* (min kursivering) samt roten och upphovet till bemälte oväsende varit..." kan avrättas men att de andra bör skonas från dödsstraff.

Därmed var den blodtörstiga majoriteten tills vidare blockerad av kungens höga och nådiga befallningar.

Prästerna i kommissionen blev djupt irriterade över den nya begränsningen i möjligheten att utdöma dödsstraff. Främst var de, till skillnad från gruppen kring Rosenhane, övertygade om att barn inte kunde ljuga om så svåra brottssaker som Blåkullafärder. Bland annat hänvisade man till Psaltaren 8:3: "*Av barns och dibarns mun har du upprättat en makt, för dina ovänners skull, för att nedslå fienden och den hämndgirige.*" Barnens berättelser var alltså ett av Gud instiftat vapen mot ondskan.

När en av prästerna i de säkert mycket upphetsade diskussionerna drog fram bibelordet om Guds förbannelse över svärdet som icke utgjuter blod, svarade Rosenhane med eftertryck att ingen i hans krets av domare skulle tveka att låta avrätta den som ställt sig i Djävulens tjänst. Men det gällde att först bevisa den saken!

Prästerna bet sig fast i argumentationen att djävulskonsterna bevisligen existerade, både enligt världsliga erfarenheter och enligt Guds ord. De kritiska juristerna bestred inte detta i sak men krävde att bli övertygade i varje enskilt fall.

Men vad trodde nu Rosenhane, Stiernhöök och de andra inom den kritiska minoriteten innerst inne? Det får vi dessvärre aldrig veta. Det är möjligt, men kanske inte helt sannolikt, att de hade velat avfärda hela Blåkullalegenden som sagor och vidskepelse som inte hörde hemma i en rättssal. Det fanns faktiskt, som vi skall se senare, ett fåtal människor på 1600-talet som till och med öppet bestred att häxeriet existerade i verkligheten.

Men att framföra en sådan ståndpunkt öppet var inte oproblematiskt, det vore fritänkeri och i värsta fall åtalbart som en form av hädelse. Och hade Rosenhane eller Stiernhöök redovisat en sådan ståndpunkt så hade de diskvalificerat sig själva som medlemmar i kommissionen och därmed i högsta grad motverkat sitt kritiska syfte. Därför valde de kanske den mer taktiska metoden att försöka påverka systemet inifrån. De gick med på att häxeriet fanns, anslöt sig i några fall till och med till en enstaka dödsdom där saken redan var förlorad, men hävdade att brottet ändå inte var så vanligt som processmaterialet lät ana. Och att man just därför måste gå juridiskt formellt och noga till verket när man skulle döma (för gjorde man det skulle ändå den överväldigande delen av de misstänkta komma att frikännas).

Följaktligen fortsatte de sin taktik att peta i och kritisera bevisningen:

"Från all juridisk doktrin kan vi inhämta kunskapen att i synnerligen grova brottmål måste domaren kräva bevis bortom varje rimligt tvivel..." (Stiernhöök)

"Sanguis innoxius acceptissimum sacrificium hosti generis humani" (Oskyldigt blod är det bästa offret till människosläktets fiende, Rosenhane)

"Det förefaller mig synnerligen betänkligt att enbart på barnvittnesmål fälla någon till ansvar i ett mål som gäller den tilltalades hela tillvaro och goda rykte..." (Theet)

"Det bör påpekas att det vore lämpligare att behandla eljest ostraffade personer så att inte ens angiverier från flera påstådda medbrottslingar kan bilda underlag för beslut om tortyr och än mindre utan kristallklara motiveringar i övrigt döma dem som skyldiga." (Lundius)

Citaten, som jag skrivit om till nutida juridisk jargong, är hämtade från kommissionens protokoll där de nedtecknats i samband med olika röstförklaringar.

Motsättningen mellan å ena sidan häxornas försvarare, detta avsnitts hjältegestalter, och å andra sidan prästerskapet och lokala nämndemän var förvisso hård och utan möjlighet till kompromiss. För en nutida läsare blir det då lätt att uppfatta Rosenhane, Stiernhöök, Lundius och Theet som en sorts nära anhöriga, moderna och förnuftiga människor. Och mot dem stod alltså vidskepliga präster och bönder?

Det är förmodligen att göra det alldeles för enkelt och svartvitt. Rosenhane och de andra var sannerligen inga liberaler; jag återkommer i ett senare kapitel till människosynen på 1600-talet.

Och motsättningen gällde faktiskt inte så mycket vidskeplig

tro eller inte som rena sakförhållanden. Ty om vissa grundläggande frågor måste de båda stridande fraktionerna i kommissionen, trots tydliga olikheter i övrigt, ha varit helt överens:

För det första är trolldom ett mycket allvarligt brott som skall straffas med döden.

För det andra är omständigheterna i trolldomsmål ofta dunkla och snåriga och det leder till utomordentligt besvärliga bevisfrågor.

Men även om man är överens så långt kan man komma till helt olika slutsatser om hur problemen skall angripas. Rosenhaneminoriteten skulle säga, att eftersom trolldom är ett allvarligt brott med svår påföljd så måste man ta särskilt stor hänsyn till rättssäkerheten.

Präst- och nämndemannamajoriteten skulle svara att just eftersom brottet är så allvarligt har vi en samhällelig plikt att se till att det utrotas.

Och när det gäller bevisfrågorna skulle Rosenhaneminoriteten säga att de många felkällorna, motsägelsefulla uppgifter från barn och andra mindre trovärdiga vittnen, gör att man måste hålla särskilt hårt på beviskraven.

Och prästerna och bönderna skulle svara att just när det gäller dessa brott är barn trovärdiga vittnen och dessutom det viktigaste bevismaterialet vi har. Och det ligger i brottets natur att vi inte får annat att bevisa med än barnvittnen, bekännelser och utpekanden från medskyldiga.

Detta är inte nödvändigtvis en föråldrad 1600-talsdiskussion. Vi kan mitt i vår egen tid ställa upp ett liknande mönster:

För det första är sexuella övergrepp mot barn inom familjen ett mycket allvarligt brott som samhället bör göra sitt yttersta för att bekämpa.

För det andra är omständigheterna i sådana mål ofta dunkla och snåriga och leder till utomordentligt besvärliga bevisfrågor, exempelvis när det gäller minderåriga barns trovärdighet.

Vem bland oss moderna människor kommer nu att bli den

som ansluter sig till minoriteten kring Rosenhane, och vilka av oss kommer att instämma med majoriteten av "vidskepliga" präster och bönder?

Eftersom en sådan diskussion kan förvandla ett hyggligt sällskap av normalt bildade och aldrig så liberalt anständiga storstadsintellektuella i vår egen tid till ett inferno av anklagelser och motanklagelser, och i värsta fall skapa långvarig ovänskap, så är det inte så konstigt att Rosenhanekommissionen av år 1672 sprängdes av sin motsvarande diskussion.

Prästerna i kommissionen började bekymra sig om Rosenhanes andra och mer betungande plikter i samhället. De föreslog att alla återstående mål i de områden som kommissionen skulle täcka nu återlämnades till de lokala domstolarna (för att således i sinom tid än en gång hamna hos den av överbelastning i ämnet kvidande Svea hovrätt). Kommissionen hade därmed upphört att fungera.

Men så icke Djävulen som nu med stormsteg, eller snarare på ryktets vingar, var på väg norrut.

5. Överhetens nya taktik – en slutgiltig lösning

President för den nya Norrlandskommissionen blev guvernören i området, Carl Sparre, som ingalunda visade någon entusiasm för sitt uppdrag. Till en början lyckades han med olika finter förhala arbetets inledning med några månader. Genom olika administrativa misstag kom denna kommissions sammansättning att bli sådan att presidenten och hans lärde bisittare bara fick en tredjedel av rösterna. Man hade ingenting lärt av erfarenheterna från den kommission där Rosenhane, Stiernhöök, Theet och Lundius hade tvingats arbeta i minoritet mot bönder och präster.

Borta var också de själva. Den nya Norrlandskommissionen

innehöll inga kritiker av Rosenhanes eller Stiernhööks typ. Varför vet vi inte. De själva kan ha uppfattat uppdraget som meningslöst och tröstlöst. Omgivningen kan ha uppfattat dem som besvärliga typer som bara strödde grus i maskineriet och skapade motsättningar.

Från början stod det emellertid klart att denna kommission skulle få mycket att göra. När man inledde arbetet i Sollefteå den 8 september 1674 hade man 150 häxor att döma. När det avsnittet var klart i december hade man dömt 48 till döden och helt eller delvis friat resten. Men i samma takt som domar och avrättningar framskred spred sig paniken i regionen.

Snart sagt varje socken i Ångermanland och Hälsingland var angripen och på andra året hade man över 400 misstänkta att behandla, förutom den flerdubbla mängden av barnvittnen. Därtill kom drivor av skrivelser från alla socknarna som tävlade i att komma först att få "njuta kommissionen", och argumenten för att den goda överheten skulle komma först till just den egna socknen växlade mellan hot om att det eljest skulle bli inbördeskrig till att man hade betydligt fler trollkonor just hemmavid än vad grannen kunde prestera.

Kommissionens president Carl Sparre rapporterade till Stockholm efter rannsakningarna i Härnösand – där man haft 400 barnvittnesmål att bearbeta – att kommissarierna började arbeta klockan sju på morgonen och slet fram till åtta eller nio på kvällen, eller så länge de över huvud taget kunde uthärda.

Under tiden steg naturligtvis upphetsningen i staden bland föräldrar och barn som höll en sorts konferenser före sina framträdanden i rätten och, får man väl säga, repeterade och kollationerade sina kommande vittnesmål.

På andra veckan inkom en skrivelse från de "förda" barnens föräldrar där man som extra påtryckning framhöll att om inte trollpackorna i det snaraste kunde halshuggas så borde åtminstone barnen få bli dödade så att de slapp vidare plåga sig själva och sina föräldrar med Blåkullafärder.

Den uppretade kommissionen hade inga svårigheter att ta reda på vem som författat denna skrivelse. Det var få personer som kunde skriva, än färre som kunde skriva myndighetsliknande. Klockaren Anders Mattson, själv far till två barn bland Blåkullaresenärerna, avslöjades snart, släpades inför kommissionen, förmanades å det strängaste att inte lägga sig i och tvingades be om ursäkt.

Det stod emellertid klart att en formlig massaker var under uppseglande vid denna Norrlandskommissions arbete.

Kommissionen gjorde onekligen en hel del för att själva hjälpa till med den saken. Man skrev brev till Kungl. Maj:t och ställde snirkligt ledande frågor om hur vissa problem borde behandlas, viktigast frågan om hur man skulle förfara med alla som inte erkände. Den nu alltför välkända politiken att inte utan vidare avrätta folk som nekade hade, menade man, börjat ge olyckliga resultat.

Som man frågar brukar man få svar. Det kungliga svaret kom inte bara att i praktiken godkänna tortyr som förhörsmetod utan fastställde dessutom att erkännande inte längre skulle vara obetingat nödvändigt för en fällande dom. Och, kanske mest olycksbådande, man fick inte låta sig förskräckas av risken för en kommande massaker, ty:

"Det stora antalet offer är förvisso beklagligt. Som emellertid Guds ära och landets rening från synd och hemsökelse går i första rummet, så kan man av myckenheten icke taga någon regel till förskoning."

Överheten hade än en gång bytt taktik. Nu var man tillbaka till tanken att med beslutsam skoningslöshet lösa problemet. Vägen till en slutgiltig lösning av häxfrågan låg öppen.

6. Den onde prästen i Torsåker

Spåret fram till den största massavrättningen i häxprocessernas epok börjar i norra delen av Härnösand. Där levde och verkade målaren och borgaren Christoffer Larsson, såvitt man kan förstå i högönsklig välmåga och i sitt anletes svett av Guds välsignade arbete. Hans hustru Elisabeth hade fött honom två söner, Lars år 1645 och Pär året därefter.

Christoffer Målare måste haft god ekonomi, eftersom båda sönerna fick gå i trivialskola och gymnasium i Härnösand och därefter kunde skickas iväg till Uppsala för att läsa teologi.

Lars och Pär låg vid Uppsala universitet mellan 1667 och 1672, det vill säga under den uppflammande häxepidemins första skede; det är ingen djärv gissning att den saken måste ha varit ett av de dominerande samtalsämnena vid den teologiska fakulteten under nästan hela deras studietid. Från ungefär 22 års ålder till närmare 30-årsåldern fick de tillfälle att fylla sina sinnen med den moderna teologins alla specialkunskaper om häxeriet och Djävulens rasande anlopp mot människorna.

Deras far fick inte glädjen att uppleva deras examen och åtföljande prästvigning år 1672, eftersom han tycks ha dött året innan. Men änkan Elisabeth kunde åtminstone trösta sig med att ha ordnad ekonomi och två söner som blivit präster, vilket var ett steg uppåt för barn i den lägre borgarklassen. Vanligtvis producerade landets präster själva den nya generationens själasörjare.

Just det förhållandet innebar förstås ett karriärproblem för Lars och Pär, numera Laurentius Hornaeus (efter Härnösand) och Petrus Hornaeus. Den av bröderna som steg snabbast i karriären blev Laurentius som hittade en lagom gammal präst med ogift dotter. Seden var att den nya prästen, om han inte var son till den gamle, skulle "konservera änkan", det vill säga gifta sig med henne, vilket naturligtvis kunde te sig hårt för en inte 30 år

71

fyllda nyutexaminerad präst. Men Laurentius hade således fått upp spåret till kyrkoherden Olaus Erici Rufinus som praktiskt nog redan var änkling. Dock hade kyrkoherden en ful dotter, Britta Rufina, som han inte lyckats gifta bort. Nu kunde båda parter lösa sina problem, Laurentius kunde rädda Britta Rufina från glasberget och i gengäld få ett pastorat.

Brodern Petrus kunde inte ordna det lika lätt utan fick nöja sig med en lägre adjunktsbefattning i Säbrå medan hans bror Laurentius kunde bli komminister i Ytterlännäs, en församling under Torsåkers pastorat. Kyrkoherde i Torsåker var Johannes Wattrangius som var sex år äldre än Laurentius.

Så långt hade alltså allt gått salig Christoffer Målares familj väl. Hans änka hade inga ekonomiska problem, hans två söner hade båda tjänst i Guds hus. Året var 1672 och allt var frid. Men nästa år brakade helvetet loss i Härnösand.

Bland de första som pekades ut som häxa var "Hustru Elisabeth Christoffer Målares" och hennes folkilskna och ogifta syster Mosis Britta.

Mosis Britta hade dragit uppmärksamheten till sig genom svordomar – i sig ett brott på 1600-talet – och allmänt vårdslöst språk. Misstankarna mot hennes syster, änkan Elisabeth, verkar mer konstruerade på avundsjuka. Men när barnen i Härnösand började flyga till Blåkulla och vara med om exakt samma saker som alla barn dessförinnan i häxprocessernas spår, så kunde vem som helst råka illa ut.

Ett vittne berättade om änkan Elisabeth att när boskapen i norra stadsdelen brukade släppas ut på vårbete så hade korna ofta stannat utanför Elisabeths fönster. Hon hade således, så gott som bevisligen, en bära med vilken hon kunde tjuvmjölka andras kor.

Och snart överhopades både hon och hennes syster Mosis Britta av barnvittnesmål. Gossen Jöns Jönsson klagade över att änkan Elisabeth misshandlade honom varje natt, eftersom han bekänt att det var hon som förde honom till Blåkulla. Han berättade vidare att de på resan brukade använda repslagaren Per Mårtensson som farkost och att repslagaren spelade cittra och fiol i Blåkulla. Än mer besvärande för den vilt nekande repslagaren var påståendet att han brukade slicka Djävulens hund i ändan.

Karin Jönsdotter, elva år, berättade ingående hur Elisabeth ridit med henne till Blåkulla på en fet man och när Elisabeth kom och hämtade henne stack hon en nål i väggen som genast öppnade sig så stort att man kunde köra genom hålet med häst och vagn.

En hustru Margaretah berättade under ed att det för några år sedan hade suttit bäreskarn (en svampväxt, men på 1600-talet betraktat som typiska spår efter bäror) på dörrar och trösklar i hennes hus. Hon och pigan hade då samlat ihop spåren och börjat bränna dem i en öppen spis. I detsamma stod anklagade Elisabeth i dörren, rusade fram till spisen, spottade tre gånger och bar bort de brinnande resterna.

Detta var ett graverande bevis, enligt den allmänna kunskapen att om man brände bäreskarn så framkallade man omedelbart den häxa som ägde bäran.

Änkan Elisabeth värjde sig med att hon inte gärna kunde vara häxa eftersom hon uppfostrat två söner som båda blivit präster, den ene nu verksam i Säbrå, den andre i Torsåkers församling.

Det försvaret föll emellertid tämligen platt, dels för att rätten konstaterade att likväl som en god människa kan få onda barn så kan det förhålla sig tvärtom. Dels infann sig ju inga av dessa gudsmän till sin mors försvar.

Varför får vi aldrig veta. Men om några människor i Härnösand skulle haft kunskap i frågan om Elisabeth for till Blåkulla med barn, hon hade nu slutligen 28 barn vittnandes mot sig, så borde det ju vara hennes söner. Men de höll sig undan. Därmed var deras mor dömd till döden.

Hon nekade in i det sista, men föll till föga ute på avrättningsplatsen där hon bekände, fick motta nattvarden och syndernas förlåtelse, halshöggs och brändes tillsammans med sin syster. Efteråt intygade de barn som vittnat mot henne att nu kunde de åter sova tryggt om natten.

Hennes son Laurentius Hornaeus skulle därefter utveckla sig till en av epokens mest formidabla häxjägare. Han fick uppdraget av sin kyrkoherde Wattrangius i Torsåker och kom snabbt att bli oförtröttlig i häxornas spår. Han specialiserade sig på att förhöra barn.

Laurentius Hornaeus har en hävdatecknare som inte är vem som helst, och vars förtjänst det är att vi kan följa häxjägaren så tätt i spåren. Det är sonsonen Jöns Hornaeus, också han präst, som av kyrkoherden i Torsåker fick uppdraget att noga nedteckna hela historien på grundval av vad han själv kände till om farfar och dokument som fanns kvar i Torsåker men som senare har förkommit. Sonsonen Jöns Hornaeus började skriva sitt arbete omkring 1735, det vill säga omkring 60 år efter de händelser han skildrar. Men avsikten med hans uppsats kan inte gärna ha varit annan än att för mänsklighetens fromma låta oss lära av misstag i det förgångna. Det var sin egen farfar han skildrade, och några av de människor farfar plågat hade själva kunnat berätta för honom. Som källa är han alltså mycket trovärdig.

Än idag, berättar prästen Jöns Hornaeus, fasar folk för att gå förbi det hus där farfar bodde. Ty om de barn han kallade till sig inte var samarbetsvilliga så som han begärde lät han piska dem. Ville de inte vittna mot sina närmaste lät han hugga upp en vak i isen och sade att han ämnade dränka dem när han tryckte ner dem i det kalla vattnet. De barn som han ansåg mindre stryktåliga föste han in i bakugnen, lade halm och ris utanför som han tände på och låtsades att han skulle steka dem levande.

”Jag minns en del av dessa vittnen, som genom slika hårda medfarter voro hälsolösa i all sin tid”, skriver Jöns Hornaeus.

Hans häxjagande farfar anlitade också två så kallade visgossar. Det var ett nytt yrke som hade uppstått bland kringdrivande fattiga – det var nödår – som dock hade fantasi eller djärvhet att slå sig på häxjakten som födkrok. En visgosse var en person som, oavsett om han hade egna erfarenheter av Blåkulla eller ej, hade förmåga att känna igen häxor och peka ut dem. I Laurentius Hornaeus hade två sådana påhittiga barn funnit en ivrig arbetsgivare.

Han lät dem stå i kyrkporten där hela församlingen måste passera på väg in till högmässan och de som pekades ut släpades omedelbart bort till fängsligt förvar i väntan på de första förhören och, inom kort, en växande krets av barnvittnen.

Dock hade ju gudsmannen Laurentius inte gift sig med sin hustru Britta Rufina för hennes skönhets skull utan för att hellre konservera henne än en gammal ofruktsam prostänka. Bortsett från att hon klädde sig enkelt som alla andra bondkvinnor i församlingen såg hon tydligen ut som en typisk häxa.

Följaktligen blev hon utpekad vid kyrkporten av en av de unga experterna. De som var i närheten drog efter andan. Men hustru Britta Rufina fann sig snabbt och räddade, om än med ett nödrop, livet genom att omedelbart ge den unge visgossen en örfil. När pojken förstod att det var hustru pastoris han hade pekat ut tog han genast tillbaka och skyllde på att han fått solen i ögat när han trott sig se häxmärket i hennes panna.

Dagen efter, den 15 oktober 1674, inleddes trolldomsprocessen i Torsåkers pastorat med ett hundratal anklagade från Dals, Torsåkers och Ytterlännäs socknar. Det var förhandlingar i häradsrätten som alltså inte kunde verkställa eventuella dödsdomar utan att först få godkännande från antingen hovrätten eller Kungliga Trolldomskommissionen.

Man höll till i Hammars gästgivaregård, eftersom det behövdes gott om utrymme för att sammanfösa så många anklagade och dessutom horden av barnvittnen.

75

Förhandlingarna fördes efter väl inövade mönster med angivelser och motangivelser och flockar av rabblande barnvittnen. Efter tre veckor var man färdig.

Att de flesta anklagade oavsett bekännelse dömdes till döden följde mönstret, högre instans brukade ju gallra rätt flitigt bland dödsdomarna innan de skulle gå i verkställighet. Men av flera skäl skedde inte så den här gången, Trolldomskommissionen var dränkt i arbete, hade fått en kunglig order att pröva en hård och slutgiltig lösning och inte snegla på antalet dödsdömda och var dessutom splittrad i gräl om vem som skulle bestämma vad. Någonstans i detta kaos kom kommissionen att godkänna alla domar från Torsåker. Vi vet inte hur det gick till.

Avrättningsdagen inleddes med att kyrkoherde Wattrangius, själv en flitig häxjägare som bland annat fått en kvinna dömd till döden för att hennes kor hade kommit in på kyrkogården, straffpredikade i Torsåkers kyrka. Därefter fick de dömda ta emot nattvarden.

Nu först gick det upp för församlingen att det verkligen skulle bli fråga om massavrättning, många hade svävat i villfarelsen att de som nekat, förmodligen de flesta, hade en god möjlighet att skonas. De dömda reagerade med förtvivlan, deras anhöriga med iskall beslutsamhet.

Prästen Jöns Hornaeus, sonsonen som skrev ned denna historia, citerar sin farmor Britta Rufina, åsyna vittne, om det följande i kyrkan:

"Då började de förstå vad som skulle ske. Här ropades himmelsskriande på hämnd över dem som hade förorsakat deras oskyldiga död, men här hjälper varken rop eller tårar. Föräldrar, män och bröder höllo spetsgård…"

Det vill säga, männen i församlingen samlades runt de dömda med hötjugor och andra vapen för att se till så att ingen försökte smita eller någon komma till de dömdas hjälp; det var deras fruar, fästmör, mödrar och systrar de höll innanför denna omringning. Åter till Britta Rufinas berättelse så som hennes sonson återgav den:

"De drevos, sjuttioen stycken, av vilka endast tvenne kunde sjunga en psalm, som de under vägen upprepade sedan de sjungit den tillända. Många dånade under vägen av matthet och dödsängslan, vilka av sina anhöriga släpades fram till rätteplatsen, som ligger mitt i pastoratet, en halv mil från alla tre kyrkorna och kallas Bålberget."

Uppe på avrättningsplatsen hade man ordnat det så, att halshuggningarna skulle ske nedanför bålen för att inte dränka dem i blod och på så vis göra det svårt att få elden att ta sig. Det var i och för sig välbetänkt; 71 människors blodsprutande halsar bör ge drygt två och en halv hektoliter blod, ett par fyllda badkar.

Anhöriga hjälpte till att släpa kropparna upp på bålet och tog hand om deras kläder. Därefter gick var och en hem till sitt i den norrländska midsommarnattens ljus. Enligt berättelsens nedtecknare pastor Jöns Hornaeus "utan sinnesrörelse".

En tiondel av befolkningen i bygden var avrättad. Eftersom de flesta var kvinnor betyder det var femte kvinna, ung som gammal.

Men varken församlingens eller deras själasörjares blodtörst var stillad. I ett brev till konungen undertecknat av sex präster begärde man att få avrätta även de barnvittnen som hade syndat i Blåkulla. Ett liknande brev sändes till Trolldomskommissionens president Carl Sparre.

Men avrättningarna i Torsåker hade enligt Carl Sparre varit ett byråkratiskt misstag. Kommissionen hade beslutat verkställa dödsdomarna utan att, som han uttryckligen beordrat, först inhämta hans godkännande (han hade varit frånvarande, upptagen av krigstjänst).

Kommissionens nonchalans mot chefens givna order gjorde Carl Sparre rasande eftersom han själv börjat tvivla på sättet att döma häxor. Och därför beslöt han helt sonika att tills vidare ajournera kommissionens verksamhet. I sitt vredesmod och tvivel råkade han därigenom rädda hundratals liv.

För där satt nu präster och häradsrätter i hela Norrland överhopade av trollkonor som de just dömt till döden på löpande band. De kunde visserligen döma på, men avrättningarna var genom en överhetens nyck inställda.

Samtidigt nådde trolldomshysterin huvudstaden Stockholm där allt skulle komma att få ett tvärt slut.

En tid efter häxprocessernas avveckling i Stockholm upphävdes ett påbud från 1670 att prästerna skulle hålla särskilda häxböner i kyrkorna. Nu skulle tvärtom prästerna enligt ny nådig befallning börja förkunna "att detta av Satan inrättade blodbadet ej var rådeligt understödja".

Med andra ord. Allt hade varit ett misstag.

Pastor Laurentius Hornaeus och hans närmaste överordnade, den lika nitiske häxjägaren kyrkoherde Wattrangius, levde i högönsklig välmåga i många år. De måste alltså båda ha tvingats ställa sig upp i kyrkorna i Torsåkers församling, blicka ut över de glesa bänkarna på kvinnosidan och förklara att... ja, antagligen att Djävulen i sin rasande list förmår injaga illusioner i människornas sinnen och skapa en föreställning om verklighet där ingen finns, men att detta inte är människornas fel, särskilt inte något fel hos dem som vigt sitt liv åt kampen mot ondskan och att sprida Guds ord. Eller hur det nu måste lindas in, det outhärdligt hårda budskapet: "Jag ber så mycket om ursäkt för alla döda och allt var bara ett misstag."

Det vore en fantastisk filmscen.

De två vispojkarna som härjat i bygden hittades båda ihjälslagna. Det gjordes inga ansträngningar att leta upp och rannsaka deras mördare. Möjligen var kretsen av tänkbara gärningsmän alldeles för stor.

Massavrättningarna i Torsåker blev kulmen på 1600-talets svenska häxhysteri. Ty när Djävulen nu reste till Stockholm skulle han möta sitt enda, men avgörande, nederlag.

III

Om vilka som dömdes – och vilka som inte kunde dömas

1. Somliga medborgare höjda över varje misstanke

Det fanns människor som inte kunde komma ifråga som häxor, framför allt medlemmar av adeln. Såvitt känt har ingen adlig person ens ställts inför rätta misstänkt som häxa i Sverige. Det förhållandet är typiskt för hela Europa, även om det går att leta upp enstaka undantagsfall. På 1400-talet dömdes en högadlig marskalk av Frankrike till döden för svarta mässor och barnoffer. Det var emellertid verkliga brott och idag skulle vi betrakta honom som en galen pedofil och sexförbrytare. I Ungern använde sig konkurrerande adelsfamiljer av häxerianklagelser i kampen om makten. Undantag finns alltid.

I början av Karl XI:s regeringsperiod var adelns ställning starkare än någonsin i svensk historia. Två förmyndarregeringar ganska tätt inpå varandra, under drottning Christinas och Karl XI:s omyndighetsperioder, hade skapat koncentration av makten i händerna på framför allt den betitlade högadeln som varken förr eller senare uppnådde motsvarande rikedom och inflytande. Det var lag på att alla ämbeten i riket skulle innehas av adliga personer och i den mån adeln inte kunde föröka sig biologiskt i takt med tillväxten av ämbeten fick man nyadla dugliga personer som dock alltid skulle stå under den gamla adeln i rang. Också domstolsväsendet behärskades av adeln.

Enstaka försök att ange medlemmar av adeln finns det visserligen exempel på. En av de mest aktiva pigorna bland häxvittnena under den korta processperioden i Stockholm fick för sig att hon hade makt att "knåpa huvudet av" vem som helst. Hon angav grevarna de la Gardies hustrur som Blåkullaresenärer. Det var emellertid ett försök som måste ha bottnat i total brist på känsla för ordningen i riket. Den förnämste av bröderna, Magnus Gabriel de la Gardie, var riksmarskalk och släkt med kung Karl XI genom sitt giftermål med dennes faster Maria Eufrosyne. Den piga som försökte ange kungens faster som häxa måste antingen ha varit grundligt socialt felinformerad om läget i överklassen eller också drabbad av någon sorts angivarens storhetsvansinne.

Rätten lämnade hennes anklagelser åt sidan med en fnysning och bad pigan vara så god att återgå till att berätta om vissa änkor uppe på Söder. Kort sagt, adliga personer kunde inte ens misstänkas för trolldom.

Präster kunde möjligen misstänkas men i praktiken aldrig dömas. Mot präster var det emellertid betydligt vanligare med anklagelser från barnvittnen än det var mot adliga personer. Biskopinnan och några prästfruar i Härnösand blev angivna som Blåkullaresenärer och för att ha fört barn dit. Dessa vittnesmål förklarade den Kungliga Trolldomskommission som fick det delikata uppdraget att hantera ärendet med att Satan utspred förvirring och ville skapa osäkerhet genom att få oskyldiga dömda. Och prosten Nerbelius i samma kommission som med kraft hävdat att barn alltid talade sanning i trolldomsfrågor fick visserligen en del besvär med den inställningen när han själv angavs av barnvittnen. Överheten enade sig snart om att även om barn i princip alltid talade sanning när de angav häxor så gällde inte principen om de angav adel, präster eller prästfruar. Också här finns ett alldeles särskilt intressant undantag som jag skall återkomma till, prostinnan Fontelius i Gävle.

Så här långt, men bara så här långt, är det helt okontroversiellt att beskriva vilka människor som kunde eller inte kunde komma ifråga för misstankar om trolldom. Här samlas all expertis, historieforskningen, socialantropologer, psykologer och andra beteendevetare, folklivsforskare, feminister och klasskampsteoretiker i endräktig gemenskap.

Men ett steg till så upphör enigheten.

En populär teori, som lanserades på 1920-talet av den brittiska författaren Margaret Murray, gör gällande att häxor inte bara fanns i verkligheten utan var en särskild etnisk grupp, "the little people", som i historiens gryning dragit sig undan till otillgängliga trakter för att ostört bedriva sin magiska fruktbarhetskult. När kulten – som utövades i sektliknande former organiserade som terroristceller – spred sig över Europa, i grupper om 13, så var upptäckten bara en tidsfråga. De europeiska häxprocesserna skulle i så fall ha varit ett folkmord som riktat sig mot en avvikande etnisk grupp, vilken utrotades. Sånär som, förstås, på enstaka små celler som överlevt och som man än i denna dag kan se samlas vid Stonehenge i södra England var midsommar.

Den här teorin är allmänt avfärdad av samtliga de vetenskapliga discipliner som närmat sig problemet med häxornas identitet. Den i vår samtid faktiskt rätt aktiva druidkulten på de brittiska öarna, som naturligtvis åberopar sig på "uråldriga" traditioner och kunskaper, är mer att se som en av nutidens många yttringar av vidskepelse under samlingsbeteckningen New Age.

Besläktad med Murrays teori om verkliga häxor är den ännu levande föreställningen att häxorna i själva verket var narkomaner. Jag minns att min historielärare i gymnasiet kom med den förklaringen och jag läser den faktiskt till min häpnad på nytt i en flora för nyttoväxter, utgiven 1985, som jag just slagit upp för att finna några latinska växtnamn.

Narkomaniteorin är ett av många försök att göra häxprocesserna "rationella" så att de skall gå att förstå i detta och förra århundradet när brottet inte längre ansågs fysiskt möjligt – och därmed orimligt att bekänna, som så många ändå gjorde.

Hallucinatoriska växtgifter har funnits länge i den nordiska naturen och de exempel som brukar nämnas är bolmört (*Hyoscyamus niger*) och spikklubba (*Datura stramonium*) och den söderut i Europa besläktade belladonna (*Atropa belladona*). Om den senare läser jag i min flora:

"Växten har liksom bolmörten kulturhistoriskt intresse. Den användes i Mellaneuropa under medeltiden och senare på samma sätt som bolmörten i Norden, dvs som ett medel att försätta sig i ett drömlikt tillstånd med så starka hallucinationer att de efter uppvaknandet togs för verkliga upplevelser, t ex resor till Blåkulla."

Alla tre växterna är utomordentligt giftiga, men också nyttiga medicinalväxter om de kan prepareras och framför allt *doseras* rätt. Ämnet i spikklubba, hyoscyamin, används mot astma, ämnet atropin i belladona används vid ögonoperationer på grund av sin förlamande och bedövande effekt men även invärtes mot för stark magsaftsavsöndring eller njur- och gallstenskolik. Bolmört har liknande medicinska möjligheter, liksom för övrigt fingerborgsblomma (*Digitalis purpurea*). Den nordiska svampfloran erbjuder ett mångdubbelt större register av både medicinska användningsområden och möjligheter till berusning.

Men tanken att man skulle kunna förklara den stora nordiska häxpaniken med att något tusental människor lärt sig att med yttersta raffinemang behandla dessa gifter är alltför långsökt. Redan nödvändigheten av att pröva sig fram med doseringen skulle ha krävt ett märkbart och omtalat antal dödsoffer. Teorin om hallucinationer framkallade av ett narkotiskt rus på bolmört är emellertid sympatisk, eftersom den syftar till att på något rationellt sätt förklara ondskan; häxorna skulle på grund av sin narkomani ha varit subjektivt övertygade om sina Blåkullaresor och därför bekänt en inbillad verklighet.

Även om förklaringen är godhjärtad kan den inte vara sann. Visserligen använde sig häxorna enligt ofta upprepade utsagor av en grön eller svart salva som de fått av Djävulen för att kunna flyga, samma salva som Gertrud Svensdotter påstods ha fått sina fötter ingnidna med innan hon skulle gå på vattnet och rädda getterna. Men denna salva kunde aldrig materialiseras i sinnevärlden. Djävulen tycks alltid i sista stund ha kommit före och snappat undan sitt horn med flygsalva just när en bekännare pekat ut platsen där den skulle finnas. Vilket ju rimligtvis bör tolkas som att dessa horn med flygsalva var påhitt i lika hög grad som exempelvis kärringarna i Blåkulla som tjänstgjorde som kandelabrar eller det spelmanslag som trumpetade med ändorna.

Om man ändå vill klamra sig fast vid teorin om de knarkande häxorna så hopar sig svårigheterna att förklara ytterligare. Eftersom det verkliga narkotiska preparatet skulle ha existerat i sinnevärlden så förefaller det omöjligt att förklara hur det alltid lyckades försvinna. För det verkliga preparatet kunde ju inte konfiskeras av Djävulen så fort det skulle uppvisas? Och hur utförliga somliga häxors bekännelse än var så har man inte någonstans sett förklaringar om hallucinatoriska örtpreparat.

Till detta kommer mängden av flygande resenärer. De växter som föreslagits är knappast allmänt förekommande och kunde inte ha burit en så stor produktion som skulle ha behövts för att få tusentals personer på vingarna. Och få alla att dosera rätt!

Och de flesta som upplevde resor till Blåkulla var barn, tusentals barn. Om bolmört och spikklubba cirkulerat bland så många barn skulle förlusterna i döda ha blivit avsevärda.

För att därmed ta ett djupt andetag och försöka sammanfatta så långt: Häxorna fanns inte i verkligheten, var inte en hemlig fruktbarhetskult och de var inte narkomaner.

Närmast besläktad med narkomaniteorin är tanken att

häxorna i själva verket var de "kloka", de lövjerskor och signerskor som var den enda till buds stående medicinska hjälp som allmogen kunde vända sig till. Större delen av stadsbefolkningen också, för den delen.

Den förklaringsmodellen kan inte avfärdas utan vidare. Sådana "kloka" var en högriskgrupp när det gällde utpekanden i en uppflammande häxpanik. Många av dem blev också avrättade och i de därefter följande rättegångarna var det en belastning att ha släktskap med någon man, kvinna eller familj där signeri eller magiska läkekonster utövades. Men – och det är en tungt vägande invändning – dessa "kloka" var en mycket liten minoritet av de dömda och avrättade.

Rent befängd blir denna förklaring om medicinkunniga kloka gummor dock först när den sätts in i ett modernt könspolitiskt perspektiv. Då uppstår den säkert mycket attraktiva genusvetenskapliga förklaringen att den framväxande skolmedicinen på Europas universitet sammansvor sig i könskamp. Enligt följande logik: Det var män som studerade skolmedicin på universiteten. Det var kvinnor som behärskade den mer avancerade folkliga medicinen. Alltså krävde de manliga läkarna att staten grep in för att undanröja den kvinnliga konkurrensen, alltså häxprocesser. Teorin om den manliga läkarsammansvärjningen kräver att samtliga inblandade lyckades hålla projektet hemligt i 350 år utan att någon lämnade så mycket som en anteckning efter sig med ens den minsta antydan om projektet. Applicerar man teorin på den svenska verkligheten vid tiden för häxprocesserna skulle det i så fall ha handlat om att rädda marknadsandelar för högst ett par tjog läkare i städerna, män som ändå aldrig skulle ha drömt om att praktisera på landsbygden. Läkaren Urban Hjärne, som vi skall möta som kommissionsmedlem i Stockholm i följande kapitel, skulle ha blivit ytterligt förvånad om han hört vilka anklagelser som skulle riktas mot honom drygt tre sekler efter hans död.

För att sammanfatta på nytt: Häxorna fanns inte i verkligheten, var inte en hemlig fruktbarhetskult, inte narkomaner men heller inte en undanröjd medicinsk konkurrens.

Så långt är allting fortfarande någotsånär enkelt och bara delvis kontroversiellt, nämligen när det gäller feministiska teoribyggen.

Men statsvetare, idéhistoriker, socialantropologer och ekonomer har också dragit sina strån till stacken av förklaringar. Antropologerna gör jämförelser med Afrika i modern tid och pekar på exempelvis förändringar i Kenyas kaffeområden där en ny social organisation och produktionsordning på något sätt skulle komma att framkalla gamla häxföreställningar – och så gör de jämförelser med jordbruksproduktionens kris i Dalarna under senare hälften av 1600-talet.

Eftersom alla är överens om att det var underklassen och inte överklassen som drabbades öppnas också ett vitt fält för klasskampsteorier. En sådan modell säger att häxprocesserna var ett instrument för överklassens intresse att hålla folket på mattan genom att sätta skräck i det. Författaren Per Anders Fogelström, som studerat häxprocesserna i Stockholm och också skrivit om dem, drog slutsatsen att förklaringen till händelseförloppet var ett "pigornas uppror" mot överheten. Möjligen tänkte han på pigan som försökte ange grevinnorna de la Gardie. Möjligen missförstod han helt enkelt innebörden i ordet piga, som inte nödvändigtvis betydde underklass utan vanligen bara ogift kvinna, till skillnad från hustru eller änka.

Det finns också en hel del nationalekonomiska förklaringsmodeller. Men de går inte att redogöra begripligt för.

I stort sett alla vetenskapliga discipliner har någon gång förklarat häxprocesserna utifrån den egna specialiserade infallsvinkeln. Jag har ännu inte stött på någon matematisk förklaring, men det skulle inte förvåna mig om det fanns även en sådan, med formler och allt.

Alla försök till originella förklaringar till den synbarligen obegripliga ondskan stupar dock på en grundläggande fråga: Vet man egentligen vilka de avrättade var? För om man inte vet det så sysslar man mest med gissningar och kannstöperier, inte olikt skolastikerna på medeltiden.

Det har emellertid gjorts en grundläggande utredning om häxornas identitet i Sverige. Den återfinns i professor Bengt Ankarloos doktorsavhandling, *Trolldomsprocesserna i Sverige*. Sedan det arbetet publicerades 1971 vet man åtminstone vilka det var som dömdes under de första massprocesserna i Dalarna från 1668 och framåt. Egendomligt nog har inte denna kunskap lyckats tukta den vildvuxna floran av önsketänkande och hemtillverkade teorier när det gäller häxornas identitet.

2. En gift medelålders kvinna med gott anseende och god ekonomi

De som anklagades för trolldom i Sverige var till övervägande delen kvinnor, bara 15 procent av de anklagade var män. Proportionerna mellan män och kvinnor bland trolldomsanklagade varierar en hel del i Europa och det är ingalunda så som de flesta nutidsmänniskor nog föreställer sig att häxeri var ett brott där enbart kvinnor kunde misstänkas, med den tidstypiska föreställningen att häxprocesserna var en männens förföljelse och undertryckande av kvinnor. I Essex i England var andelen anklagade män så låg som sju procent, men i Würzburg i Tyskland var den 50 procent och i Island och Estland nära 100 procent.

Men den svenska häxan var en kvinna. Särskilt som andelen män i processerna tenderade att sjunka dramatiskt när det närmade sig dom och avrättning. Bara en procent av de avrättade var män.

Merparten av de kvinnor som anklagades för trolldomsbrott

var unga, drygt 60 procent återfinns i åldersgrupperna 15 till 44 år. Men när kvinnorna senare i förloppet döms så kommer äldre kvinnor att bli den största gruppen. Det berodde dels på en del tydliga instruktioner från överheten om att koncentrera avrättningarna på gamla och oförbätterliga trollkonor som utövat sin synd länge, dels på domstolarnas kriminologiska förhoppningar att unga omvända och bekända synderskor skulle ha en bättre prognos om de fick leva.

Följaktligen kom änkorna, som utgjorde 15 procent av kvinnobeståndet, att bli nära 50 procent av de avrättade. Gifta kvinnors andel av kvinnobeståndet var 50 procent men bland de avrättade sjönk deras andel till 40 procent.

Den typiska svenska häxan är alltså en kvinna i 50-årsåldern, bara något mer sannolikt gift än änka eller ogift ("piga").

Men vem var nu denna 50-åriga svenska häxa?

I hälften av fallen var hon utpekad av någon i släkten, oftast barn men det kunde åtminstone till en början lika gärna vara en kvinnlig släkting som själv anklagats först, börjat bekänna och därmed också angett andra. Vuxna män pekade inte ut häxor annat än i undantagsfall.

Hon var inte en kvinna med allmänt dåligt rykte för exempelvis superi, snatteri, skvaller eller skörlevnad. Tvärtom, det hörde snarare till ovanligheterna. Däremot hade en tredjedel av de dömda häxorna något skvaller om sig för påstådda trollkonster. Men det var alltså inte det mest typiska.

Hon var inte fattig, snarare tvärtom. Den stora majoriteten dömda häxor i Sverige tillhörde – åtminstone i Dalarna där Ankarloo har undersökt saken – medelgruppen eller övre medelgruppen bland allmogen.

Detta är knappast vad man skulle förvänta sig, och inte heller vad alla representanter för olika vetenskaper spekulerade i före Ankarloos undersökning. Somliga har som sagt spekulerat även därefter.

Vår svenska häxa är alltså ett rekorderligt fruntimmer i medelåldern med gott anseende i bygden, mor till flera barn och ansvarig för ett hushåll som är jämförelsevis välbeställt, och hon har inte sysslat med någon mystisk magi.

Hur häxan såg ut i övriga Europa vet vi mindre om med undantag för de länder där det var manlig majoritet bland de dömda. Där handlade det om illasinnad trolldom av typen förgöring (Island) eller andra konkreta skadeverkningar, exempelvis då man uppträdde i skepnad av en varulv (Estland).

Engelska häxor, som inte kunde flyga och inte brändes på bål, har undersökts en del och tycks till skillnad från de svenska häxorna ha tillhört de fattigaste skikten av befolkningen.

Det är inte så sannolikt att det kommer att kunna forskas fram någon allmänt representativ bild av den europeiska häxan. Sverige har när det gäller möjligheterna till sådana undersökningar ett försteg i den tidigt utvecklade byråkratin. Den svenska militärdiktaturen på 1600-talet hade nämligen en utomordentlig kontroll över medborgarna, vilket var en förutsättning för ständiga utskrivningar och tvångsrekryteringar till arméerna. Här finns alltså en tidig folkbokföring i form av kyrkböcker, husförhörslängder och skattelängder att jämföra med protokollen över dömda i häxprocesserna.

3. Den ytterst impopulära fördelningen av skulden

Fast när vi nu har bilden av den svenska häxan framför oss, den välbeställda bondmoran eller hantverkarhustrun med gott rykte, ordnad ekonomi och utan någon särskild fläck på sitt rykte, så kommer vi oundvikligen och genast tillbaka till frågan varför?

Vem var det som orsakade hennes död?

Att hon befanns skyldig i själva processen berodde i regel på att ett antal barn hade vittnat mot henne och eftersom hon tillhörde dem som dömdes till döden var ett eller flera av barnvittnena ofta hennes egna barn. Domstolarna menade visserligen att barn generellt talade sanning om Blåkullaverksamheten men fäste särskild tilltro till barnvittnen som utpekade nära och kära, eftersom de menade att sådana vittnesmål måste ha inneburit en svår påfrestning på familjesammanhållningen och därför var sprungna ur desto större ärlighet.

Men nästa fråga blir då vem eller vilken samhällelig kraft som stod bakom bödeln. Särskilt om vi har en god bild av vem den dödsdömda var uppstår ett utmärkt läge att pröva de ständigt återkommande och alltid lika populära klasskampsteorierna, eller för den delen teorierna om könskamp. Var således massavrättningarna mellan 1668 och 1676 ett uttryck för överhetens vilja att tukta medborgarna, sätta skräck i dem eller vända bort uppmärksamheten från svält och krig?

Jag måste medge att sådana tankebanor kan te sig särskilt frestande från en vänsterståndpunkt. Men ingen har lyckats visa att det var så. Som förloppet utspelade sig under dessa år är det snarare tydligt hur överheten i Stockholm togs på sängen och snart vacklade mellan tvära kast i taktiken mot "oväsendet".

När den första Kungliga Trolldomskommissionen skickades till Dalarna under ordförandeskap av Creutz var taktiken att man skulle slå till snabbt och avrätta lagom många. Det fungerade inte så bra, eftersom paniken spred sig desto värre.

Nästa gång man for till Dalarna togs hårdhandskarna till mot vittnen och ryktesspridare med hudflängning och gatlopp. Då upphörde visserligen oväsendet i Dalarna men hade i stället spritt sig norrut.

Den första Norrlandskommissionen lyckades manipulera kung Karl XI att besluta att bara sådana som bekänt godvilligt fick avrättas. Det var ett led i den intrigerande minoritetens taktik för att inom systemets ram motarbeta det.

Den andra Norrlandskommissionen återgick till hårdhandskar och massavrättningar och lyckades manipulera kung Karl XI att både rekommendera tortyr och hävda att man inte skulle låta sig avskräckas av det stora antalet döda. Därefter upphörde den kommissionen därför att den självsvåldigt lades ned av sin ordförande Sparre. På så vis kom för övrigt denne Sparre att bli den enskilde svensk som räddade flest människoliv under häxprocesserna, förmodligen utan att ens själv tänka på den saken.

Detta är sannerligen inte en överhet som skrider till verket med någon genomtänkt och beslutsam plan att föra klasskamp mot underklassen. Det är bara en förvirrad överhet som dessutom är oskicklig i att systematisera gjorda erfarenheter och konferera inbördes.

Den som släpade den svenska häxan till bödel och bål var den allmänna opinionen. Och i så fall är alla klasskampsteorier om såväl överhetens listiga avledningsmanövrer som pigornas uppror skjutna i sank. Den allmänna opinionen i de landskap som härjades av häxpaniken bestod av samma samhällsklass som brändes.

Den förvirrade överheten i Stockholm bombarderades med skriftliga krav från nordliga socknar om att sända nya kommissioner, se till att få igång verkställigheten på avkunnade dödsdomar, ge tillstånd att avrätta barnvittnen utöver redan avrättade trollkonor och så vidare.

Drivkraften bakom denna allmänna opinion var till stor del nitiska och uppviglande präster som dessutom fungerade som en sorts förberedande förundersökningsledare i de områden kommissionerna hade på sin arbetslista. Men det fanns ett avgörande skäl till att prästernas propagandistiska arbete fungerade och verkligen piskade upp opinionen, och det var omsorgen om barnen.

I alla bevarade skriftliga opinionsyttringar, om det så är pro-

tokoll från olika processer eller brev till Stockholm med blod-
törstiga krav, är det alltid barnens väl och ve som betonas mest
och starkast. Allmogen slogs ursinnigt för att rädda sina barn
från undergång och riktade den kampen mot den förvirrade
överheten.

Ibland var denna överhet inte bara förvirrad och vankel-
modig utan dessutom äcklad. När Anders Stiernhöök skulle ut-
nämnas till ledamot av den första Norrlandskommissionen var-
nades han av sin far, den äldre och betydligt mer erfarne juris-
ten, för hur svårt det var för samvetet att uthärda den låga ho-
pens skrän efter död och korsfästelse.

Och själv redogör han chockad för hur han bevittnade den så
kallade risslitningen i Bollnäs av misstänkta som hade skonats
från dödsstraff. Somliga stod inte ut, skriver han, utan svimma-
de efter 80 slag (80 slag!) och sådana excesser förklarade han
med "böndernas hämndgirighet".

Lynchningar av frikända eller icke dömda hörde heller inte
till ovanligheterna.

Man kan förstås hävda att prästerna som piskade upp denna
blodtörstiga opinion representerade överheten. Det är sant i så
mening att prästerna utgjorde det andra ståndet efter adeln och
i någon sorts strikt klassanalytisk mening tillhörde en överklass
som dömde och avrättade underklassen. Men då bör man nog
påpeka att prästerna i realiteten inte var mer än ett tredje stånd.
Adeln bestod av högadeln som hanterade rikets alla högre äm-
beten och lågadeln, sådana som Rosenhane och Stiernhöök,
som satt på alla lägre ämbeten, framför allt i domstolarna och
militärapparaten. Därför kunde det kyrkliga "tredje ståndet" ald-
rig ha genomfört en övergripande samhällsplan eller klasskamp
på egen hand. Dessutom är det svårt att föreställa sig hur präs-
terna skulle ha kunnat resonera i sådana konspiratoriska politis-
ka banor. De trodde ju faktiskt i de allra flesta fall att de fått ett
uppdrag av Gud att stoppa Djävulens raseri och många av dem

utvecklade en outtröttlig flit i det höga uppdraget.

Att denna gudsnit också kunde förvandlas till ondska ser vi i fallet med pastor Laurentius Hornaeus som lät sin mor dö utan att lyfta ett finger till hennes hjälp och därefter stoppade barn i isvakar eller hotade att steka dem i ugn. Att prästerna dessutom kunde göra ont på ett aningslöst sätt ser vi i fallet med Lars Elvius som på fullt allvar trodde att Blåkullaresenärer angrep honom på nätterna för att hindra honom att utföra Guds arbete bland människorna.

Men det fanns undantag också bland prästerna. Kyrkoherden i Gävle, Petrus Fontelius var ett enastående undantag. I ett minst sagt utmanande uttalande hävdar han att han uträttat mycket gott i sina predikningar genom att han "något dämpat den gemena mening som vulgus (latin, den låga hopen) till förne haft, så att de icke tro det så grovt vara som det säjes".

Den inställningen höll på att kosta hans hustru livet.

4. Processen mot pastorskan Fontelius

Petrus Fontelius såg tydligen inte mycket ut för världen, eftersom han beskrivs som "en liten böjd gubbe med grått skägg och blekt ansikte". Men han visade en andlig resning och ett mod som få i hans samtid.

Från år 1669 var han kyrkoherde i Gävle, den utnämningen kan inte ha varit ett kliv uppåt i karriären för honom, eftersom han kom från Uppsala universitet där han varit Västgöta nations inspektor, professor i teologi och därtill rektor magnificus. Det är oklart vad som var anledningen till hans steg nedåt i den sociala hierarkin, eller om det ens var det på 1600-talet, men universiteten var lika lite då som nu några fridsamma inrättningar fjärran från världens låga intriger. Och att Petrus Fontelius var en stridbar person som hade lätt att skaffa sig fiender framgår med eftertryck av det bråk han hamnade i med staden Gävles mäktigaste man, borgmästare Falck.

Kyrkoherde Fontelius var mer än skeptisk till häxpaniken, det verkar faktiskt som om han helt enkelt inte trodde alls på vare sig barnvittnen eller bekännelser.

Han hade viss personlig erfarenhet av själva häxdömandet eftersom han under en kort period tillhört den Hälsingekommission där också den kritiskt inställde Stiernhöök fanns med. Ur det perspektivet är det lite förvånande att han inte gjorde sig bemärkt redan då genom att högljutt ansluta sig till kommissionens kritiska minoritet. Eller om han gjorde det fast dokumentation saknas, eller om han blev ovän med de andra gudsmännen, gav upp och lämnade spektaklet i vredesmod.

År 1673 ingrep han dock bevisligen i en häxprocess som pågick i Valbo utanför Gävle. Processen hade föranletts av två unga gossar, den ene borgarson från Gävle, som gav sig ut för att vara experter på häxor och därför "känt igen" eller på annat sätt utpekat ett antal personer.

Petrus Fontelius infann sig personligen i rätten och lyckades med en skarpsinnig utfrågning av de två unga experterna få dem att bli osäkra och därefter till den grad börja emotsäga sig själva att domstolen tappade förtroende för dem. Därefter pläderade han som en advokat för de misstänktas oskuld och vann på varje punkt. De misstänkta frikändes.

Kvar fanns några snopna barnvittnen som kommit rännande för att ställa upp och bekräfta de unga experternas utpekanden. Förmodligen slutade den lilla lokala häxprocessen i Valbo med att barnvittnena fick ett kok stryk, även om man inte fann anledning att protokollföra en sådan processuell västgötaklimax.

I staden Gävle var det alltså inte lönt att gå till kyrkoherde Fontelius med antydningar eller funderingar om trollkonor. Senare när bråket var igång intygade flera representanter för stadens borgerskap att den som gått till pastorn med sådant blivit "snöpligt avvisad" och både privat och från predikstolen riskerade att kallas "pack och världens avskum". I sina predikningar hade kyrkoherden flera gånger framhållit att man skulle avhålla sig från att lyssna på barnens fantasier och hellre klå dem med ris om de kom sladdrande med häxhistorier.

Han intog alltså en i tiden lika djärv som kontroversiell hållning, ytterligare manifesterad av att han under flera år kompromisslöst vägrade att förestava den bön mot häxeriet som enligt påbud från rikets högsta styrelsemakt skulle upprepas med jämna mellanrum i landets alla kyrkor.

Säkert var kyrkoherden en man som var svår att ha att göra med för borgerskapet i Gävle. Nedsättande berättas om honom att han "låg och läste bittida och sent" och att ingen då fick störa honom. Att ha läsvanor i Gävle var helt säkert betydligt mer misstänkt än i Uppsala. Eftersom han dessutom var en berest man, man vet att han varit både i Frankrike och Italien, kan man nog utgå från att han inte hyste någon större respekt för Gävlebornas bildningsgrad eller insikter i demonologi eller teologi.

Skälet till att Fontelius drogs in i ett långvarigt bråk med borgmästaren är dock närmast skrattretande trivialt. Borgmästare Falck var ovän med en rådman Johan Andersson, vilket emellertid kyrkoherden inte hade någon del i. Men borgmästaren fick för sig att rådman Andersson och hans hustru hade fått alldeles för fina platser i kyrkan när bänkarna av någon anledning flyttades om. Kränkt å sina egna och framför allt hustruns vägnar sökte då borgmästare Falck upp kyrkoherden och besvärade sig över den sidovördnad som han menade hade visats hans hustru.

Den här gången kunde Fontelius tydligen kontrollera sitt temperament och bad oförbehållsamt om ursäkt för den icke avsedda skymfen och försäkrade att han alls icke haft för avsikt att särskilt gynna rådmannens hustru. Men saken var inte ur världen så enkelt för nästa gång kom borgmästaren med fullkomligt orimliga krav som snarare ger intryck av en tydlig vilja att åstadkomma bråk.

På våren 1673 gick nämligen rådmannen Johan Andersson en lördagskväll för att ta nattvarden i kyrkan. Kort därefter infann sig borgmästare Falck och förklarade att eftersom han och rådmannen var ovänner så borde rådmannen och hela hans familj förbjudas att i fortsättningen ta nattvarden i kyrkan.

Man kan lätt föreställa sig hur den temperamentsfulle kyrkoherden exploderade av ilska över borgmästarens idiotiska tilltag. En enkel, knappt läskunnig kommunalpolitiker kom in och försökte ge kyrkoherden order att utdela kyrkostraff!

Utskälld och säkert förbannad i mer än ett avseende lämnade borgmästaren sin kyrkoherde som fiende på allvar. Nästa tillfälle att visa den saken kom när Fontelius strax därefter höll bröllop för en av sina döttrar. Borgmästarfamiljens bänkar stod då demonstrativt tomma.

I en annan tid hade en aldrig så politiskt mäktig borgmästare kunnat göra mycket lite åt en egensinnig kyrkoherde som inte tog order som andra. Men nu var det 1673, nära kulmen på häxpaniken i riket. Snart började de första ryktena löpa om att kyrkoherdens fru, Katarina Rolandsdotter Bure, en prästdotter från Nora, var en av stadens ledande häxor, om inte den förnämsta. Och då började barnvittnena rada upp sig, i främsta ledet borgmästarens 13-årige son Håkan.

Att häxrykten var en farlig sak som inte utan vidare gick att vifta undan ens för en kyrkoherde måste Fontelius ha varit väl medveten om. Men han var ändå en universitetsman, van vid nästan lika illasinnade intriger, och alls inte handfallen när det gällde att producera juridisk skriftväxling. Alltså försökte han ta initiativet och göra ett förtalsmål av saken. Tanken var förstås god. Om han och hans fru vann ett förtalsmål först så skulle det bli svårt att komma därefter med samma sak i form av häxerianklagelser för sådant som redan var dömt osant.

Men detta insåg också borgmästare Falck som satt i den lokala tingsrätten och krånglade med förhalning av förtalsmålet. Fontelius svarade med att åberopa jäv mot Falck som måste träda tillbaka från målets behandling. Det kunde tyckas som en seger, men då svarade Falck med att jävsförklara hela tingsrätten och hänsköt frågan i sin helhet till den Kungliga Trolldomskommission som var i antågande.

När så halva kommissionen, man hade desperat delat på sig för att hinna med, i början av februari kom till Gävle och inledde sitt arbete fortsatte den formaljuridiska striden. Skulle kommissionen pröva förtalsmålet eller häxerianklagelserna först?

Kyrkoherde Fontelius stred förtvivlat för att förtalsfrågan skulle avgöras innan horden av barnvittnen släpptes in. Men nu låg hans extrema politiska inställning honom i fatet och han hade uppenbart kommissionen emot sig. Anklagelserna mot honom själv började radas upp.

För hade han inte länge vägrat att läsa upp häxbönen i kyrkan och bara visligen återupptagit den när kommissionen var i antågande? Hade han inte dessutom medverkat till att flera trollkonor frikändes i Valbo? Var det inte sant att han förbjudit föräldrar att fråga ut sina barn om häxor och i stället rekommenderat risbastu? Hade han inte kallat ryktesspridare för pack och avskum med mycket mera?

Men värst av allt, och oerhört provocerande, var hans ord att han "bedömde detta tal om ett Satans raseri som blott förvirrade fantasier".

Det var en uppfattning som i sig kunde leda till dödsstraff, om man inte var adlig eller präst. Vid precis samma tid ingick i domskälen mot en kvinna som dömdes i Ockelbo påpekandet att det som mest låg henne i fatet var att hon "dragit på sig graverande misstankar genom att hon berömt sig för att alltid ha betraktat detta med Satansväsendet och barnaförande till Blåkulla som ett gyckleri".

Det blev alltså häxprocessen mot kyrkoherdens hustru Katarina Bure som skulle tas först. Därmed var det dags att börja paradera flocken av barnvittnen, som var över 20 stycken.

Den 14-åriga Annika Gotthalksdotter berättade att hon första gången tagits till Blåkulla av pastorskan Fontelius åtta dagar före jul, men att hon på senare tid varit där med henne ytterligare fyra gånger. Till Blåkulla hade de ridit på ingen mindre än borgmästare Falck.

Falck vittnade och intygade att han var öm i kroppen på morgnarna och mycket tröttare än han brukade vara, vilket således tydde på att han varit ridverktyg till Blåkulla.

Borgmästarens 13-årige son, som var den mest ihärdige och utförlige av de vittnande barnen, intygade att pastorskan ofta tog honom till Blåkulla tillsammans med hennes egna barn Petrus, Lars, Lisken, Carin och Annika och att alla barnen hade blivit omdöpta i Blåkulla, skurna i fingret och fått sina namn inskrivna med blod i den svarta boken. Pastorskan hade också undervisat dem i förbannelseböner och alla hade de tvingats bola med Djävulen fast pastorskan var den enda som tyckte om det. På senare tid hade hon kommit och misshandlat honom varje natt för att han hade bekänt.

Katarina Bure värjde sig envist och vältaligt och påpekade att både osämja och mutor låg bakom dessa barnvittnesmål och hon förklarade att om barn tvingas börja fundera i ämnet så kommer de oundvikligen att drabbas av fantasier om vad som helst, vilket dock inte har med verkligheten att göra.

Hon redovisade således, fast med mer försiktiga ordalag, ungefär samma världsbild som sin man. Men det gjorde bara hennes position sämre, eftersom rätten betraktade en sådan inställning som "en galen inbillning".

Andra trolldomsanklagade kvinnor som bekänt förhördes på nytt och började som vanligt komma med utpekanden mot den som förhörarna ville ha som medbrottsling.

Det såg mörkt ut. Att paret Fontelius egna barn tvingades infinna sig för att vittna hjälpte inte stort, trots att de alla friade sin mor. För då observerade rätten att barnen inte grät när de vittnade. Tårar var nämligen enligt gällande praxis ett tecken på sanningsenlighet, liksom det var typiskt för häxor att inte kunna gråta när de nekade. Den som försökte hålla huvudet kallt löpte alltså än större risk att bli av med det.

Som en sista desperat åtgärd ingrep nu kyrkoherde Fontelius, med verkliga tårar och väl spelad underdånighet och bad rätten att hans hustru skulle slippa häktet i väntan på dom och han svor på att hon inte skulle rymma. Det gick rätten med på.

Paret Fontelius rymde omedelbart söderut.

I dödsdomen som avkunnades några dagar senare pekade rätten särskilt på den redbare borgmästaren Falcks lidanden då han med sorg fått erfara att hans son under lång tid förts till Blåkulla av pastorskan och dessutom hade sonen intygat att han dagligen misshandlades av henne. Eftersom hon nu dessutom hade rymt så hade hon slutgiltigt bevisat sin skuld. Beklagligtvis kunde hon genom sin rymning också fortsätta sin brottsliga gärning, eftersom en del av de barn hon tidigare fört till Blåkulla nu varje natt var offer för hennes hantering.

Ytterligare fem kvinnor dömdes till döden tillsammans med pastorskan Katarina Bure den 9 mars 1675. En av dessa som hade bekänt hade fått nåden att bli begravd på kyrkogården i stället för på avrättningsplatsen. Det privilegiet hade rätten visserligen förordnat också för Katarina Bure men inte av mildhet eller sympati utan beroende på hennes samhällsställning. Man hade funnit det olämpligt att behandla liket efter en prästfru på samma sätt som vanliga trollkonor i de lägre klasserna.

Petrus Fontelius och Katarina Bure saknade inte inflytelserika vänner och från en sorts politisk asyl i Örebro inledde de skriftväxlingen för att få domen upphävd. Deras fall hade blivit uppmärksammat och flera högre ståndspersoner kom till deras undsättning, däribland en grevinna.

Till en början blev det en seg prestigekamp mellan kommissionen, som inte gärna såg att de skulle bli överkörda av intrigerande klassbröder och kunglig nåd, och de krafter inom domkapitel och överklass som stod på paret Fontelius sida.

Men Katarina Bures sak avgjordes mer av själva tidpunkten än av någon intrigernas konfrontation inom överklassen. Häxprocesserna hade inte lång tid kvar nu när avgörandet i Stockholm närmade sig, och efter kollapsen i Stockholm frikändes Katarina Bure genom kunglig nåd och kyrkoherdeparet kunde återvända till Gävle.

Och därefter beslutade Kungl. Maj:t att förbjuda den tidigare obligatoriska häxbönen och i stället beordra alla landets präster att intyga att "detta av Satan inrättade blodbadet ej var rådeligt understödja".

Om det hade varit en fantastisk filmscen att se prästen Laurentius Hornaeus, den lika sadistiske som nitiske häxjägaren, stiga upp i sin församling, blicka ut över de av honom själv kraftigt decimerade bänkraderna på kvinnosidan och försäkra att allt bara hade varit ett misstag – så vore det inte så mycket sämre filmscen att se kyrkoherde Petrus Fontelius genomföra samma kungliga befallning.

Den ene vit, den andre svart. Ändå hade dessa kyrkomän haft tillgång till exakt samma kunskapsmaterial, även om Fontelius måste ha varit den mer bildade av de två. Var skillnaden mellan dem moralisk eller intellektuell?

En av de kvinnor som avrättades i Gävle och som dömts i samma process som pastorskan Fontelius är alldeles särskilt intressant för fortsättningen. Det var hustru Karin Nilsdotter. Hon hade som alla andra angivits av ett antal barnvittnen, men ett av barnen var hennes son, den då elvaårige Johan Johansson Griis. Efter avrättningen av hans mor sändes han till släktingar i Stockholm, vilket både för honom själv och andra skulle ta en ände med förskräckelse.

IV

Om Djävulens nederlag i Stockholm – och en historie-förfalskad hjälte

1. Men på vägen mot Stockholm låg Uppland

Konsten att sprida häxpanik hade alltmer professionaliserats. Men i de norra landskapen hade bedragarnas marknad urlakats av att så många processer redan genomförts att företagsamma unga pojkar sökte sig söderut från Gävle för att finna nya försörjningsmöjligheter. Snart vandrade visgossarna runt i Uppland och sökte arbete hos mer eller mindre lättlurade präster.

Visgossarnas fräckhet hade dessutom tilltagit. Två av dem reste omkring i socknarna närmast Uppsala, pekade ut häxor och uppgav sig oblygt ha ett särskilt uppdrag från Kungl. Maj:t, varför de tog ut kostnader för resor, kost och logi från allmogen. I den oreda de ställde till fick myndigheterna upp spåret, lät diskret infånga dem och sände den ene till förhör inför hovrätten i Stockholm, där han framgångsrikt spelade förståndshandikappad för att klara sig. Den andre fick i all diskretion respengar hem till Norrland.

Men häxsmittan var redan spridd i Uppland. Och med början i den norra delen av landskapet, som ligger närmast Gävle, var snart de lokala processerna igång enligt samma mönster som på andra håll i landet. Prästerna var därmed också i farten med informella förhör och upprättande av listor på misstänkta trollkonor och barn som hade förts till Blåkulla. Allting skulle nu normalt tala för att katastrofen snart skulle få samma omfattning som på andra ställen där Blåkullalegenden spritt sig. Men tillfälligheternas spel gjorde att Uppland i sin helhet skulle komma undan med bara två avrättade och brända häxor.

En sådan tillfällighet var att Anders Stiernhöök just hade ärvt sin nyligen avlidne fars ämbete som häradshövding i norra Uppland. Och det var just där tingsförhören med misstänkta och vittnen på allvar skulle tas upp hösten 1675. Och Anders Stiernhööks inställning känner vi sedan tidigare.

Under hans ledning kom domstolen att konsekvent underkänna alla barnvittnen på den grunden att de sade emot varandra, eller sig själva, och att deras redogörelser därför saknade trovärdighet. Vi får tänka oss att allmogen blev missnöjd med en sådan antiklimax när upphetsning och rykteskarusell drivit förloppet ända fram till riktiga domstolsförhandlingar.

Med vad som förefaller som en listig undanmanöver förklarade då Stiernhöök för medborgarna under hans domvärjo att de naturligtvis kunde, kanske rentav borde, gå till kungs med besvär så att kungen i sin nåd kunde tillsätta en riktig kommission för att med kraft ta itu med den uppländska häxplågan.

Stiernhöök hade inte ringaste täckning för att på detta sätt inge förhoppningar om hårdare tag med riktig häxdomstol. Antingen ville han bara vinna tid eller också hade han en god föreställning om vad det kungliga svaret skulle bli.

För vid den här tidpunkten kröntes Karl XI i Uppsala och i anslutning till kröningen pågick en riksdag. En del besvär i trolldomsfrågan inkom förstås till denna riksdag, bland annat från de häraden som Stiernhöök gjort besvikna med att avfärda all bevisning.

Men det beslut som dessa besvär från Uppland konkret resulterade i ser mest ut som en irriterad undanviftning med den kungliga handen: "... och vill vi att allmogen själv sådant väsende inbördes avstyrer med gudsfruktan och flitiga böner till Gud söker förekomma och avvärja".

Även bortsett från att kungen kan ha tyckt att kröningsriksdagen hade betydligt viktigare saker att hantera – det pågick in i det sista en maktstrid mellan honom och högadeln – så var det avfärdande svaret om att "var god dröj och be" helt konsekvent med det oklara läge som rådde just då i häxprocessandet.

Andra Norrlandskommissionens president Sparre hade ju mer eller mindre självsvåldigt lagt ner kommissionens verksamhet. Även om han gjort det i vredesmod eller av prestigeskäl så hade han fogat en mer formell motivering till sitt beslut. Han hade begärt att expertis i Stockholm skulle utarbeta konsekventa regler för hur dömandet skulle gå till, alltså att man skulle "tillsätta en utredning". Vilket lika väl då som nu kunde vara ett sätt att vinna tid och tills vidare bli av med en besvärlig fråga.

Den för ändamålet tillsatta utredningen i Stockholm hade hittills inte uträttat ett dugg. Inte heller från Uppsala domkapitel som hade frågan "på remiss" hade det hörts någonting. Det var inte med någon iver som överheten kastade sig över häxproblemet.

Frågan bollades vidare till hovrätten i Stockholm som i sin tur bollade den tillbaka till Anders Stiernhöök i Uppland. Och han i sin tur fortsatte att förhala processen utan att ett enda häxbål restes. Stiernhöök visade sig ånyo ovanligt petig med bevisningen när han skulle pröva anklagelserna. Tiden gick.

Till slut blev det ändå nödvändigt för landets ledning att tillsätta två kommissioner. Oväsendet hade tilltagit i själva huvudstaden och hovrätten gjorde som förr, att man bittert klagade över hur allt annat och viktigare arbete skulle hamna i bakvatten om man på nytt skulle börja tvingas syssla med häxor.

För den kommission som skulle döma över Uppland och Västmanland tillsattes emellertid Anders Stiernhöök som president och vid sin sida fick han en grupp professorer i Uppsala. Någon anslutning av lokala nämndemän eller präster var det inte längre tal om.

Nu närmade sig förstås sanningens ögonblick för Stiernhöök. Som häradsdomare hade han förmodligen ganska lättvindigt kunnat tillåta sig att bara avfärda vittnesmål, i all synnerhet som eventuella dödsdomar ändå skulle fastställas i prövning av en högre rätt. Men nu hade han blivit den högre rätten själv, med rätt och skyldighet att utdöma dödsstraff.

Men han manövrerade listigt. För det första kom hans kommission fram till att eftersom de flesta av ledamöterna bodde i Uppsala, och eftersom de övriga ändå lättare kunde skaffa sig tillfällig bostad där än ute på landsbygden, så skulle kommissionen den här gången inte resa runt. Man skulle ha sitt säte i Uppsala.

Vidare beslöt man att inleda sin verksamhet mitt i skördetiden och innebörden av det beslutet kan man inte gärna ha varit omedveten om. Det som nu skulle bärgas var den första goda skörden efter två svältår. Få bönder om än aldrig så upphetsade av häxfrågor skulle vilja resa med sina barnvittnen till Uppsala just när den goda skörden skulle inhöstas.

Nästa led i denna uppenbara förhalningstaktik blev att man infordrade alla lägre domstolars beslut i Uppland och utsatte dem för skoningslöst petig kritik, som att det man tagit del av bara visat sig vara "summan av barnens svar in gemen men inte själva barnens svar in specie och särskilt för sig över var punkt…"

Man ålade alltså underrätterna ett oändligt tidsödande sätt att ta om allting från början.

Även om Stiernhöök och hans förmodligen helt införstådda bisittare säkert hade kunnat förlänga denna byråkratiska metod att rädda liv så kom slutet fortare än någon av dem hade kunnat ana. Sent på hösten inkom ett kortfattat men ändå i sak mycket dramatiskt besked från de erfarenheter som kommissionen i Stockholm gjort tidigare under sommaren och i september. Stockholmskommissionens ordförande Coyet berättar, liksom i förbigående: "Så mycket oss veterligt är, består detta barnaförande mest av idel osanning…"

Det var över. Vad som återstod för Stiernhööks kommission i Uppland blev då bara att på löpande band frikänna alla som dömts i underrätter och bestraffa en del vittnen med prygel.

2. Och i Västmanland avstyrde en biskop på egen hand hela spektaklet

Den Stiernhöökska Trolldomskommissionen hade också haft Västmanland under sin domvärjo. Men där kom häxpaniken att kvävas i sin linda och det med en kyrklig insats som inte hörde till det typiska under dessa år.

I trakterna av Västerås hade på samma sätt som i Uppland norrländska experter på häxor givit sig till känna redan sommaren 1675. Det rörde sig om tre kvinnor från Gävle som ställde till mycket oväsen. Om nu dessa "viskärringar", eller vad vi skall kalla dem, hade fått kontakt med en pastor Lars Elvius eller ännu värre en Laurentius Hornaeus så hade utvecklingen förmodligen tagit en helt annan och förskräckande vändning.

Men viskärringarna fick att göra med en teolog av en helt annan kaliber, biskop Rudbeckius. På hans initiativ togs de till fånga och sattes i cell, han kom snabbt överens med landshövdingen Posse om hur saken skulle skötas därefter. Landshövdingen skrev en rapport till hovrätten och fick tillstånd att upprätta en lokal specialdomstol som skulle döma kvinnorna för förtal och skvaller. Därmed statuerade man ett snabbt exempel av rakt motsatt innebörd än vad som hittills hade varit det vanliga.

Rudbeckius hade redan 1671, när häxpaniken rasade som värst i Dalarna, författat en teologisk analys i ämnet. Hans budskap var att man måste hantera trolldomsrykten med yttersta skepsis och försiktighet. Hans centrala tankegång var att även om Djävulen fanns och ställde till mycket förtret – därom måste varje teolog ha varit fast och dogmatiskt övertygad på 1600-talet – så gjorde inte det Blåkullafarandet mer trovärdigt i sig. Det kunde tvärtom förhålla sig så att Djävulen med sken och bedrägeri spred panik och lurade människorna att börja döma varandra för brott som inte fanns. En sådan sak skulle glädja Djävulen desto mer, till skillnad från att få sina egna häxor halshuggna och brända i stor mängd.

Biskopens resonemang hade haft stor betydelse för den minoritet av skeptiska jurister som i olika kommissioner mer eller mindre förgäves försökt streta emot blodtörstiga nämndemän och lokala präster. Flera av de skeptiker vi känner till från tidigare hade ofta och med gillande citerat Rudbeckius, däribland Rosenhane, Lundius och Stiernhöök och inte minst Petrus Fontelius, kyrkoherden i Gävle.

Där faller alltså en pusselbit på plats när det gäller denne Fontelius och hans ibland till synes nästan halsstarriga motstånd mot Blåkullatron. Han hade helt enkelt haft intellektuellt skarpare teologiska instrument i sin hand, samma tankegångar som den aktade biskop Rudbeckius, när han gått emot den förvillade lokala opinionen i Gävle som han inte utan tydligt förakt kallade för vulgus, den låga hopen. Slutsatsen av detta är både nedslående och upplyftande: det hade hela tiden funnits en annan möjlighet för kyrkan. Men män som Rudbeckius och Fontelius hamnade i minoritet när paniken brakade loss. Precis som häxornas försvarare Stiernhöök och Rosenhane och andra jurister som försökt stå paniken, opportunismen och dumheten emot med byråkratiska metoder "inom systemet".

3. Stockholm 1675 – dukat bord för den lille mytomanen från Gävle

På bara de senaste 50 åren hade Stockholms befolkning vuxit från 8 000 till 40 000 invånare. Expansionen hade två sidor, först den militära stormaktens ökade behov av bostäder och palats i huvudstaden, i andra hand invandring av fattiga människor från landsbygden av ungefär samma slag som i vissa huvudstäder i tredje världen idag.

Stadsdelen Söder representerade båda dessa sidor. Dels fanns här nya palats för högadeln som ansåg det sundare att bo lite ovanför Gamla stan eftersom luften var friskare här uppe. Götgatan var en "fin" adress, ungefär som vissa gator på dagens Östermalm. Men i kåkstäderna runt nybygget av Katarina kyrka trängdes en fattigare befolkning i sammangyttrade gränder med hantverkare, hökare, arbetslösa sjömän, avdankade soldater, änkor som ägnade sig åt spinneri, roddarmadamer, finska pigor, "löskonor" och fyllbultar.

Trångboddhet, social nöd och smuts blev grogrunden för skvaller och trätor, ovänskap och småbrott. Stadsdelen var ökänd för alla sina bråk och det var ett av skälen till att man inrättat en helt ny domstol, Södra kämnärsrätten, där dagens Stadsmuseum ligger, i början av Götgatsbacken.

Här uppe bodde murarmästare Galle och hans hustru Britta Sippel och hon var som klippt och skuren för att utpekas som häxa när paniken fick fäste i Stockholm på våren 1675.

För det första hade hon sedan gammalt ett "rykte" om sig. När murarmästaren skulle fria till henne hade han varnats från flera håll att Britta var en sådan som "lade nycklarna under grytan när hon kokade" (ett säkert tecken på trolldom) och dessutom var hon folkilsken och grälsjuk redan innan hennes man blev sjuk och inte längre kunde försörja henne och barnen. Han kallades då "Näslösen" därför att sjukdomen – man sade att det var "fransosen" (syfilis) – hade förtärt hans näsa. Och följaktligen kallades hans illa sedda hustru för "Näslösan".

Redan sju år tidigare hade hon faktiskt vunnit ett förtalsmål som gällde påstådda häxkonster inför kämnärsrätten. En skeppare Cornelius hade vitt och brett berättat hur hon genom trollkonster, utan att ens vara närvarande, tre gånger lyckats få hästen att kasta av honom när han skulle bege sig ut till Dalarö. Eftersom han inte inför rätten kunde underbygga sin anklagelse, med mer än att han kände på sig hur det låg till, dömdes han för förtal och fick böta till Britta Sippel som ännu inte blivit Näslösan eftersom hennes man murarmästaren fortfarande var i fullt arbete med kyrkobygget och hade flera anställda.

Våren 1675 kokade emellertid stadsdelen av häxrykten och närmast självklart riktades misstankarna i första hand mot Näslösan, men de smittade också av sig på hennes syster Anna Sippel, som var gift med en bagarmästare och hade det mycket gott ekonomiskt ställt, och från Anna smittade misstankarna vidare av sig på hennes väninna mössmakerskan Anna "Vipp upp med näsan" Månsdotter.

När den tolvårige Johan Johansson Griis kom till Stockholm i maj månad för att bo hos en släkting som var hökare på Åsögatan hade han redan föregåtts av en viss berömmelse. Han var gossen från Gävle som angett sin egen mor och fått henne bränd på bål och han hade varit flera gånger i Blåkulla.

Hökarebodarna dit många hade ärenden, och lika många lätt kunde göra sig ärenden, fungerade som veritabla skvallercentraler. Och nu när manegen redan var krattad anlände den lille häxspecialisten Johan från Gävle och snart skulle han bli känd under artistnamnet Gävlepojken.

Redan från början hade han en tacksam och nyfiken – och snart mycket läraktig – publik bland kvarterets barn. Snart sades det om honom att han visste så mycket om Blåkulla "att det var som om han varit barnfödd där". Två av hans första epigoner blev drabanten Myras två pigor Agnes och Annika som var några år äldre än han själv. Det dröjde inte länge förrän de båda Myrapigorna, som de kallades, kunde "anfäktas" och svimma lika skickligt som Gävlepojken och inom kort var de hans jämlikar också i ögonvittnesskildringar från Blåkulla, eftersom de nu plötsligt hade börjat "föras" till Blåkulla båda två.

De tre barnen hade så gott som självklara häxor att peka ut, Näslösan, hennes syster bagarhustrun Anna och mössmakerskan Vipp upp med näsan. Det kunde inte gärna misslyckas. Oroliga äldre kom och frågade om det var sant att... Och fick svar som de frågade.

Brasan tog sig fort och snart inrättades på flera håll så kallade vakstugor för hotade barn. En ryttmästare Gråå, som själv hade nio barn, varav flera stycken börjat föras till Blåkulla av de tre utpekade häxorna, var en av de ivrigaste organisatörerna.

Genom vakstugorna spred sig paniken ytterligare. Resultatet kunde inte gärna bli annat om man föste samman ett dussin barn under nattlig bevakning, eventuellt med en rabblande präst, men framför allt med tillkallade experter som Gävlepojken och Myrapigorna. Inför den uppjagade gruppen kunde dessa experter utföra det ena konststycket efter det andra. Bland annat kunde de se genom väggar och känna på sig när häxorna kom: "Just nu är hon ute vid grinden... nu har hon kommit fram till farstun och se där! Där sticker hon en nål genom väggen, ser ni henne inte!"

Jo, alla såg. Och i vild strid mot Näslösan när hon försökte tränga sig in i en vakstuga, genom att som vanligt öppna väggen med en nål, jagades hon med yxa så intensivt att man lyckades hugga av henne några hårstrån som senare framvisades inför rätten som teknisk bevisning.

Antalet förda barn och blivande vittnen ökade för var dag. Anmälningarna till den lokala kämnärsrätten på Söder haglade. Katastrofen närmade sig obönhörligt.

De pådrivande aktivisterna fanns bland befolkningen uppe på Söder, de tre hökarna Lindh (där Gävlepojken bodde), Abrahamsson och Keiser, ryttmästare Gråå och klockaren i Katarina, Erik Simonsson.

Motståndet fanns bland stadens styrande som vid det här laget måste ha varit väl medvetna om vilket elände som var på väg. Överståthållaren Rålamb och borgmästaren Olof Thegner beslöt sig för att försöka sanera häxpaniken genom att tillsätta en lokal specialdomstol med Thegner som ordförande. Uppdraget var att försöka rannsaka misstankarna i stilla ro, uppmana föräldrarna att ta det lugnt och sluta med ryktesspridning och övertala prästerna i stadsdelen att de i sin tur skulle tala förstånd med folk. Dessa goda initiativ skulle emellertid snart visa sig hopplösa inför den ryktesflod som redan brutit igenom alla fördämningar.

Borgmästare Thegner brydde sig inte ens om att kalla de tre utpekade, systrarna Sippel och mössmakerskan Anna, inför rätten. I stället tog han itu med barnvittnena och deras föräldrar. Han förmanade dem, han skällde ut dem, han försökte få dem att förstå det orimliga i att lita på den där Gävlepojken.

När Gävlepojken själv slutligen får inställa sig inför rätten beslutar han sig för att än en gång skapa sensation. Vilket han lyckas med över hövan och på mer än ett sätt.

Inför den blandat förstummade och vredgade menigheten och domstolen bekänner han hur det i själva verket är han själv som är häxan, men att han antagit Näslösans skepnad för att förvilla. Hon är alltså oskyldig, och om det är någon man bör frukta så är det han, Johan Johansson Griis, tolv år.

Hade det varit några år tidigare så hade domstolen med en trött suck förklarat Gävlepojken sinnessjuk och slängt ut honom eller i bästa fall skickat honom till Danvikens hospital för vård, just så som man faktiskt behandlat en bekännande piga året innan.

Men nu klipper borgmästare Thegner och hans rådmän till med överraskande kraft. De dömer Gävlepojken till döden på hans egen bekännelse.

Domen är i alla avseenden orimlig. Inte minst står den i påtaglig kontrast till allt vad rättens ordförande tidigare predikat om det löjeväckande i att ta Gävlepojkens påhitt på allvar.

Men det är taktik. Borgmästaren vet mycket väl att han utfärdat en dom som måste gå till den överbelastade och av trolldomsmål demonstrativt ointresserade hovrätten för att bekräftas eller, vilket utan tvivel skulle bli fallet, ändras till någon lindrigare påföljd. Barn kunde än så länge inte dömas till döden.

På det här sättet kunde dock Gävlepojken oskadliggöras inom överskådlig tid eftersom han som dödsdömd måste sitta i häkte. Dessutom kunde domen förhoppningsvis ha en sunt pedagogisk effekt på Myrapigorna och andra barn som gav sig ut för att vara häxspecialister.

De upphetsade aktivisterna i stadsdelen lät sig förstås inte nöja med detta svek från borgmästaren. Förutom att vissa barn nu genast började flyga till Blåkulla med borgmästare Thegners fru sökte man stöd från kyrkan för att kringgå alla försök från överheten i staden att skapa lugn.

Det kyrkliga motdraget under ledning av den starkt häxtroende kyrkoherden Berelius i Katarina blev att ordna "katekesförhör" med barnen. Det formella uppdraget från stadens ledning hade visserligen varit att undervisa och tala lugnande till både barn och föräldrar. Men de seanser som nu inleddes i kyrkans sakristia fick snarare formen av oändliga rader av barn som vittnade om resor till Blåkulla. Allt antecknades, högen av bevis växte.

Och när kyrkoherden sålunda hade skaffat fram en tillräckligt imponerande mängd bevis gick initiativet tillbaka till medborgargardet på Söder som författade skrivelser till riksrådet och presidenten i Svea hovrätt där de framhöll hur deras barn varje natt fördes till Blåkulla av alla de häxor som en alltför slapp överhet lät springa omkring på fri fot. Man framhåller också att kyrkans tröst med katekesförhör inte förbättrat läget utan bara gjort häxorna fräckare och mer övermodiga.

Bland de sju undertecknarna finns några av de ivrigaste aktivisterna, ryttmästare Gråå, klockaren Erik Simonsson och hökaren Hindrich Abrahamsson.

Några dagar senare följer en ny liknande skrivelse som är undertecknad av 48 föräldrar till barn som bevisligen har förts till Blåkulla vid flera tillfällen.

Det är bara en tidsfråga innan rikets överhet måste göra något. Ingenting tycks kunna stoppa den växande floden av medborgerliga krav på krafttag och rannsakning. Alla försök att stämma i bäcken hade varit förgäves.

Kungen griper till slut in och på våren 1676 måste den knotande Svea hovrätt än en gång börja syssla med häxmål. Den som först ställdes inför hovrätten är mössmakerskan Anna Vipp upp med näsan Månsdotter.

Det som till en början mest låg Anna Månsdotter i fatet var en form av cirkelbevis. Hon hade ofta och ibland högljutt, vilket många vittnen kunde styrka, oroat sig för att hon var misstänkt. Vid ett tillfälle hade hon till och med gråtit offentligt om sin olycka i Hindrich Abrahamssons hökarbod.

Till en början försvarar hon sig både skickligt och framgångsrikt och kan motbevisa flera anklagelser. Hon har inte kallat kyrkoherde Pontinus i Jacobs församling för "den halte djävulen". Hon medger att hon är bekant med den misstänkta Britta Sippel (Näslösan) men hänvisar till att Britta är både döpt och kristen.

Eftersom hon emellertid inte gråter i rätten, utan försöker hålla huvudet kallt, måste hon finna förklaringar också till det.

Men så kommer de vittnande barnflockarna. Klockaren har skickat fram två av sina barn som intygar att Anna fört dem till

Blåkulla, ryttmästare Gråå har två döttrar och en son i elden.

Och så tar de standardmässiga redogörelserna vid. På väg till Blåkulla brukar Anna alltid stanna och "skava på kyrkklockorna", i Blåkulla ligger hon med Djävulen under bordet och piskar de barn som bekänt med flätade ormar. Hon återförs till häkte i väntan på dom.

Vid nästa rannsakning är det systrarna Sippels tur. Britta Näslösan var så gott som dömd på förhand. Ryttmästare Gråå har dessutom lämnat in sin påstådda tekniska bevisning mot henne i form av en hårtuss som sägs ha klippts av med ett yxhugg då hon med sin nål försökte tränga in genom väggen till en vakstuga.

Det finns ytterligare materiell bevisning mot henne. Enligt barnvittnena har Djävulen piskat henne med ris och klubba och därför har två barberare och klockaren Simonsson besökt henne i häktet, tvingat henne att klä av sig naken och funnit beviset i form av en stor röd fläck på ryggen. Hela kärntruppen av barnvittnen kompletterar bevisningen, Myrapigorna, ett nytt stjärnvittne vid namn Lisbet Carlsdotter, som övertagit Gävlepojkens ledande roll, och naturligtvis ryttmästare Gråås väldresserade barn och klockare Simonssons. Men värst av allt, två av hennes egna döttrar instämmer med de andra barnvittnena.

Brittas hetsiga uppträdande i rätten är inte heller till hennes fördel. Hon far ideligen ut i vilda anklagelser och förbannelser mot vittnena och har vid ett tillfälle kommits på med att bära en dold kniv i kläderna. Vilket hon olycksbådande förklarade med att hon hellre ville avrättas som skyldig dråpare än som oskyldig häxa. Och när hennes döttrar vittnar mot sin moster, bagarhustrun Anna Sippel, så anklagar hon systern för att vara skyldig.

Anna Sippel är i mycket sin föraktade och hetsiga systers motsats. Hon håller på sin värdighet och betonar att hon kommer från bättre familj med bättre ekonomi än både sin syster Näslösan och mössmakerskan Anna Vipp upp med näsan. Hon skryter med sitt fina umgänge, bland annat stadskaptenens (polischefens) hustru som hon därmed gör en rejäl björntjänst, och hon redogör för vilka höga kunder i samhället hon har för de olika mediciner hon tillverkar på fritiden, exempelvis frun till arkitekten Jean de la Vallée och borgmästarinnan Thegner. Hon förefaller till en början stark och säker och har dessutom blivit friad en gång tidigare i den lägre rätten.

Första riktiga orosmolnet kommer när en piga som tidigare varit anställd hos Anna berättar att matmor prompt hade velat komma över blodet från hennes första menstruation och nästa piga berättar om matmors egendomliga vana att bada alldeles för ofta, och att det är otäckt att gå ned efter öl i bagarhusets källare, och att det finns en stor svart hund som spökar på tomten därför att galgbacken tidigare hade befunnits på den nuvarande tomten. Pigan berättar att hon var sjuk i tre år efter att hon slutat sin tjänst hos bagarmor Anna. En 13-årig flicka berättar att hon en gång fått en rädisa av bagarens hustru och därefter blivit sjuk.

Redan så långt är det farliga vittnesuppgifter men det blir snart mycket värre. Djävulen levererar pengar till en tunna i bagarens källare varje torsdag. Och när hon fördes till fängelset hade Anna spottat på en skräddare som hånade henne och därefter hade skräddaren börjat hosta blod och dött.

Över 50 vittnen framträder med liknande historier. Britta Sippels sexåriga dotter berättar att hon sett "morbror bagaren" knåda deg med baken i Blåkulla. Brittas äldsta dotter utsätts för en hård press innan hon vittnar mot både sin mor och moster men passar som hämnd på att ange borgmästare Thegner och rådman Frank (vilket rätten inte tror på och senare med hårda metoder tvingar flickan att ta tillbaka). Utgången av målet är given, alla tre kvinnorna döms till döden.

Ingen av dem erkände ens vid det sista frestandet med nattvard och förlåtelse på avrättningsplatsen.

Därefter lät hovrätten kalla in några av de bästa berättartalangerna bland barnvittnena för att inhämta Djävulens recensioner. Rättens ledamöter ville helt enkelt veta från barnen hur avrättningarna hade uppfattats hemma i Blåkulla. De hedersamt utvalda barnen gjorde inte sina åhörare besvikna, de berättade målande dels hur rasande Djävulen blivit vid beskedet att tre av hans bästa häxor hade avrättats. Dels meddelade barnen en del smicker inför rätten, eftersom de sade sig ha uppdrag från Djävulen att hälsa att han betraktade hovrätten som en skarpsinnig och värdig motståndare och att han föredrog sådant starkt motstånd. Man kan verkligen undra hur de ärade hovrättsledamöterna uppfattade beröm från det hållet.

De tre första fallen, systrarna Sippel och mössmakerskan Anna, hade hovrätten ägnat mycket tid. Men i fortsättningen gick det fortare. De följande häxorna var också lättare att handskas med eftersom två unga kvinnor spontant anmälde sig själva direkt efter systrarna Sippels avrättning. Det var en ung finska vid namn Margareta Matsdotter och den så kallade Ängsjöpigan, Maria Jöransdotter. Varför dessa två ville bli dömda och avrättade har aldrig framgått.

De två nya häxorna som anmält sig själva utgjorde inget besvär för hovrätten, eftersom erkännandet brukade vara själva kruxet och flocken av barnvittnen tagits med överraskning så att det inte blev så många vittnesförhör att ägna tid åt. De samarbetsvilliga häxorna kunde också hållas i rätt lösa tyglar. Ängsjöpigan fick bo hemma fram till den fällande domen och hennes far fick nådigt tillstånd att begrava henne på kyrkogård.

Enda problemet med de två frivilliga häxorna var att de på grund av sin ungdom måste ange någon som de lärt sig trolldomen av. Ängsjöpigan pekade ut en välkänd häxa som redan begått självmord i häktet och fick instämmande från sin medbekännerska Margareta Matsdotter. Mer besvärligt blev det när rätten krävde att de skulle peka ut någon levande häxa och de valde en skepparhustru från Ladugårdsgärdet, Anna "Lärkan"

Persdotter. Lärkan var nämligen inte det minsta trakterad av sitt påstådda sällskap och nekade vilt.

Hovrätten måste emellertid ha funnit tanken att någon oskyldig skulle anmäla sig själv som häxa fullkomligt orimlig. Således fäste man lika stor tilltro till deras utpekande som bekännelse. Därför brydde sig rätten inte heller om den förvirring som uppstod när barnvittnena, som ju tagits på sängen av dessa helt nya häxor, började infinna sig för att bekräfta misstankarna. Det visade sig till exempel att barnvittnet Liskin Persdotter, som sade sig ha blivit förd av Margareta Matsdotter, vilket denna villigt erkänt, kom med helt andra berättelser om vad de två egentligen haft för sig i Blåkulla än vad häxan själv hade bekänt. En Stiernhöök skulle här ha blivit utomordentligt petig med att åskådliggöra skillnaderna mellan den bekännandes och hennes vittnes versioner. Liskin påstod att de alltid for genom skorstenen, Margareta Matsdotters version var att de alltid for genom fönstret. Enligt Liskin återvände de genom väggen, enligt Margareta genom dörren och så vidare. Hovrätten godtog utan vidare häxans förklaringar att hon nog mindes dåligt och att allt säkert var som lilla Liskin berättat.

Av de tre som nu skulle dömas låg skepparhustrun Lärkan avgjort sämst till. Hon nekade ihärdigt och motstod till och med hårda förhör. Mot sig hade hon två väna och ångerfulla bekännande medbrottslingar, själv var hon en gammal kärring.

På grund av att hon ansågs förhärdad i sitt envetna nekande dömdes Lärkan att brännas levande och hennes angiverskor till det skonsamma dödssättet med halshuggning före bålet.

De sista dagarna före avrättningen bearbetade de två angiverskorna sin nekande och av dem själva påstådda medbrottsling så att hon till slut erkände och kunde benådas till halshuggning före bålet. Dessa tre var de enda av Stockholms häxor som bekände.

Hovrätten var nu uppe i sex verkställda häxbränningar och

ett självmord av misstänkt häxa i häktescell. De offentliga skåde-spel som avrättningarna inneburit ledde förstås till en accelere-rad häxpanik och ryktesspridning. Hovrätten skulle komma att dränkas av stockholmska häxmål om den inte kunde rädda sig undan med att begära en ny trolldomskommission.

Karl XI hade mer angelägna problem att syssla med, han be-fann sig i Skåne för att leda ett till synes hopplöst krig mot Dan-mark. Närmast i förbigående gav han order om att tillsätta två nya kommissioner, en för Uppland och Västmanland (Stiern-hööks kommission) och en för Stockholm.

Det var således en massaker på väg. Detta var inte Älvdalen där häxbränningar snart måste upphöra om inte av annat så av brist på bränsle. Detta var huvudstaden med 40 000 människor. Ett par hundra brända häxor hade i det läget inte varit någon stor överraskning. Men stor överraskning blev det ändå och av ett helt annat slag när den Kungliga Trolldomskommissionen över Stockholm inledde sitt arbete.

4. Några säregna specialiteter bland vittnande barn

Strax efter avrättningarna av de tre sista kvinnorna som hovrät-ten dömde triumferade den nya vittnesstjärnan efter Gävlepoj-ken, Lisbet Carlsdotter, med påståendet att om hon så ville skulle det till slut bara finnas tre levande kvinnor kvar i Stock-holm. Hon menade sig själv och de två väninnorna i vittnes-verksamheten, Myrapigorna Agnes och Annika. Känslan av tri-umf är på sätt och vis förståelig. Alla hon och Myrapigorna hit-tills hade pekat på var nu halshuggna och brända. Och stads-kaptenskan Remmer satt redan häktad. Ambitionerna hade rentav stigit ännu högre eftersom en av deras yngre kolleger i vakstugorna uppe på Söder hade börjat få visioner om grevin-norna de la Gardie.

Lisbet Carlsdotters uttalanden visar att hon var maktberusad av den tilltro som hennes utpekanden möttes med, men knappast att hon ledde något "pigornas uppror". Inför en nekande kvinna i hovrätten talade hon hånfullt om att det inte lönade sig att sticka upp mot henne, "ty vem Lisbet Carlsdotter är vet till och med grevarna, men vem fan är du?" Ett tidigt utslag av kändisdille med andra ord.

Men Lisbet Carlsdotter hade också ett rent professionellt syfte, därtill hetsad av sin mor. Det fanns pengar att tjäna på häxutpekanden, inte minst i form av rena mutor. En indirekt form av utpressning tycks också ha förekommit eftersom Lisbet överhopades med gåvor från alla möjliga håll. Läget var onekligen sådant att om denna lilla fruktade berömdhet spände ögonen i en så gällde det nog att kvickt komma på god fot med henne.

Ett högst begripligt skäl för föräldrar att hetsa sina barn att göra karriär som häxvittnen var alltså rent kommersiellt.

Den elvaåriga Kerstin Jacobsdotter hade visserligen inte skapat sig så stor trovärdighet genom sina ord, hon var tveksam i sina utpekanden, men desto bättre lyckades hon med sina akrobatiska konststycken. Hon kunde bli "anfäktad" på det mest förbluffande och trovärdiga sätt. Därigenom illustrerade hon en sorts inre kamp när häxorna kom för att ta henne. Det var många barn i vakstugorna som sysslade med denna konst, men Kerstin Jacobsdotter var den skickligaste. Sent omsider bekände hon att detta var någonting hennes mor hade tränat henne i sedan hon var mycket liten för att hon skulle kunna förtjäna allmosor. Hon var alltså en sorts gatuartist.

Efter att hon bekänt sina lögner inför kommissionen kunde hon ge syn för sägen genom att närsomhelst och på kommando drabbas av anfäktelser inför den förstummade kretsen av höga domare.

Att somliga föräldrar hade ett rent cyniskt vinstsyfte i att trimma in sina barn i vittnescirkusen innebär dock inte att detta var det typiska föräldramotivet. Föräldrarnas iver var nog i allmänhet någon sorts strävan efter att hjälpa till att utforska sanningen. De var alla drabbade av psykosen och måste oroligt fråga sig om även deras egna barn kunde höra till häxornas offer. Eller om de alls inte var så förskonade som det verkade utan att barnen tvärtom redan hade lärt sig att skickligt dölja sina synder. Därför bevisade det ingenting om barnen nekade såvida man inte gjort sitt yttersta för att överlista dem och få dem att bekänna.

Stryk och hot bör ha varit den närmast till hands liggande metoden. Men det finns också exempel på mer sofistikerade sätt att lura barn i fällan.

Lisbet Wellendorf, sju år gammal, lurades att under vaksamma ögon leka med dockor. Hennes mor tolkade då noga dockornas förehavanden tills hon såg tydliga bevis för att dockleken i själva verket var en återgivning av det som förekom i Blåkulla. Då slog hon till med sina förhör, men visade dessvärre inte längre prov på samma raffinemang eftersom hon ställde påståenden mot ja eller nej: Och då var det alltså Anna Vippnäsan som förde dig till Blåkulla? Eller hur? Det var hon!

När flickan hade bekänt gav sig modern genast på den något äldre brodern och förmådde honom att fylla i de redan färdiga bekännelserna. Denne Mattis Wellendorf och hans syster blev två tunga vittnen mot just Anna Vippnäsan Månsdotter.

Senare berättade Mattis att han snart upptäckt de fördelar det innebar att ha "bekänt", eftersom han möttes av mycket ömkande och mer moderliga omsorger och tröst än någonsin tidigare.

I vakstugorna var det inte ovanligt att en del förslagna barn tvingade andra barn till instämmanden genom en sorts utpressning. Den 15-årige Johan Huup berättade mycket klargörande inför kommissionen om hur sådant kunde gå till:

"En lördag, fjorton dagar före pingstafton befann jag mig med min syster hos en skepparhustru på Ormsaltaregränd. Klockan

10 på aftonen, då vi voro där församlade, och stugan var full med hustrur och barn, och de begynte läsa och sjunga, började Lisbet Carlsdotter att rasa och anfäktas och ropade till mig: 'Du tjänar min Jösse', varpå ock Melcher sade till mig: 'Johan bekänn dig så gärna strax förr än du bliver utlärd, ty du haver uti fyra förbannelsens böcker läst, och du är nu på den femte boken, således lärer du snart bliva utlärd, och då förer du barn, om du icke bekänner dig snart – – –' Då sade vidare Lisbet Carlsdotter, 'det är sant som Melcher säger att Tysk-Anna förer dig'. Detsamma sade de ock om skollärarens dotter Greta och de berättade en mängd saker om huru jag färdades till Blåkulla och vad jag där beställde, och vad Greta gjorde, och de sade att jag hade fyra hustrur och tre barn (i Blåkulla) och Greta hade tre män och tre barn, och de fortforo att således ropa och skrika på mig och Greta, varöver jag bitterligen grät och gick såsom i samvetskval, så att jag intet annat ville än att gå i Strömmen för den djävulskapens skull de så hade påbrakt mig, och sålunda upphörde de ej förrän jag och Greta måste taga på oss allt det de sade – – –"

Fyra dagar senare, när Johan hade tagit tillbaka sin bekännelse, upprepades samma procedur i en vakstuga hemma hos skollärarens hustru Anna Fåltz. Flera barn började skrika och "anfäktas" och pekade ut Johan och påstod ånyo att han skulle bli "utlärd" och själv börja föra barn till Blåkulla om han inte bekände.

De vuxna började instämma, bland dem Anna Fåltz och skolläraren och en av dem hotade med att anmäla Johan till hovrätten om han inte bekände.

Johan var alltså 15 år och därmed straffmyndig. Hovrätten hade kunnat döma honom till döden på de andra barnens vittnesmål. Han föll till föga på nytt och bekände.

Barnen blev i mycket som en egen sekt med egna lagar och regler och uppfinningar som att bli "fullärda" efter ett visst pensum studier i Blåkulla.

En av de häxspecialister som tubbade och hotade Johan Huup att bekänna, den påhittige smedsdrängen Melcher Olsson, hade uppfunnit ett originellt sätt att slå mynt av sina kunskaper om Blåkulla. Vid det här laget krävdes det säkert viss originalitet för att hävda sig, eftersom så många barn redan varit i Blåkulla att det gått inflation i förmågan att peka ut häxor. Det lönade sig således inte längre att försöka slå sig fram som bara en visgosse bland andra.

Men Melcher Olsson hade en genuint egen affärsidé. Han började vitt och brett skrodera om hur han efter att hustru Karin Ambjörnsdotter hade fört honom till Blåkulla blivit så moraliskt upprörd över vad han fick se att han hamnade i slagsmål med Djävulen själv. Som den värste lutherske straffpredikant hade han nämligen rivit sönder boken där Djävulen med blod förtecknat alla nya barns namn, så det är klart att det blev bråk.

Emellertid klarade sig Melcher rätt bra i slagsmålet med Djävulen eftersom han lyckades få med sig några blad ur den hemliga boken. På okänt men säkert tappert sätt tog han sig därefter hem från Blåkulla och nu hade han alltså 50 namn på barn som fått sina själar inskrivna med blod i Djävulens register.

När Melcher spritt denna historia tillräckligt, marknadsföringskampanjen, var han framme vid själva försäljningen. Han påstod att om någon förälder kunde få tillbaka sitt barns inskrivna namn i original, det han hade gömt på hemligt ställe, så skulle barnets själ räddas – till det facila priset av en daler per själ. Kunderna gav honom alltså ett barnnamn, eventuellt en halv daler i förskott, och så gav han sig iväg till Liljeholmen där han påstod att han gömt sin satansskatt.

Väl ute på Liljeholmen stal han en kyckling som han skar halsen av och skrev därefter ner det efterfrågade namnet med blod på en lapp. Eventuella stavningsbrister skyllde han på Djävulen eller på det förhållandet att allting var så bakvänt i Blåkulla.

Hur länge han höll denna affärsrörelse igång är oklart. Däremot levde han en tid högt på stadens krogar, blev övermodig och såg sig inte om efter misstänksamma förföljare när han gav sig iväg på det som skulle bli hans sista kycklingexpedition. Han åkte fast och dömdes till gatlopp.

Inför rätten förklarade den ångerfulle Melcher att han innerst inne haft ett gott syfte då han behövde ett startkapital för att bli militär och försvara fosterlandet mot dansken. Eftersom gatlopp var ett så hårt straff att det fanns en betydande risk att den som utsatts för det aldrig någonsin skulle kunna bli militär, tycks det inte som om rätten lät sig imponeras av den patriotiska förklaringen till Melchers bedrägeri.

Det ligger också i händelseutvecklingens logik att de under häxpanikens tillväxt alltmer vältrimmade barnen utnyttjades av sina föräldrar till att göra upp en eller annan gammal oförrätt.

Sin vakstuga betraktade skollärarens hustru Anna Fåltz som en ögonsten. Men problemet var att hon hyrde av klockaren Krull i Tyska kyrkan. Klockaren var inte särdeles förtjust över skrik och psalmsång hela nätterna och när han klagade råkade barnen slå sönder ett av hans fönster när de lämnade vakstugan en morgon. Han hotade då med vräkning om han inte fick lugn och ro, och med ens visste alla barnen i vakstugan att Krull hade piskat dem i Blåkulla och att hans djävulska uppgift där var att spela på klockor precis som han gjorde i Tyska kyrkan. Från och med nu fick han finna sig i att larmande och häcklande barn stod och "klockspelade" varhelst de såg honom i staden.

När stadskaptenskan Remmer rannsakades – en polischefshustru inför rätta! – anmärkte stadskaptenen själv att här fick han betalt för gammal ost för att han en gång satt fast ryttmästare Gråå för smuggling. Det var nämligen just ryttmästarens barn som visade sig särskilt kunniga om just polishustruns förehavanden i Blåkulla, i all synnerhet som ett par av dem tvingats resa till Blåkulla oftare med henne än någon av de andra häxorna.

De enda representanter för bildning och lärdom i 1600-talets Stockholm som hade svårt att upptäcka dessa felkällor i barnens vittnesmål var de äldre prästerna – det tycks ha funnits en generationsmotsättning bland de teologiskt lärde. Kyrkoherdarna förlitade sig på Bibelns försäkran att barn talade sanning även i svåra sexualbrottmål. I vår tid är hållningen till barnvittnesmål aningen mer komplicerad. Periodvis har dock barnpsykologer och vittnespsykologer både lekt med dockor för att bevisa sexualbrott som i hemlighet förträngts i barnasjälar och på sin vetenskapliga heder försäkrat att barn i vissa svåra stunder alltid talar sanning.

Vad Gävlepojken beträffar är hans betydelse för de stockholmska häxprocesserna avsevärt övervärderad. Främst spelade han en viktig roll på våren och sommaren 1675 när han som nyanländ expert från häxbålen norröver snabbt lärde upp några epigoner bland barnen på Söder. Kanske var det i stressen av en allt starkare utmaning om rangen som förste häxavslöjare som han till slut i ren desperation övertrumfade alla andra barn genom att göra sig själv till häxan Näslösan. Men därigenom slog han ut sig själv ur leken eftersom han blev häktad. Dessutom kom den sista lögnen att kosta honom livet, så liten han var.

5. Stockholmskommissionen och början till slutet

Stockholms häkten var överfyllda med misstänkta häxor som redan dömts i underrätterna och takten i angiveriet accelererade allt snabbare. Den nyutnämnda trolldomskommission som nu tillträdde under ordförandeskap av hovrättsdomaren Coyet hade som det såg ut uppgiften att administrera ett blodbad.

Sex andliga ledamöter stod mot sju världsliga. För eftervärlden har det framstått som om bara namnet på en av de världsliga ledamöterna, den unge läkaren Urban Hjärne, är värt att bevara i minnet. Andra, som dock spelade en viktigare roll i förloppet, som den gotländske häradshövdingen Chronander och kaplanen i Storkyrkan Erik Noraeus, är däremot glömda. Och när kommissionen snart börjar delas i två läger så går motsättningarna inte alls vid linjen kyrkliga–världsliga som man lätt skulle kunna tro. Förargligt nog har ju historiska förlopp ofta den egenheten att de inte hänger ihop som man vill tro, eller har lurats att tro.

Men till en början, innan kommissionen blivit tillräckligt varm i kläderna för att hamna i motsättningar, jäktade man på i gamla och väl uppkörda hjulspår. I slutet av juni 1676 avkunnas de första två dödsdomarna mot Anna Simonsdotter Hack ("Tysk-Annika") och Malin Matsdotter ("Rumpare-Malin"). Båda hade haft egna barn bland vittnena och ansågs fullt överbevisade.

Rumpare-Malin var dock stursk och nekade envetet och provocerade rätten att döma henne till att brännas levande, utan föregående halshuggning.

Urban Hjärne gjorde då sin första bemärkta insats i kommissionen när han föreslog att man före bålets antändning skulle låta "nypa henne med glödande tänger" så att hon möjligen skulle förlora medvetandet och därmed lida något mindre av själva bålet. Av detta förslag blev intet.

På avrättningsplatsen uppträdde Tysk-Annika "underdånigt och andäktigt", sjöng och bad, knäppte händerna och sträckte dem mot himlen och fick nattvarden.

Rumpare-Malins uppträdande var ett helt annat. Hon visade ingen dödsångest, "stigandes friskt upp på bålet, svarande prästerna dristigt, talade ock med skarprättaren, låtandes sig av honom till händer och fötter utan något motsträvande järnslås".

Hon nekade fortfarande benhårt. Hennes döttrar som båda vittnat mot henne försökte in i det sista beveka henne att erkänna men hon vägrade att ens ta dem i hand och förbannade dem för deras lögner. Enligt de kortfattade berättelser som har bevarats från händelsen brann Rumpare-Malin till döds utan att ge ifrån sig ett enda ljud av klagan. Vilket förstås stärkte omgivningen i övertygelsen att hon var en särdeles förhärdad häxa som fått Djävulens hjälp att stå emot en sådan outhärdlig plåga.

Jag skulle själv, precis som läsaren, vilja veta mycket mer om denna händelse. Den rymmer en hel roman. Emellertid är det refererade i stort sett all kunskap som finns bevarad om hur denna märkligt viljestarka människa mötte sin död.

Efter dessa första – och som det skulle visa sig sista – avrättningar som kommissionen lät verkställa började emellertid motsättningarna att växa. Tre av de yngre andliga bisittarna, kaplanerna Noraeus, Leufstadius och Sparrman, deklarerade att de fann det orimligt att förena dödsdomar med sitt andliga uppdrag. En övertalning tog vid där det påpekades att de sannerligen inte var de första prästerna, och sannolikt heller inte de sista, som fick det ansvaret. Likväl kom de i fortsättningen att konsekvent höra till den sida som ville döma mest skonsamt.

Nästa motsättning handlar om voteringsordningen. Presidenten Coyet hade tillämpat metoden att låta domstolen först ta ställning till skuldfrågan och därefter till straffet. Men som häradshövdingen Chronander påpekade så innebar det att alla skyldiga skulle dömas till döden utan möjlighet till lindrigare straff. På 1600-talet fanns nämligen en möjlighet att döma till lindrigare straff om bevisningen inte var helt säker, en form av "halv skuld" som är främmande för dagens rättstillämpning.

Kort efter detta formalistiska bråk inleddes dragkampen om Margareta Matsdotter "Duvans" liv. Hon hade avgett bekännelse under tortyr och kommissionen fann först skäl att ändra hennes dödsdom till rispiskning.

Men under natten ändrade sig presidenten Coyet och ville påföljande dag riva upp beslutet mot en person som han menade hade alltför många vittnen emot sig och dessutom hade erkänt.

Kaplanen Noreaus bemötte honom med att bekännelsen var värdelös, eftersom den hade vinglat hit och dit och var framkallad under tortyr. Dessutom ansåg han att barnvittnesmål var osäker bevisning.

Duvan dömdes emellertid vid nästa votering till döden på nytt, eftersom två äldre präster som hade varit frånvarande när hon benådats till rispiskning nu hade återvänt.

Återsänd till häktet återtar Duvan ånyo sin bekännelse och nu lägger sig överståthållaren Rålamb i saken och striden om hennes dödsdom ser ut att än en gång bölja över till hennes fördel.

Under alla dessa uppslitande diskussioner i kommissionen hade Urban Hjärne varit frånvarande. Så långt var alltså hans enda kända insats att han ville låta sätta glödande järn på den dödsdömda Rumpare-Malin. Nu fick emellertid kaplanerna Noraeus och Leufstadius med sig den nyanlände Urban Hjärne på ett studiebesök hos Duvan i häktet så att han skulle få ta del av hennes "uppriktiga botfärdighet". Han lät sig övertygas av de två kaplanerna och anslöt sig nu till dem som ville att dödsdomen mot Duvan på nytt skulle rivas upp.

Samma dag inkom häradshövdingen Chronander med ett betänkande där han ifrågasatte tilltron till både bekännelser och barns och de medskyldigas angiverier. Diskussionen ledde till att man bestämde sig för att bli mer noga i värderingen av barnvittnesmål. Bland annat kom man fram till att några av de barn som vittnat mot stadskaptenskan Remmer bara hade upprepat vad de redan hört andra barn säga och således inte tillfört något de själva kände till.

Dessa diskussioner under augusti månad lade grunden för den kommande omsvängningen.

6. Den oerhörda händelsen den 11 september

Arbetsdagen i kommissionen började med att man än en gång sköt upp avrättningen av den omstridda Duvan och ytterligare en kvinna. Därefter började man tröska igenom förhör i den oändliga kön av vittnen. Dock tycks man från början ha varit mer misstänksam och skeptisk än tidigare. En sillpackare avfärdades och skickades helt sonika hem på den formella grunden att han visat sig för okunnig när man förhörde honom på vissa kristendomsstycken. Också ett sätt att bli av med ett besvärligt vittne.

Därefter lyssnar man förstrött, eller kanske trött misstänksamt, på den 15-åriga Annika Thomsdotter som beklagar sig över att hon piskats så mycket i Blåkulla att hon nu blivit nästan orkeslös och därefter förlorat sin tjänst som piga. Hennes underförstådda krav på någon sorts ersättning för satanisk sveda och värk väcker misstankar om hennes rena uppsåt och så börjar någon – man vet inte vem – pressa henne allt hårdare på sanningshalten i dessa originella uppgifter.

Plötsligt börjar hon gråta och bekänner att det bara är Myrapigorna som lärt henne att berätta om Blåkulla. Hon har aldrig varit där utan bara tvingats av andra barn att ställa upp på samma historia.

Detta ögonblick är häxprocessernas vändpunkt. På dagens journalistiska jargong är det utan tvekan vad som skulle kallas "en bomb i rättssalen".

Från ivrigt intresserade kommissionsdomare får hon nu frågan om hon känner till några andra barn som förmåtts att ljuga på samma sätt som hon själv. Då anger hon genast pigan Kerstin Jönsdotter.

Och Kerstin Jönsdotter fanns nära till hands, eventuellt redan i salen eller bland väntande vittnen utanför, och kunde snabbt kallas fram. Hon utpekar också Myrapigorna och Lisbet Carlsdotter som dem som tvingat henne med i bedrägeriet.

Innan det blivit lunchdags har åtta barnvittnen gjort samma typ av medgivanden och samtidigt tagit tillbaka sina utpekanden.

Nu skulle emellertid programmet vara slut för dagen och sex ledamöter avtågade till andra möten eller angelägenheter. Men fyra av kommissionens medlemmar dröjer sig kvar i rättssalen och fortsätter upprullningen av barnvittneslögnen. Det är presidenten Coyet, läkaren Olaus Bromelius, kaplanen Noraeus och Urban Hjärne.

Under de följande timmarna får de ytterligare nio barn att gå med på att de tvingats med våld, lurats, utpressats eller av andra skäl, som alls inte är deras egen skuld, ljugit ihop hela historien om Blåkulla och således inte längre kan stå för sina utpekanden av de häxor som skulle ha fört dem dit.

Men med Myrapigorna Agnes och Annika går det sämre. De står på sig, liksom Lisbet Carlsdotter. Det bör visserligen inte ha förvånat presidenten Coyet och hans bisittare, eftersom dessa tre hade dubbel anledning att slå ifrån sig. De hade inte bara ljugit inför rätten och sänt oskyldiga människor i döden, de hade dessutom tvingat andra med sig i brottet, andra som nu var mer än villiga att skylla ifrån sig på just dem.

Man skickar Myrapigorna i cell och fortsätter att bearbeta Lisbet Carlsdotter. Vad som inom kort skall visa sig problematiskt är att Coyet lovar henne straffimmunitet om hon bara erkänner och hjälper till att ställa allt till rätta.

Inför detta erbjudande att bli kronvittne faller hon till sist gråtande till föga. Hon medger att hon aldrig varit i Blåkulla och att hon ljugit om både Näslösan och stadskaptenskan Remmer. Men också hon säger sig vara ett offer för andra barns påtryckningar, främst Gävlepojken och Myrapigorna. Anledningen till att hon känt sig tvingad att hänga fast vid sina lögner är att hon annars skulle göra sin mor och sina mer förnäma morbröder besvikna.

Lisbet Carlsdotter sätts i cell. Klockan har blivit en bit över nio på kvällen när Coyet, Bromelius, Noraeus och Urban Hjärne vandrar hemåt i septemberkvällen.

Vad som återstår för kommissionen är nu ett enkelt och ett svårt problem. Det enkla blir att behandla den långa raden av förestående frikännanden. Det svåra blir att fatta rätt beslut om hur man skall behandla de ljugande barnvittnena. Redan denna första men långa dags genomgång av bekännelser har visat att det finns en aktivistisk kärna bland de ljugande barnen som består av Lisbet Carlsdotter, Myrapigorna, Gävlepojken och ytterligare två pigor uppe från hökarbodarna på Söder.

Det var till en början inte självklart hur allmänheten och inblandade skulle förhålla sig när ryktet kom ut om den omsvängning som skett inför kommissionen. Lisbet Carlsdotters mor besökte sin dotter i cellen och förmådde henne att ta tillbaka det hon just bekänt och stå fast vid sina ursprungliga anklagelser. Och tillsammans med drabanten Myras hustru och svägerska sökte hon upp Myrapigorna i samma ärende och förmådde åtminstone en av dem, Agnes, att göra detsamma som Lisbet Carlsdotter.

Andra, som hökaren Hindrich Abrahamsson, som haft ett stjärnvittne i sin brorsdotter Kerstin, gömde henne till en början, vände tvärt när hon gripits och började försäkra rätten hur hårt han skulle straffa henne och hur glad han var för att sanningen äntligen uppenbarats. Ryttmästare Gråå och hans familj lämnade Stockholm på obestämd tid.

De människor som nyss varit maktberusade av sina möjligheter att få fast i stort sett vem som helst bland Stockholms kvinnor (upp till grevinnegränsen) fick nu uppleva samma ångest som dem de själva förföljt. Det fanns många hämndlystna som var ute efter dem, inte minst stadskaptenen Remmer, vars fru nu äntligen blivit frigiven, och hans nitiska underlydande polismän Per Näsvis och Per Tistel (jo, de hette så) som vände upp och ned på hela Söder i jakten på efterlysta menedare.

Lisbet Carlsdotter infångas och förs i triumf till häktescellen.

Den förste som döms blir Gävlepojken. Kommissionen nöjer sig med att bara fastställa den ursprungliga dödsdomen som han fått närmast som ett rått skämt av kämnärsrätten under borgmästare Thegner.

Gävlepojken hängdes på Hötorget. Han hade ännu inte fyllt 13 år. Därefter dömdes Lisbet Carlsdotter och de två Myrapigorna till döden. De avrättades den 20 december 1676 och var då enligt kyrkliga noteringar ångerfulla och gick "starkt ropande till Gud om sina synder till straff".

När det gällde dödsdomarna mot barnen blev det egentligen bara diskussioner i rätten om fallet Lisbet Carlsdotter. Innan hon bekände hade hon ju utlovats straffimmunitet av presidenten Coyet. Å andra sidan var kommissionen i princip övertygad om nyttomoralen i att statuera exempel bland barnen, med undantag för kaplanen Noraeus som bestämt motsatte sig alla vidare dödsstraff.

Rätten löste problemet med att hänvisa till att Lisbet Carlsdotter hade rymt, återtagit sitt erkännande om lögn och på nytt spelat samma komedi och därför brutit den överenskommelse hon haft med presidenten Coyet.

I övrigt plockade man mer eller mindre på måfå ut ett antal barn som skulle piskas offentligt. Hårdast dom i det avseendet fick den 15-åriga Annika som anklagat sin mor Näslösan och sin moster Anna, vilka ju båda hade avrättats. Flickan dömdes att fyra dagar i rad piskas på fyra torg med vardera tolv slag per omgång och därefter skulle hon genomgå vissa skamritualer i kyrkan och slutligen sitta ett år på tukthus. Den senare delen av straffet behövde aldrig genomföras eftersom hon dog till följd av sina skador från piskningen.

7. Myten om Urban Hjärnes hjältemodiga insatser

Berättelsen om Urban Hjärne som vi känner den, och som åtminstone jag själv minns den från skolan, är som gjord för en sedelärande historisk roman. Det var min utgångspunkt, jag hade för avsikt att skriva den romanen och så ofta som Urban Hjärne behandlats litterärt var idén som sådan knappast originell. Men legenden var oerhört frestande.

Här, i slutet av det mörka århundradet när det första gryningsljuset från upplysningstiden skymtar svagt vid horisonten, möts en vidskeplig och grym häxkommission för att utan betänkligheter döma en lång rad kvinnor till yxa och bål för ett brott som förnuftsmässigt inte kan existera.

Men i denna krets av grobianer finns ändå en intellektuell hjälte, därtill en naturvetenskapsman som egentligen sysslade med helt andra saker än religion och juridik. Modig och envetet och med övertygande intellektuell skärpa får han den ene efter den andre av kommissionens medlemmar att inse det orimliga i vad som håller på att ske. Till slut har han majoriteten på sin sida och därmed kommer det mörka kapitlet om den svenska häxhysterin äntligen till sin final.

Dessutom är det en tolvårig pojke med det fantasieggande namnet Gävlepojken som är upphov till alltsammans. Vilket förstås leder till ett dramatiskt möte i rätten mellan den intellektuellt omutlige Hjärne och den med fantasi och berättarförmåga rikt utrustade unge mytomanen. Vilka scener! Förresten skulle det kunna bli lika bra teater som film, ungefär som "Tolv edsvurna män med Henry Fonda".

Ungefär så. Det var min utgångspunkt.

Läsaren kan säkert föreställa sig med vilken bestörtning, därefter molande besvikelse, jag fann att jag blivit lurad än en gång av historieundervisningen. Urban Hjärnes livsöde är visserligen intressant och skulle nog duga till en biografisk roman. Han var

Gustaf Rosenhane, Olof Thegner och Urban Hjärne. Två jurister och en läkare, som hörde till den grupp av skeptiker som fick slut på häxprocesserna i Sverige. Gustaf Rosenhanes insatser därvidlag är obestridliga, medan Urban Hjärne och hans hävdatecknare betydligt överdrev just hans insatser. Olof Thegner var den som dömde Gävlepojken till döden för att få tyst på honom.

Urban Hjärne (1641–1724), självporträtt, Paris 1670

Gustaf Rosenhane (1619–1684), ungdomsporträtt

Olof Thegner (1615–1689)

född i Nyenskans i den svenska provinsen Ingermanland, där Sankt Petersburg ligger idag. Han gjorde en äventyrlig karriär, blev vetenskapsman och författare till skådespel i Uppsala, gifte sig tre gånger, hade sammanlagt 25 barn och följande motto: "Min gosse, akta dig för tre ting, för gamla horor, för rött vin och för nya doktorer."

Det finns nog en hel del att berätta om Urban Hjärne. Men inte att det var han som fick stopp på häxprocesserna i Sverige.

Efter denna insikt infinner sig två frågor: För det första, hur kommer det sig att jag och så många andra är grundlurade på historien om Urban Hjärne? För det andra, vad bör man skriva i stället för den havererade historien om häxornas noble försvarare?

Den lättaste av de två frågorna är den om hur vi blivit lurade. Urban Hjärne själv har en icke obetydlig skuld till den saken.

Redan när man läser hans självbiografi, som finns bevarad (tänk er med vilken spänd förväntan jag gick hem med den från Kungliga Biblioteket), bör misstänksamheten vakna. Han ägnar mest utrymme åt sin levnadsbana fram till dess han kom sig upp i Uppsala och intresserar sig därefter mest för sina teorier om hälsobrunnens medicinskt undergörande egenskaper, i första hand hans eget fynd Medevi källa. Men häxprocesserna avfärdar han mer i förbigående och med en inte helt klädsam martyrattityd om hur han, trots att han gjort sig oerhörd möda att utröna sanningen, fått utstå så många hårda ord och till och med förtal för den saken. Och detta bara för att han inte var lika fördomsfull som de andra. Dessutom skriver han något dunkelt om hur han genom vetenskapliga experiment ute på fältet har avslöjat barnvittnen genom att, när de "anfäktades" och menade sig vara i en annan värld, hålla fram ammoniak eller hjorthornsolja under näsan på dem för att få fram en omedelbart avslöjande effekt.

Detta låter mycket övertygande, trots de glidande formuleringarna där en apotekare Hessler ändå tycks vara inblandad i förloppet. Men det är definitivt inte sant att denna drastiska metod att få skådespelande små häxvittnen att kvickna till skulle vara Urban Hjärnes uppfinning. Den franske ambassadören Feuquières, som umgicks med grevarna de la Gardie och vid ett eller flera tillfällen förevisades så kallade vakstugor som kvällsnöje på spatsertur, skrev hem i en rapport redan i april 1676, långt innan någon kommission i Stockholm var konstituerad, om hur "det är omöjligt att få dem att komma till sans annat än med starksprit..."

Den legend om sig själv så som häxornas räddare som Urban Hjärne uppfann utvecklades sedan vidare i en skrift till *Hiärne Ättens Minne* vid mitten av 1700-talet och där står det hela mer oblygt och rakt på sak:

"Hiärne förklarade sig omsider uppenbarligen emot alla de andra ledamöternas tankar, såväl muntligen som skriftligen, och visade att det ej annat var än ondska, skvaller och självsvåld. Erhöll ock omsider, sedan han så hårt drev på, att en skarpare examen blev anställd, samt förhör och rannsakningar annorledes och i en annan ordning inrättade, särdeles att de klagande och vittnande icke fingo vara tillsammans eller på en gång förhöras. Utslaget visade sig då helt annorlunda och den 11 september 1676 befanns, att Hiärnes utsago var väl grundad."

Vackert skrivet, dock inte sant. Men det var ändå vad jag fick lära mig i skolan drygt 250 år efter att legenden sattes på pränt. Kaplanen Erik Noraeus hade större betydelse för den avgörande omsvängningen i Stockholmskommissionen än Urban Hjärne. Men vem skulle idag veta vem Erik Noraeus var?

Vad Urban Hjärne däremot verkligen uträttade av betydelse i kommissionen var att han författade ett utförligt betänkande om kommissionens erfarenheter där han klart och logiskt, och punkt för punkt, gick igenom vad man till slut hade kunnat dra för samlade slutsatser av erfarenheterna efter vändpunkten den 11 september 1676.

Ingen roman om Urban Hjärnes hjältedåd och konfrontation med Gävlepojken således; arbetsnamnet på romanprojektet var något i stil med "Urban Hjärne och Gävlepojken". Förmodligen träffades de aldrig i verkligheten.

Men häxprocesserna passar över huvud taget illa för romanbyggen. Förloppet är alldeles för stort, alldeles för splittrat och innehåller alldeles för många kända personer och mänskliga öden för att kunna klämmas in i en roman. I så fall måste man skära ut ett litet avsnitt, exempelvis sommaren 1676 i Stockholm som det här kapitlet handlar om och som har ett distinkt och dessutom lyckligt slut. Men en sådan roman blir bara i bästa fall dramatisk underhållning, romanformen gör det omöjligt att få till någon begriplighet i vad som skildras och vilka övervägan- den och idéer som låg bakom något så groteskt som att bränna människor på bål för ett brott som inte existerar.

Märkligt nog är den vanligaste litterära formen när det gäller häxor grovt förenklade barnböcker. Ondskan i dessa böcker framstår antingen som metafysisk eller som manlig, men böck- erna har vanligtvis lyckligt slut.

Om det historiska källmaterialet är tunt, som exempelvis när det gäller den svenska medeltiden, kan romanformen passa ut- märkt. Författaren kan med sin fantasi försöka fylla i de mön- ster som vi bara kan ana men inte veta något säkert om, ungefär som när arkeologer med ritningar rekonstruerar ett hus med utgångspunkt från ett fåtal ruinrester.

Men när det gäller 1600-talet är källäget ett annat. Vi har namn och adress på de flesta människor som avrättades som häxor, liksom vi känner deras domare. Fantasi och påhitt fyller alltså ingen viktig funktion i ett sådant sammanhang.

Reportage är den enda formen som duger. Redan när jag slä- pat hem hälften av det källmaterial jag nu arbetar med – då fort- farande i tron att jag höll på med ett kammarspelsliknande dra- ma om Urban Hjärne och Gävlepojken – upptäckte jag vilken enorm kraft det finns i historien om häxorna. Och hur mycket som vi i eftervärlden har missförstått eller feltolkat, eller manipulerats att feltolka av skribenter som varit ute i ett eller annat bestämt politiskt syfte.

Utmaningen att göra reportage om det förlopp som andra gjort romaner eller dramatik av, eller doktorsavhandlingar som få människor läser, blev lika omedelbar som drabbande vid upptäckten av bluffen med Urban Hjärne. Ett avslöjande som jag för övrigt fann i Ankarloos doktorsavhandling.

Så här sitter jag skrivandes mitt reportage och kan inte annat.

V

Om varför häxprocesserna inte var något stort bekymmer för överheten

1. Den styrande adelns betydligt viktigare angelägenheter

I vår tid har det diffusa minnet av 1600-talets häxbränningar dröjt sig kvar som en oerhörd händelse och den perfekta mardrömmen. Vi kan knappast ta till en starkare bild för att beskriva det absoluta övergreppet; dödsdom och fasansfull avrättning för ett brott som inte existerar. Häxprocesserna blir en ytterst användbar – och ofta missbrukad – metafor för övermaktens ondska, vare sig man vill utnyttja bilden för att beskriva mänsklig orättfärdighet och ojämlikhet eller i ett feministiskt syfte för att åskådliggöra övergrepp mot kvinnor. Bland de minnesmärken som har rests på olika håll i Sverige där häxor avrättats understryker inskriptionerna gärna hur kvinnor dog oskyldiga och hur de dömdes av män. Emellertid är häxprocesserna politiskt mer användbara idag än de var på 1600-talet, då de varken kunde beskrivas så felaktigt som idag eller länkas in i någon oppositionell ideologi. Den bondebefolkning som utsattes för häxpaniken och de drygt 300 avrättningarna uppfattade inte förloppet som något som helst uttryck för överhetens tyranni utan var tvärtom betydligt ivrigare än de styrande att få till ännu fler avrättningar.

Desto märkligare skulle det då ha förefallit den svenska 1600-talsbefolkningen om de fått veta att deras ättlingar drygt trehundra år senare skulle komma att betrakta just häxbränningarna som den i särklass mest intressanta, fantasieggande och upprörande händelsen i deras tid. För så är det ju. Mycket kan sägas om utvecklingen i riket under Karl XI:s tid men ändå är häxprocesserna det vi minns bäst, eller tror oss minnas, eftersom de använts och återanvänts på så många olika sätt i litteratur, dramatik och politisk agitation.

Peter Englund, som på senare år framträtt som den store skildraren av svenskt liv på 1600-talet, skrev sin doktorsavhandling just om överhetens politiska och ideologiska utveckling under främst Karl XI:s tid (*Det hotade huset*, 1989). Det är som sig bör en utomordentligt grundlig genomgång av tidens sätt att tänka och om förändringar i både statsförvaltningen och synen på människan.

Men inte med en rad omnämns de händelser som författarens mindre historiskt kunniga men samtida läsare skulle betrakta som det största och mest märkliga. Ordet häxprocess finns ingenstans i doktorsavhandlingens text.

Min avsikt med detta lilla påpekande är sannerligen inte något dilettantens försök att hitta "fel" hos en professionell historiker, tvärtom. Det kan nämligen och högst troligen förhålla sig så än mer fascinerande att Peter Englund gjorde alldeles rätt. För i den värld, de styrandes värld, det vill säga adelns, som han skildrar måste häxprocesserna ha varit lika avlägsna som oviktiga.

1600-talet är ståndssamhällets tid, i Sverige som i de flesta andra länder. Adeln är det främsta ståndet och sköter ämbeten och kriget. Prästerna är det andra ståndet och sköter religion och moralisk uppfostran, borgarna sköter all handel och bönderna försörjer dem alla.

Det är en enkel och tydlig modell som bygger på föreställningen om en av Gud instiftad ordning. De fyra stånden jämförs ofta med de fyra elementen just för att understryka att denna ordning är för evigt.

Men av uppfattningen om den eviga ordningen följer också slutsatsen att varje förändring är farlig. De fyra stånden måste hållas strikt åtskilda och ingen får lämna sitt stånd. En präst kan inte bli bonde. En adelsman kan inte bli borgare, lika lite som en bonde skulle kunna lämna sitt stånd.

Men i ideologin om denna eviga ordning med de fyra stånden ingick också föreställningen att alla var beroende av varandra och att det var just därför som ingen fick lämna sitt uppdrag med mindre än att det skulle leda till kaos och undergång för hela systemet. Även om således bönderna var oändligt underlägsna adeln i rang och prestige var de lika nödvändiga för samhällets fortbestånd.

De styrande i staten bestod dock uteslutande av adelsmän. En ofrälse man kunde enligt lag inte inneha ett högre ämbete. Den ordningen fick givetvis modifieras när stormakten Sveriges ämbetsverk och allmänna byråkrati började svälla. Det enkla receptet blev då att nyadla dugliga personer. År 1650 bestod adeln av 50 procent nyadlade och 1690 hade den siffran stigit till 80 procent.

Ett sådant stort tillskott av nyadel kom oundvikligen att bli en påfrestning för de traditionella uppfattningar som fanns inom den gamla adeln om hur den gudomliga ordningen egentligen skulle förstås.

En adelsman var, åtminstone i början av 1600-talet, genom sin födsel en mer duglig person än alla andra. Man föreställde sig att adeln, bland annat genom att strikt gifta sig inom sin egen krets, avlade fram allt bättre egenskaper för just de två huvudsakliga ändamålen krig och förvaltning. Betydelsen av anor bakåt i tiden sammanhängde delvis med en mytisk föreställning –

som fanns på flera håll i Europa – att adeln från början varit ett annat folk som en gång i historiens gryning kommit ridande som erövrare och alltsedan dess avlat fram allt mer förfinade egenskaper. Och delvis gick samma tankegång igen i föreställningen att ju äldre anor en adelsman hade desto dugligare var han. Duglighet var alltså i första hand en genetisk egenskap. Duglighet och adelskap var samma sak. Ju finare anor desto dugligare man.

Det som främst utmärkte en adelsman förutom hans medfödda duglighet var hans frikostighet och lyxliv. Han skulle spendera pengar inte i förhållande till vad han tjänade utan i förhållande till hur adlig han var. Den inställningen var naturligtvis ekonomiskt förödande för somliga, som i så fall fick låna pengar för att vidmakthålla sin status. Vad som däremot inte var tillåtet för en adelsman var att tjäna pengar på affärer, då det vore att sänka sig under sitt stånd och bete sig som en enkel borgare.

Från 1500-talets slut till en god bit in på 1600-talet var det till och med lag på att adeln inte fick ägna sig åt handel och industri. Det gick möjligen bra att leva med det förbudet så länge försörjningen kunde ordnas genom omfattande krigsplundring och stölder i utlandet och förläningar i form av kungliga gods och därmed ett växande antal underlydande arrendebönder.

Men med allt längre perioder av fred och en växande ekonomi inom landet kom den arrogant aristokratiska hållningen till pengar med nödvändighet att förändras drastiskt. Mellan 1660 och 1690 fördubblades produktionen av stångjärn i Sverige och den svenska järnexporten kom att dominera Europa. Denna växande ekonomi behövde förstås kapital och adeln, framför allt den mindre fördomsfulla och mindre traditionalistiska nyadeln, investerade växande belopp i den nya ekonomin. Den äldre och finare adeln avhöll sig länge från att sänka sig till att tjäna pengar på detta vulgära sätt och det fick snart till följd att ny-

Magnus Gabriel de la Gardie med sin hustru Maria Eufrosyne, faster till Karl XI. Greven och riksrådet markerar diskret med sin vänsterfot att hans kungliga hustru är högre i rang än han själv. Men någon brist på självförtroende ser man förstås inte hos en man som liksom sin samtid var övertygad om att adeln var en högre och ädlare människoras, genom sin blotta börd kapabel till alla ledande funktioner i riket. Målning av H. Munnichhoven.

adeln växte fram som en helt ny typ av industriellt verksam samhällsgrupp just under Karl XI:s tid.

Eftersom denna adliga inblandning i handeln i princip var olaglig växte naturligtvis oron inom borgarståndet som gång efter annan vände sig till rikets högsta styrande med framställningar och krav om att begränsa den nyrika adelsekonomin.

Man hänvisade till traditionen och tankarna om samhällets gudomliga balans och krävde att vart stånd även i fortsättningen måtte hålla sig inom sina egna skrankor.

Denna strid, som ytterst handlade om landets ekonomiska framtid, kulminerade 1668, samma år som häxprocesserna tar sin början med att Gertrud Svensdotter sägs ha gått på vattnet när hon gick ut i Österdalälven för att hämta förlupna getter.

1671, när den första Norrlandskommissionen tillsattes för att ta itu med den häxpanik som spritt sig norrut från Dalarna, avgjordes striden tillfälligt mellan borgarståndet och den nya ekonomiadeln med en sorts kompromiss som gick ut på att om adelsmän sysslade med handel så skulle de ändå betala samma avgifter och skatter som borgarna och kunde alltså inte åberopa någon adlig skattefrihet.

1673, när häxpaniken i Norrland närmar sig de stora massavrättningarna, stod den politiska striden om adelns ekonomiska rättigheter fortfarande i centrum för all diskussion om rikets angelägenheter. Som ännu en sorts kompromiss för att stilla borgarnas oro utfärdades nya bestämmelser om att gynna svenska borgare framför utländska.

Men också detta var en kontroversiell stridsfråga där adeln slogs på två fronter. Å ena sidan förde man en hård kamp mot det andliga ståndet för att driva igenom en ökad religiös tolerans. Bakom den inställningen fanns förstås inga "liberala" motiv utan bara merkantila – adelns utrikeshandel underlättades om man fick ha förbindelser med andra handelsmän än blott dem som omfattades av den enda sanna och rätta lutherska tron.

Å andra sidan försökte man bemöta borgarståndets ansträngningar att begränsa utlänningars rätt att bedriva handel i Sverige med resonemang om den samlade statsnyttan. Med dagens politiska språkbruk skulle man säga att adeln var för näringsfrihet och borgarståndet för näringstvång.

1675, när häxprocesserna närmade sig slutet i Stockholm,

gjorde borgarståndet en sista ansträngning att försvara sina handelsprivilegier genom att hänvisa just till de gamla principerna. Man argumenterade för att adeln skulle hålla sig till sin "heder" och inte besudla sig med någon handel som mer fördomsfria och lägre stående personer kunde sköta desto mer konfliktfritt.

Den kulan visste nog var den tog. Visserligen hade redan så mycket adligt kapital investerats i den växande järnhanteringen att det skulle bli omöjligt att med lagar och förbud organisera någon sorts återtåg. Men när borgarna i sin argumentation riktade in sig på adelns hedersbegrepp strödde de, säkert högst medvetet, salt i ett öppet sår.

Ty vid sidan av frågan om rikets ekonomi och krigsmaktens finansiering var den största politiska frågan för de styrande, det vill säga adeln, de uppslitande rangstrider som pågick mellan 1660 och 1680 – alltså under hela häxpaniken. Och rangstriden var alls inte den struntsak som det kan förefalla för en nutida läsare, en fråga om på vilket sätt man skulle passera varandra i en dörröppning eller vem som skulle buga för vem först. Rangstriderna gällde i själva verket hela skötseln och förvaltningen av det framtida svenska riket.

Inom adeln fanns sedan de senaste hundra åren ett noga reglerat klassamhälle. Riddarhuset var bokstavligen indelat i tre klasser. Första klassens adel var högadeln, grevar och friherrar. Andra klassen bestod av särskilt gammal adel eller släktingar till riksråd. Tredje klassens adel, den överväldigande största gruppen, bestod av nyare adel utan vare sig titlar eller uråldriga anor.

Att Riddarhusets klassindelning var betydelsefull för den enskildes fåfänga säger sig självt. Åtskilliga mer eller mindre obskyra släktforskare hyrdes in för att bevisa kundens egentliga, fast hittills okända, medeltida anor. De ständigt verksamma släktforskarna fick också betalt för att bekämpa varandra och skadeglädjen blev inte obetydlig när någons påstått utomordentliga anor kunde ifrågasättas. En sådan skandal i societeten uppstod när ätten de la Gardie anklagades för att härstamma från vanlig ofrälse i Sydfrankrike och alls inte från, ja vad det nu var.

Men materiellt viktigare var rangordningen för den som ville göra karriär i staten – vilket var det enda fredstida arbete adeln var hänvisad till. För om rangordningen då skulle gälla kom duglighet alltid att komma i andra hand efter graden av adelskap.

Den statliga rangordning som 1664 fastställdes av rikets råd – som i högsta grad bestod av män som var part i målet – såg ut på följande sätt. Etta i rang var de högadliga. Tvåa de som hade uråldriga anor och på tredje plats rangordnades man efter sin tjänst. Det fjärde kriteriet var hög och aktningsvärd ålder.

En 16-årig greve och löjtnant Brahe eller de la Gardie stod således skyhögt över höga ämbetsmän med namn som Stiernhöök eller Rosenhane.

Den lågadliga majoriteten på Riddarhuset förespråkade inte oväntat att man skulle införa likhet inom adeln när det gällde befordringar till statliga eller militära ämbeten. Lika självklart satte sig grevarna emot en sådan ordning som, menade man, skulle störa den samhälleliga balansen och göra alla "lika som svinefötter".

Striden om den samhälleliga rangordningen kulminerade 1672–75, mitt under häxprocesserna, och slutade tills vidare med att en ny rangordning utfärdades där rikets fjorton högsta tjänster ordnades och nio steg infördes i stället för den föregående ordningen med fyra steg. Principen för en mer "adelsdemokratisk" ordning av statsförvaltningen stod därmed inför sitt genombrott.

Och det var ingen ofarlig princip, eftersom den unge Karl XI och hans umgänge av lågadliga "radikaler" drev utvecklingen vidare fram till 1680 års stora reduktion av adliga storgods. Tanken om den enskildes duglighet som viktigare än hans anor var alltså ett politiskt sprängstoff som i grunden skulle förändra det samhälle där den konservativa aristokratiska eliten alltid satt sig emot varje liten förändring.

Inför de stora inrikespolitiska frågorna, handelns liberalisering och uppmjukningen av det stelbenta adelsväldet, måste "oväsendet" bland viss allmoge rörande Blåkulla ha framstått som trivialt på gränsen till struntfråga.

Om nutida jurister, tänk landets elit av försvarsadvokater, fick chansen att försvara häxerianklagade skulle de självklart släppa allt de hade för händer och ila till häxornas försvar. Om inte annat skulle den nutida innebörden av "heder" (kändisskap) och "ära" (pengar) utgöra en oemotståndlig lockelse.

Så var det ingalunda bland rikets jurister på Karl XI:s tid. När den första Kungliga Trolldomskommissionen skulle sättas samman i Stockholm sommaren 1669 slingrade sig åtskilliga jurister efter bästa förmåga för att slippa undan ett jobb som de inte kan ha uppfattat som vare sig ärofullt eller ens intressant:

"Johan Bure ursäktade sig med hänvisning till hälsoskäl. Johan Rothoff hänvisade till tvingande privata skäl och när de församlade då vände sig till assessorn Magnus Utter, bad denne Kongl. Rätten att excusera honom eftersom han hade en del processer att sköta som var av avgörande betydelse för hans egen välfärd..."

Enligt senare noteringar i Svea hovrätts arkiv där citatet är hämtat visar sig en av de viktigare processer för välfärden som två av de icke-kommissionsvilliga hade att sköta handla om en privat tvist angående bänkplaceringar i Storkyrkan ("hedern", således).

Överhetens närmast demonstrativa ointresse för häxprocesser sammanhänger dock inte bara med att det fanns betydligt viktigare inrikespolitiska frågor vid denna tid. Häxpaniken var därtill ett problem som bara rörde det lägsta ståndet, bönderna.

*Bondeståndets talman Per Ohlsson, porträtterad på kunglig befallning av hov-
målaren D. K. Ehrenstrahl. Hukande bonde kommenderad in i salongerna, således.
Bonden är god, snäll och enfaldig, det hundlika är säkert helt avsiktligt. Enda faran
med bönder var att de kunde råka ut för uppviglare, annars sågs de som fogliga.*

I den adliga föreställningsvärlden eller ideologin på 1600-talet var visserligen bondeståndet en omistlig del av samhällets konstruktion och balans. Men vid den här tiden fanns inte i någon mening ett begrepp som "människovärde", än mindre föreställningar om "lika människovärde". Den franska revolutionen var inte ens tänkbar som mardröm.

I religiös mening var bönderna visserligen människor, eftersom de hade själ, men de var utan tvekan en lägre sorts människor, en annan ras som man skulle säga senare i historien.

I den adliga ideologin byggde samhället på tre hörnstenar: ojämlikhet, ömsesidigt beroende (bönderna försörjde riket, adeln försvarade det) och helhet, balansen som inte fick rubbas mellan de olika stånden.

Så sent som 1672 blev det strid på Riddarhuset om introduktionen av en Magnus Reijer därför att han påstods ha en förfader som bedrivit handel. Och sådant var enligt en Anders Liliehöök (gammal adel) ytterst "betänkligt". Samme Liliehöök var också en av de drivande inom den konservativa falangen när det gällde att vidmakthålla förbudet för adliga att gifta sig utanför sitt stånd (exempelvis med rika borgardöttrar), eftersom sådan "beblandning" riskerade att tunna ut den adliga dygden och hedern, det vill säga den nedärvda och överlägsna kompetensen.

Om sådant kunde bli stora stridsfrågor i Riddarhuset mitt under pågående häxprocesser är det inte svårt att föreställa sig hur lite man bekymrade sig om "oväsendet" i det lägsta ståndet.

Det enda som kunde oroa den styrande klassen när det gällde bönder var faran för att de kunde råka ut för "uppviglare". Ty folket var i grunden gott och ville väl. Bonden var visserligen okunnig och dum, född sådan, liksom han var född till ett visst utseende och kroppsbyggnad. Han var fattig, trasigt klädd och lat av naturen om man inte såg till att milt men bestämt driva på honom. Då kunde han dock utveckla en avsevärd flit och han blev med lite hjälp från överheten, godsherren till vilken han punktligt skulle betala sina arrenden, stillsam och tillfreds med sin lott.

En bild som ofta användes för att beskriva förhållandet var fadern i relation till sina barn. Man tyckte nämligen om sina bönder, och bondeplågare var sällsynta och vann föga respekt bland sina likar. Adelns förhållande till sina bönder då var ungefär som deras förhållande till sina jakthundar idag.

Om nu somliga bland allmogen fick för sig att de skulle fara på upp och nedvända kor till Blåkulla så var det möjligen beklagligt men kunde bara förklaras av deras naturliga enfald. Men just denna enfald var ju en del av den gudomliga ordningen och därför omöjlig att göra någonting åt. Överheten kunde möjligen hjälpa till med lite avrättningar så att det blev lugnt igen och bönderna kunde återgå till mer nyttiga sysselsättningar. Problemet måste ur de styrandes synvinkel sett ut ungefär som om någon fått in svinpest i sin kreatursbesättning, ett förargligt men övergående problem om man bara agerade snabbt och beslutsamt.

2. Och kungamaktens oändligt viktigare angelägenheter...

År 1672, mitt i den drygt åtta år långa häxpaniken på landsbygden, tillträdde Karl XI formellt kungamakten. Han var 17 år gammal och det ekonomiska och utrikespolitiska läget var sådant att han mycket väl hade kunnat bli den kung med vilken hela den svenska stormaktsepoken avvecklades.

Hans maktövertagande förgiftades av intriger och manövrerande mellan rivaliserande adelsgrupper. Högadeln fruktade hans umgänge med unga män ur lågadeln, vars radikala rojalism riktade sig mot högadeln. Det var en fruktan som hade gott fog för sig, även om utländska diplomater som skildrat den unge kungen i en mängd bevarade rapporter knappast tycks ha föreställt sig att han bara åtta år framåt i tiden skulle krossa hög-adelns makt och införa kungligt envälde – med hjälp av sina vänner bland den radikala lågadeln.

De utländska observatörerna beskrev kungen som blyg och tafatt, en tämligen obildad ung man vars uppfostran till kung lämnade mycket övrigt att önska. Men de gjorde också den intressanta, och för den nära framtiden betydelsefulla iakttagelsen, att han förvandlades så fort han satt till häst. Då, men först då, framstod han som en suverän.

Riket hade tolv års förmyndarstyre bakom sig där rådsaristo-krati och högadel lyckats förskingra det mesta av det som varit Sveriges militära stormakt vid Karl X Gustavs död 1660. Föga överraskande hade man kraftfullt försummat att fortsätta den reduktion till statskassan av onödiga förläningar till adeln som Karl X Gustav inlett. Trots den växande handeln med järn på export hade Sverige en negativ handelsbalans som några år senare på fullt allvar skulle förklaras med i huvudsak adelns import av siden, strutsplymer och annat ryschpysch som ansågs nödvändigt för adlig klädsel.

Krigsmakten hade förfallit under den för 1600-talsförhållanden ovanligt långa fredsperioden och flottan var, som det snart skulle visa sig på det mest förskräckande sätt, i ett bedrövligt skick.

Sveriges stormaktskostym var tvivelsutan alldeles för vid, be-sittningarna på tysk mark var föremål för många lystna blickar och Danmark hade en självklar avsikt att försöka återerövra de stora landområden som man tvingats lämna ifrån sig efter Karl X Gustavs förhärjande krig.

Möjligen hade en extremt skicklig, eller tursam, diplomati kunnat rädda landet från åtminstone något av de kommande krigen. Men för en svårt skuldsatt stat som den svenska minskade också det diplomatiska manöverutrymmet. Eftersom Frankrike erbjöd subsidier på 400 000 daler om året blev det ett anbud som knappast gick att förkasta men alliansen med Frankrike innebar bland andra konsekvensen att den aggressiva sjömakten Holland, med stora handelsintressen i Östersjöområdet, kom att bli fiende. Därtill en fiende som snart skulle liera sig med Danmark.

Stormmolnen hopade sig vid horisonten och den unge kungen saknade tillräckliga kunskaper för att själv ta några avgörande initiativ. Utrikespolitiken förblev till en början i samma händer som den varit under förmyndarregeringen.

Så mycket måste ändå ha stått klart att det i första hand gällde att undvika krig mot Danmark. På inrådan från rikskanslern Magnus Gabriel de la Gardie beslöt Karl XI att fria till den danske kungen Kristian V:s yngsta syster Ulrika Eleonora. Rikskanslern, som tycks ha varit upphov till idén, lindade in den realpolitiska nödvändigheten i ett förslag som i tur och ordning poängterade den gemensamma religionen, den unga prinsessans dygdighet – och nödvändigheten av att få Danmark på sin sida.

Emellertid gick inte den danske kungen med på att kombinera förlovningen med ett förbund eller förlängt fredsavtal. Han hade sina skäl. När förlovningen mellan de unga tu – som aldrig hade träffats – proklamerades i juni 1675 var det knappt två månader kvar till den danska krigsförklaringen. Den danska inställningen var alltså tämligen klar: gärna förlovning, men först ett rejält revanschkrig och vissa gränsjusteringar.

Ännu en militär katastrof var på väg. Den franske ambassadören Feuquières drog åt skruvarna vad det gällde subsidierna. Ingenting skulle betalas ut om inte Sverige sände en armé mot Brandenburg. Men så fort den svenska expeditionen hade landstigit på tysk jord skulle subsidierna i gengäld höjas från 400 000 till 600 000 riksdaler. Riksrådet gick med på dessa krav utan några invändningar från den unge kungen.

Medan ambassadör Feuquières drev dessa förhandlingar i Stockholm umgicks han naturligtvis privat med den svenska aristokratin och kom därigenom att bifoga sin intressanta fotnot till den svenska häxhistorien. För det var nu han roat noterade i en av sina rapporter hur han deltagit i det lilla kvällsnöjet i en vakstuga och hur barnen där till synes var omöjliga att väcka upp ur sina "anfäktelser" med mindre än att "man höll fram stark sprit under näsan på dem".

Det är en mycket talande scen. Två grevar de la Gardie infinner sig med förnäm utländsk gäst i en vakstuga som hålls öppen på deras direkta order och för deras nöjes skull. Barnen spelar upp sina små föreställningar, vilka ju tas på djupaste allvar av närvarande präst och anförvanter. Men för de höga grevarna, som av diskretion håller sig till franska språket, är detta bara ett kvällsnöje bland den lustiga underklassen.

Grevarna och ambassadören hade ju mycket viktigare ting att sysselsätta sina tankar med på arbetstid, exempelvis Sveriges krigsinsatser på fransk sida, en allians som redan hade kostat krigsförklaring från både Holland och Danmark.

Under tiden hade Karl XI återupptagit den av hans far beslutade reduktionen av onödiga adelsförläningar och befallt att den, som han hade all anledning att förmoda, mäktiga svenska flottan skulle löpa ut för att slå dansken innan holländarna kunde komma till undsättning. Dessutom gällde det att skydda det svenska krigsföretaget mot Brandenburg.

I juni 1675 led svenskarna ett av sina första militära nederlag på länge i slaget vid Fehrbellin. Något stort militärt avgörande var det inte, men dels en prestigeförlust, dels en oroväckande påminnelse om att de svenska arméerna inte längre leddes av den oövervinnelige Karl X Gustav utan av en tonårig kung utan erfarenhet.

Och än större besvikelser väntade. Den mäktiga flotta som Karl XI kommenderat ut redan på sommaren kom inte iväg förrän till hösten och lyckades då inte ens ta sig fram till någon strid. Förklaringen var våldsamma försummelser när det gällde underhåll av materiel och utbildning av officerare och manskap.

Och dessutom, vilket blev en nog så tydlig illustration för Karl XI om vådan av att låta bara högadliga män få de högsta tjänsterna, hade flottans ledning anförtrotts en fullkomligt inkompetent person, förvisso greve.

Gustaf Otto Stenbock hade utnämnts till riksamiral när hans kollega och vän i rådet, Carl Gustav Wrangel, skulle bli riksmarsk. Stenbock var besvågrad med både rikskanslern Magnus Gabriel de la Gardie och riksdrotsen Per Brahe. Så om han ville bevärdiga sig att ta jobbet som rikets högste amiral så var ingen däremot, i vart fall ingen som räknades. Eftersom han hade goda anor, och därigenom en framavlad talang för allt krigiskt, så var han enligt tidens adelslogik ett ytterst lämpligt amiralsämne. Även om han aldrig någonsin varit på sjön. Samma obefintliga sjömanskap vidhäftade också hans två närmaste män, Nils Brahe och Clas Stiernsköld.

Om den senare anmärkte en utländsk diplomat ironiskt: "Han är överste för Livgardet utan att ha varit militär, amiral utan att ha varit till sjöss, diplomat utan att ha varit använd i kansliet."

När dessa tre landkrabbor till amiraler skulle engagera den svenska flottan mot Danmark och den stora sjömakten Holland är det inte att undra på att det gick som det gick. Det är heller inte att undra på att Karl XI fick en illustration till vådan av principen börd före duglighet som han aldrig skulle glömma.

Flottan skulle ha löpt ut under sommaren men kom inte iväg förrän lagom till höststormarna i oktober. Man kom inte ens halvvägs till tysk kust innan man tvingades vända. Fartyg hade kolliderat, andra råkat ut för masthaverier eller läckage, provianten hade varit så usel att 4 000 man insjuknat och sjukläget förvärrades med ytterligare 200–500 man per dag. Alla planer på fortsatt sjöoffensiv måste uppges.

Samtidigt fick Karl XI de första rapporterna om hur en norsk-dansk armé hade brutit in i Bohuslän och Västergötland.

När kriget nu var ett faktum även på svenskt område måste

en riksdag inkallas för att finansiera det. Riksdagen kallades till Uppsala och skulle förutom beslut om krigsansträngningarna medverka vid kröningen av Karl XI.

Det militära nederlaget i Brandenburg och flottans magnifika fiasko blev naturligtvis bränsle för borgarståndet och lågadeln när de nu kom med förnyade krav på räfst med förmyndarregeringens försummelser, krav på fler indragna adelsgods och en mer beslutsam fortsättning på den reduktion som Karl X Gustav förordnat.

Borgarståndets talman var borgmästaren i Stockholm, Olof Thegner – som alltså helt plötsligt fått lägga alla bekymmer med Gävlepojken, ljugande barn på Söder och häxerianklagelser långt åt sidan.

Karl XI var inte sen att utnyttja de öppna och våldsamma motsättningarna mellan stånden. Han lovade att tillsätta en undersökningskommission för att granska högadelns försummelser – mot att ständerna beviljade medel till kriget.

Och – så typiskt för tiden – mitt under den hetsiga riksdagen fick man göra avbrott för att med glans och ståt och oändliga försäkringar från alla ståndens talesmän om trohet och endräkt medverka till kungens kröning i Uppsala domkyrka.

Vid denna tid hade alltså häxpaniken nått Uppland och den unge juristen och häradshövdingen Anders Stiernhöök slet som bäst med att förhala och ogiltigförklara de begynnande processerna i norra Uppland. Det var alltså till denna riksdag han rådde den med hans petighet så missnöjda allmogen att sända delegationer för att få kungen intresserad av att tillsätta en ny kunglig kommission med rätt att döma häxor till döden.

Mot bakgrund av det katastrofläge som riket befann sig i och vad riksdagen hade att göra upp mellan stridande fraktioner är det inte så konstigt att svaret från kungen i fråga om ny häxkommission blev ytterst kortfattat, en handviftning som till sin innebörd på modernt språk inte blev annat än uppmaningen att hålla käften och be till Gud.

Men den långa raden av katastrofer för riket, oändligt mycket viktigare än trolldom bland allmogen, var långtifrån slut. Karl XI hade från och med nu sysselsättning dygnet om för att försöka organisera rikets överlevnad.

Efter stora ansträngningar hade flottan restaurerats så att den äntligen kunde löpa ut på nytt i april 1676 – samtidigt som läget hårdnade för Näslösan, hennes syster Anna och Vippnäsan bland de häxerimisstänkta på Stockholms Söder.

Förvisso hade Karl XI gjort upp räkningen med landkrabbe-amiralen Stenbock som ställts inför krigsrätt och dömts att betala den hisnande sunman 100 000 daler i skadestånd för sina försummelser.

Desto märkligare kan det då förefalla att han till ny riksamiral utnämnde en viss Lorentz Creutz.

Just det, riksrådet Lorentz Creutz, han som blev president i den första Dalakommissionen och så optimistiskt rapporterat hem till sina kolleger grevarna i rådet hur han snabbt och beslutsamt sett till att låta avrätta något drygt dussin kvinnor ("lagom många") och hur därmed saken tills vidare borde vara ur världen eftersom avrättningarna gjort så djupt intryck på allmogen.

Riksrådet Creutz var kammarråd och en både erfaren och duglig ämbetsman. Men han var lika mycket landkrabba som sin företrädare Stenbock och saknade över huvud taget militär erfarenhet, trots sina gener. Hans karriär hade varit helt civil.

Mot bakgrund av den misstänksamhet som redan fanns hos den unge kungen vad gällde inkompetenta men förnäma mäns utnämningar ter sig Creutz befordran till riksamiral som ett lika gåtfullt som katastrofalt misstag. Det skulle kosta mer än tio gånger så många människoliv som några häxprocesser.

Berättelsen om det största nederlaget i den svenska flottans historia skulle duga gott till en hel roman av, skall vi kalla det omvänd Hornblower-typ. För resurser saknades sannerligen inte.

Amiralsskeppet Kronan, där nu riksrådet och nyutnämnde riksamiralen Creutz skulle lära sig att behärska sin sjösjuka såväl som de marina termer som krävdes för hans befälsordning, var ett av samtidens största fartyg och hade så mycket som 126 kanoner. I svensk örlogshistoria är regalskeppet Vasa, som sjönk omedelbart efter sjösättningen i Stockholm 1628, det enda fartyg som kan mäta sig med Kronan. Men Kronans öde skulle inte bli mycket mer att skryta med inför historien än Vasas fiasko.

De order den nye riksamiralen Creutz fått var enkla och konkreta. Han skulle uppsöka den danska flottan och slå den. Förutsättningarna var teoretiskt goda, eftersom amiralen förfogade över 59 fartyg med en besättning på 11 000 man varav 5 000 marinsoldater.

För att göra en lång roman kort. Den 25 maj möttes de båda flottorna verkligen mellan Bornholm och den skånska kusten. Marinhistoriker menar att här fanns läget att slå den danska flottan som ännu inte fått sina väntade förstärkningar från den marina bjässen Holland. Men danskarna hade Nils Juel som högsta befäl, en av tidens skickligaste amiraler. Och han var förstås inte så angelägen att gå i strid just nu mot en betydande numerär övermakt.

På grund av virrig befälsföring på den svenska sidan kom danskarna undan. Och nästa dag hade den holländska flottan anlänt och då var styrkeförhållandet omvänt och svenskarna drog sig undan. Det blev några dagars kattens lek med råttan innan de två flottorna möttes den 1 juni vid Ölands södra udde.

Tämligen omedelbart besegrade den svenska flottan sig själv. Efter en del virriga försök att åtminstone formera sig i slagordning missuppfattade riksamiralen Creutz ett signalskott från sin viceamiral på det näst största fartyget Svärdet och Creutz beordrade plötsligt en vansinnig manöver att vända utan att minska på segelytan, ett rent nybörjarfel. I vändningen krängde fartyget över så att vatten strömmade in genom kanonportarna, kanonerna slets loss och en brinnande lunta hamnade i krutförrådet. Kronan sprängde sig själv i luften utan att ens ha avfyrat ett första skott i drabbningen. Riksamiralen och före detta trolldomsdomaren Creutz följde med 650 man ner i havsdjupet. Den övriga delen av flottan tog till flykten eller nedkämpades. Viceamiralen Claes Uggla på Svärdet – som var riktig sjöofficer – stannade och slogs tills hans fartyg sänktes. Också han gick till botten med större delen av sin besättning. Efter katastrofen vid Öland behärskade Sveriges fiender havet.

Vid denna tidpunkt, när den svenska flottan på en enda dag förlorat tusentals sjömän och officerare, närmade sig avrättningarna för de första tre häxorna som skulle brännas i Stockholm.

Följderna av nederlaget till sjöss fick en självklar fortsättning till lands. Den danska armén landsteg först vid Ystad och ockuperade Gotland. Anfallet mot Ystad var visserligen framgångsrikt men bara en skenmanöver för att dölja den verkliga avsikten som var att landstiga utanför Landskrona med 15 000 man.

Karl XI hade 3 000 man under sitt befäl i Skåne. En lång rad av nederlag och förlorade städer följde. Snart var danskarna i besittning av större delen av landskapet. Städerna och befästningarna Helsingborg, Landskrona, Kristianstad, Karlshamn och Kristianopel låg i fiendens händer. Kriget för den 21-årige Karl XI hade hittills varit en obruten räcka av nederlag och reträtter.

Det är just under den här tiden som han under någon daglig regeringsrutin i fält beslutar att tillsätta de två kommissionerna i trolldomssaken för Stockholm och Uppland och Västmanland. Den frågan kan inte ha behandlats under många minuter i det läge som rådde.

Det var snart augusti 1676 och fjärran från krigskatastrofen i Skåne hade en hjälppräst i Storkyrkan, Anders Noraeus, börjat känna allvarliga tvivel vad gällde somliga barns påståenden om resor till Blåkulla. Att det han sysslade med nog i det stora hela, det katastrofala läget för riket, var en struntsak måste Anders

Noraeus ha insett. Men han var inte militär, hans ansvar enligt både luthersk tro och moralisk ordning var att gräva där han stod, att ansvara för det ämbete som var just honom själv ålagt och sköta det efter bästa förmåga och samvete. Kung Karl XI kände med största sannolikhet inte ens till pastor Noraeus namn, än mindre kan han vid denna tidpunkt haft tid att bekymra sig över några trollkonor mer eller mindre i Stockholm. Hans rike stod på randen till en fullkomlig katastrof.

En avdelning på 3 000 man ur den danska armén hade satt sig i rörelse för att förena sig med den dansk-norska armé som redan plundrat både Bohuslän och Västergötland, ockuperat Vänersborg och brandskattat Skara och Lidköping. Det var av stor vikt att försöka hindra de två arméerna att förenas i Västergötland. Karl XI gick desperat och för första gången till offensiv.

Och den 17 augusti vann den svenske kungen för första gången ett slag, segern vid Halmstad som den kallas, eller ibland och mer sakligt korrekt, slaget vid Fyllebro. Möjligen anser historieskrivarna att den senare beteckningen något förtar glansen av denna Karl XI:s första seger.

Dock var detta, vet vi i efterhand, den psykologiska vändpunkten. Med en häpnadsväckande blandning av mod och dumdristighet vann Karl XI därefter det ena blodiga slaget efter det andra. Nu kom äntligen det drag i hans personlighet fram som en del diplomater redan hade tyckt sig se: till häst var han suverän. Han introducerade en ny taktik för kavalleriattacker som delvis skulle komma att förändra krigföringen till lands. Det är krigshistoria, och som hjältehistoria raka motsatsen till sjöslaget utanför Ölands södra udde. Mycket kort: Sverige vann. Det är således inte att förvåna sig över att det blir svårt att i biografier över Karl XI:s kritiska första år vid makten finna några utvikningar om häxprocesser. Ett enda sänkt fartyg utanför Öland innebar i både människoliv och framför allt i nationella, politiska termer så oändligt mycket mer än något "oväsende" bland en trots allt begränsad del av den svenska allmogen.

Den efter omständigheterna närmast mirakulösa segern över Danmark, som innebar att Skåne och de andra nyerövrade landskapen från Danmark såvitt vi kan förstå blev svenska för all framtid, stärkte självklart kungamakten i förhållande till adelsmakten.

Resten av Karl XI:s regeringstid innebar i huvudsak fred men samtidigt en grundlig omorganisation av hela det svenska krigs-väsendet. 1680 genomfördes kungligt envälde med hjälp av kungens "radikala" unga adelsvänner och därmed blev det allvar med reduktion och indragning av adliga gods. Hälften av alla ti-digare lättsinnigt bortslösade förläningar under förmyndarrege-ringarna togs tillbaka till kronan. Landets ekonomi sanerades och handelsbalansen blev till slut positiv. En ny adlig stil inför-des efter högt kungligt föredöme: måttlighet, enkla kläder, spar-samhet. Allt detta och långvarig fred därtill var således en vidunderlig omdaning av det svenska samhället.

Men under åtta år av denna omvandlingsprocess brändes drygt 300 kvinnor som trollkonor innan hysterin kom till ett abrupt slut i Stockholm.

Om Karl XI således fått veta att det som i eftervärlden skulle diskuteras mest från hans regeringstid var de där häxbränning-arna skulle han nog ha funnit historiens dom något orättvis.

I all synnerhet som han förmodligen, fast inte ens säkert, kän-de till att det inte ens var trolldom som ledde till de flesta döds-straffen under hans regeringstid.

Under 1600-talet avrättades betydligt fler våldsbrottslingar än trollkonor. Dödsstraff var i sig ingenting märkligt och hade full-komligt stöd i vad vi idag skulle kalla det allmänna rättsmedve-tandet.

Dessutom fanns ett annat brott för vilket nästan enbart män avrättades och som krävde dubbelt så många liv vid yxa och bål som häxeriet: tidelag.

VI

Om 1600- och 1700-talens massaker på sexförbrytare

1. 700 män brända på bål för tidelag

I den kristna föreställningsvärlden har "synd mot naturen" alltid varit ett begrepp av central betydelse. Därmed avses all form av sexualitet som står i strid med den av Gud inrättade ordningen. Den mest inflytelserike av 1200-talets teologiska tänkare, Thomas av Aquino, definierade fyra avgörande sådana synder mot naturen: onani, sexuellt umgänge med demoner eller djur, sexuellt umgänge med personer av samma kön och sexuellt umgänge mellan man och kvinna för nöjes skull och i andra ställningar än den kristligt godkända.

Avgörande för hur denna kristna sexualmoral skall tillämpas i samhället blir då hur långt de världsliga lagstiftarna vågar gå när de skall kriminalisera synden.

I de flesta äldre europeiska lagar slogs homosexualitet och tidelag samman till ett och samma brott. I en engelsk lag från 1290 stadgas att den som haft samlag med judar, boskap eller en person av samma kön skall begravas levande, liknande bestämmelser finns i äldre dansk, norsk, fransk och spansk lagstiftning. I England bestraffades från 1530-talet och framåt tidelag och homosexualitet under beteckningen "the detestable and abominable vice of buggery committed with mankind or beast", i spanska lagar beskrivs brottet som "el pecado nefando" (den skändliga synden).

Vad som emellertid skulle få en förödande konsekvens för svenskt vidkommande var Karl IX:s radikala åtgärd år 1608 att göra Bibelns lagbud till bihang till gällande svensk lag. Därmed var all synd kriminaliserad, dessutom jämställd med högmålsbrott och därför belagd med dödsstraff. Det gällde då inte bara, inte ens i första hand, trolldomsbrott och tidelag. *All* synd var straffbar i och med denna reform. I princip blev det därmed dödsstraff på allt sexuellt umgänge utanför äktenskapet, "enkelt hor", till och med mellan trolovade. Likaså blev det dödsstraff för "dubbelt hor" (där brottslingarna var gifta med någon annan) och alla former av blodskam och givetvis homosexuella gärningar.

Det visade sig snart i praktiken omöjligt att vidmakthålla dödsstraffet för vanlig otrohet eller utomäktenskaplig sexualitet. En alltför stor del av befolkningen skulle i så fall ha avrättats. Under första halvan av 1600-talet nedsattes straffet för otrohet till lindrigare former av skamstraff eller kroppsstraff för att därefter i all diskretion överlämnas till kyrkan för bot och själavård.

Tidelaget kom däremot att utveckla sig till en svensk specialitet och resultera i ett så stort antal avrättade att det saknar motsvarighet i något annat land. Vårt svenska ord, tidelag, har heller ingen motsvarighet på exempelvis danska eller norska.

Det finns två möjliga vägar att söka en förklaring till att just Sverige drabbades av en så enastående våg av tidelag. Den ena teoretiska förklaringen är dock mindre trolig, ehuru den möjligen skulle väcka viss förtjusning hos somliga av Sveriges grannar, nämligen att just svenskar vore särskilt kulturellt eller psykiskt disponerade för denna form av sexualitet.

Den andra och mer sannolika förklaringen är att tidelag ingick i Karl IX:s dödsstraffspaket, vilket kom att göra brottet extremt uppmärksammat och därmed särskilt angeläget att bekämpa.

Ytterligare ett skäl till att det blev en våg av tidelagsbrott i Sverige är märkligt nog en strafflindring som inträffade vid mitten av 1600-talet. Fram till dess hade fyra brott ansetts så särskilt grova att den skyldige måste brännas levande: trolldom, barnamord, tidelag och viss form av incest.

Två olika principer bakom dödsstraffet hade hamnat i motsatsställning. Den ena principen var avskräckning, en högst trolig effekt när det gäller en så ohyggligt smärtsam död som att brännas levande. Den andra principen var emellertid den kristna försoningen.

Före sin avrättning skulle den skyldige bekänna och få sina synder förlåtna. Och eftersom protestantismen hade avskaffat själens långa och plågsamma reningsperiod i *purgatorium*, skärselden, så kom således den försonade protestantiske brottslingen direkt till himlen efter sin död. Och att halshuggas var som alla visste normalt en snabb och smärtfri död. När reglerna för dödsstraffets exekverande ändrades 1640 så att den som skulle brännas fick nåden att först bli halshuggen var tanken att detta skulle göra det lättare för tidelagsmän och andra som riskerade bålet att bekänna. Folk som fruktade att brännas levande hade erfarenhetsmässigt visat sig ytterst obenägna att bekänna och den allmänna principen var ju att inte döma någon till döden mot sitt nekande.

Dessutom misstänkte myndigheterna, med fog som det snart skulle visa sig, att folk dessutom var ovilliga att anmäla andra för brott om straffet skulle bli så fruktansvärt som att brännas levande.

Humaniseringen av dödsstraffet fick snabbt effekt, sannolikt långt över förväntan. Nu inleddes en flod av angiverier och spontana bekännelser som skulle komma att öka undan för undan i mer än hundra år. Avrättningar av tidelagsmän kom snart att bli en ofta upprepad begivenhet.

Det var få tidelagsförbrytare som hade sån otur att de togs på bar gärning, men just detta drabbade drängen Per Mattsson när han stod bakom ett sto ute på en äng i Rasbo socken i Uppland. En av mjölnarna från Wistebo kvarn i närheten råkade komma förbi så olyckligt, för både sig själv och drängen Per, att han blev vittne till hur brottet fullbordades.

Det var till en början inte självklart hur mjölnaren skulle agera. Han rådgjorde med både sin mjölnarkollega i kvarnen och med sin hustru innan han bestämde sig för att samvetet krävde att han anmälde brottslingen. Den som bevittnat ett brott blev nämligen delaktig i synden om han inte anmälde.

Drängen Per bad dock för sitt liv: "Käre Far tig med mig, jag skall aldrig så göra mer, om Fan härtills fått råda med mig så kan jag härefter omvända mig."

Men mjölnarens samvete krävde anmälan och samma dag angav han drängen Per för kronobetjänten.

Rättegången blev okomplicerad och drängen Per bekände gråtande att han fullbordat brottet med ett sto som tillhörde hans far. Följaktligen dömdes han att halshuggas och därefter brännas på bål "sig själv till välförtjänt näpst och androm till sky och varnagel". Dessutom skulle det sto som varit föremål för uppvaktningen dödas av skarprättaren och grävas ned på avrättningsplatsen, eller brännas. Så skulle alltid ske med de djur som kunnat identifieras.

Enligt den föreskrivna ordningen fick nu Per Mattsson omedelbart efter rättegångens slut besök av sin församlingspräst som inledde arbetet med att förbereda honom inför döden. Eftersom han redan bekänt så var den svåra delen av själavården redan avklarad, nu gällde det att trösta och få delinkventen att förbereda sig både inför döden och det offentliga skådespel som väntade.

Avrättningsdagen inleddes med bön och nattvardsgång i kyrkan innan prästen följde den dödsdömde till avrättningsplatsen.

Inför den väntande publiken skulle den dömde nu än en gång visa sin ånger och försäkrades därefter om Guds nåd med berättelsen om Jesu sista ord till den botfärdige rövaren:

Den ene av förbrytarna som hängde där smädade honom och sade: "Är inte du Messias? Hjälp då dig själv och oss." Men då tillrättavisade honom den andre: "Är du inte ens rädd för Gud, du som har fått samma straff? Vi har dömts med rätta, vi får vad vi förtjänar. Men han har inte gjort något ont." Och han sade: "Jesus, tänk på mig när du kommer med ditt rike." Jesus svarade: "Sannerligen, redan idag skall du vara med mig i paradiset." (Lukas 23:39–43)

Efter denna uppmuntran skulle prästen enligt handboken vända sig till publiken med en bön om att syndaren skulle stå fast i sin tro och få dö som en salig människa. Därefter blev det psalmsång och slutligen prästens sista ord:

"Käre broder, tänk nu på ingenting, utan på Jesum Kristum, som har lidit döden för dig: tvivla inte. Han är förvisso med dig och ger dig bistånd."

Så långt bör det ha varit en vacker och värdig ceremoni. Det var en februaridag när Per Mattsson skulle dö och mycket folk ute på avrättningsplatsen i Gräns by i Uppland. Runt det uppsnickrade bålet med stupstocken på en plattform högst upp stod en spetsgård med sockenmän med långa stavar eller hötjugor i händerna för att hålla folk på behörigt avstånd. Publiken var ovanligt stor, närmare tusen personer, och en del hade klättrat upp i träden för att kunna se bättre. Prästen hjälpte Per med en svart bindel för ögonen och därefter fick han böja sig ned på knä med huvudet över stupstocken.

Men det blev honom inte förunnat att få en fridfull och smärtfri död. Bödeln Anders Wulff hade supit hela natten och gått runt i gårdarna på morgonen och tjatat till sig mera brännvin. Nu äntrade han med synbar svårighet det rangliga bålbygget.

Hans första hugg träffade Per i ryggen, nästa tog närmare halsen och det tredje så nära huvudet att en del hår slets av och klibbade fast på kroppen. Nu tog sig Wulff för att försöka skära och slita av huvudet, vilket till slut lyckades. Därefter, nöjd och lättad, daskade han det avhuggna huvudet några gånger mot stupstocken till allmogens fasa och indignation.

För den som hade otur att råka ut för en full bödel kunde således hädanfärden bli nog så besvärlig och plågsam även efter det liberaliserade yx- och bålstraffet.

Om den 20-årige Christopher Larssons avrättning berättas att bödeln Salmon Isachsson högg första gången över axlarna på delinkventen och därefter försökte använda yxan som skärverktyg under Christophers skrik av smärta och protest. Då det inte gick så bra fortsatte exekutionen med fem eller sex hugg innan huvudet äntligen föll. På samma klumpiga sätt gav sig den berusade bödeln därefter på skällkon och det bruna stoet så att "det vart ett ohörligt larm och anskri". Publiken var i uppror, trängde sig framåt och begärde att omedelbart få stena bödeln.

Dessa historier hörde till undantagen. Anledningen till att de finns bevarade så i detalj är att de berusade bödlarna i sin tur ställdes inför rätta anklagade för tjänstefel, för vilket de båda bötfälldes. Varefter de strängt förmanades att i fortsättningen ta det mer varligt med brännvin under arbetets utförande.

Eftersom avrättningarna i de allra flesta fall avlöpte utan några skandalscener av ovanstående slag kom försoningstanken med dödsstraffet att få en mycket starkare verkan än avskräckningen. En mycket stor andel av de som avrättades för tidelag, en växande andel under den drygt hundraåriga perioden, angav sig själva och många berättade att de hade inspirerats av att de varit vittne till en eller annan offentlig avrättning.

Det är bland dessa självangivare man bör leta efter eventuellt oskyldiga. Det fanns nämligen flera högst begripliga skäl att komma med en falsk bekännelse.

För det första kunde det vara ett kristligt sätt att begå självmord utan att därmed göra sig skyldig till dödssynd. Den katolska föreställningen om självmord som ett obotligt straff levde fortfarande kvar, självspillingar fick inte begravas i vigd jord. Tanken hos dem som angav sig själva för tidelag i syfte att på så vis genomföra sitt självmord med hjälp av lagens arm var att den mindre synden att ljuga skulle uppslukas av de syndernas förlåtelse man fick som dödsdömd. Särskilt invalidiserade soldater tycks ha kunnat tänka sig denna allra sista utväg till paradiset. Men det förekom också att förbrytare som dömdes till det fruktade fästningsstraffet drabbades av akut samvetsnöd och plötsligt passade på att erkänna ett tidelag någon gång i ungdomen. Också en del av tidens mycket hårda kroppsstraff, exempelvis gatloppet, kunde framkalla plötsliga tidelagsbekännelser.

Under första halvan och mitten av 1600-talet när domstolarna började komma igång med rannsakningar av tidelagsmän gick en betydande del av rättens ansträngningar till att försöka förmå den misstänkte att bekänna. Mot slutet av perioden, drygt hundra år senare, var förhållandet närmast det omvända. Utan prut avvisades exempelvis några bekännande tidelagsmän, ibland skrikande av protester och hotelser när de leddes ut, som inte vunnit rättens tilltro med berättelser om samlag med björnar, katter eller höns. Ju längre tidelagsperioden varade desto vanligare blev det att självangivare dömdes för falsk bekännelse.

Naturligtvis måste en och annan självmordsbenägen tidelagsbekännare ha lyckats i sitt uppsåt att bli justitiemördad. Eftersom gruppen självangivare i sin helhet utgjorde knappt 20 procent av dem som dömdes blir dock den tänkbara gruppen oskyldiga bekännare ganska liten, kanske mellan 40 och 50 personer.

Slutsatsen måste nämligen bli att det övervägande flertalet av de cirka 700 män som avrättades för tidelag faktiskt var skyldiga. Det kan tyckas som en i förstone något djärv slutsats med tanke på att det överväldigande flertalet av dem som ställdes inför rätta var angivna av andra. Och ett angiveribrott som leder till dödsstraff öppnar förstås stora möjligheter för den som vill driva elakt spel mot sin ovän grannen, eller sin farfar som envisas med att leva överdrivet länge sittandes på ett intressant arv, eller för svartsjukas eller försmådd kärleks skull.

Men det övervägande antalet angivare var likar med dem de anmälde, drängar anmäldes av andra drängar eller pigor. Och bara i en tiondel av fallen har forskningen kunnat belägga ovänskap eller konflikter mellan man och kvinna, ekonomiska konflikter, svartsjuka eller andra tänkbara sidomotiv. Det är möjligt att det kändes något lättare att ange någon som man hyste agg mot, men ur skuldsynpunkt har sådana motiv hos anmälaren ingen betydelse. Det avgörande förhållande som gör att man måste stanna vid slutsatsen att de allra flesta som avrättades faktiskt var skyldiga är domstolarnas ovilja att döma någon mot hans nekande. Och benägenheten att erkänna kan inte gärna ha ökat hos någon enda man bara för att han blev angiven av en ovän. Man kan möjligen invända att en stor del av de kvinnor som angavs för trolldomsbrott råkade illa ut på grund av illvilja eller avundsjuka från omgivningen, den senaste doktorsavhandlingen om svenska häxprocesser understryker det temat. Och häxorna var ju oskyldiga. Trots det erkände de flesta av dem som avrättades och brändes.

Det fanns emellertid en avgörande skillnad i processen mot de kvinnor som misstänktes för trolldom och de män som misstänktes för tidelag. Häxeribrottet räknades av den teologiska och den juridiska expertisen som ett *crimen exceptum*, ett brott som var undantaget från vanliga processregler. Således torterades ett inte obetydligt antal av de kvinnor som erkände Blåkullafärd, med eller utan myndigheternas tillstånd eller tysta medgivande. Men när det gäller misstänkta för tidelag finns bara ett känt fall där Svea hovrätt har rekommenderat tortyr, det gällde en man som vinglat fram och tillbaka med sitt erkännande så att målet drog ut på tiden. I allmänhet torterades dock inte de tidelagsmisstänkta för att man därigenom skulle pressa fram en bekännelse.

En än viktigare skillnad i behandlingen inför rätta när det gäller de två brotten är horden av barnvittnen som uppträdde i trolldomsmålen. Den kvinna som till slut hade konfronterats med flera tiotal vittnande barn, i extrema fall över hundra, var i sak redan överbevisad. Vad hon då hade att välja mellan kunde te sig enkelt: Antingen att avrättas utan föregående nattvard och syndernas förlåtelse och därmed gå till evig fördömelse efter döden, eller också bekänna och komma till himlen omedelbart efter bödelns hugg. I tidelagsprocesserna förekom inga barnvittnen utan man höll tämligen hårt på de formella regler som gällde med två vuxna vittnen som full bevisning. Eller trovärdig bekännelse.

En tredjedel av alla dem som rannsakades för tidelag frikändes helt. En tredjedel dömdes till lindrigare straff för "försök" eller på grund av bara "halv bevisning". Och en tredjedel avrättades.

Av dem som avrättades hade mer än 95 procent erkänt sig skyldiga. Kort sagt, tidelagsmännen var till skillnad från häxorna faktiskt skyldiga till det brott de dömdes för.

Tidelagsbrottet var lika exklusivt manligt som häxeribrottet var kvinnligt, mindre än en procent av dem som rannsakades för tidelag var kvinnor. Kring detta faktiska förhållande har det funnits en del vetenskapligt grubbel och försök till både sociologiska förklaringar och förklaringar ur någon tidsenlig "gendervetenskaplig" aspekt. Det förefaller mig dock, lätt rodnande, som ett onödigt tankearbete. Även med den risk det i vår tid innebär att komma med "biologiska" förklaringar till olikheter mellan mäns och kvinnors beteende må det väl tillåtas att göra det enkla påpekandet att mannen är mer funktionellt utrustad för tidelag än kvinnan. För de kvinnor som försöker sig på brottet uppstår inte bara ett begränsat antal djur att ge sig på, vilket bland annat utesluter de hos männen så populära nötkreaturen och hästarna. Dessutom torde samarbetsvilligheten hos handjur i möjlig storlek, vi får tänka oss baggar, bockar och hundar, vara begränsad. Medan de djur som utsattes för manliga närmanden måste ses som i sammanhanget passiva offer för husbondens eller drängens missriktade omsorger.

Tidelag som brottmål avskaffades 1944 och skulle idag, i vad mån det alls kunde bli en rättssak, sannolikt behandlas enligt djurskyddslagstiftningen och inte enligt brottsbalken. En dansk porrfilmstjärna som för några år sedan uppträdde tillsammans med en tamgalt blev föremål för upprörda djurvänners anmälan. Porrstjärnan försvarade sig med att både hon och den andre artisten trivdes med sitt jobb och därmed rann den juridiska frågan ut i sanden.

Sålunda uppfattar vi tidelaget idag som en bisarr företeelse ute i den pornografiska marginalen, möjligen som ett uttryck för sinnesrubbning. Därför blir det desto svårare att försöka föreställa sig en tid när våra alls inte särskilt avlägsna förfäder gråtande av syndabekännelser dömdes till döden på löpande band för detta brott. Det första man rentav frågar sig är om det kanske var frågan om galningar som samhället gjorde sig av med.

Den frågan går dock att utan vidare besvara med nej. Precis som när det gäller häxprocesserna finns ett omfångsrikt rättsligt arkiv bevarat och därför vet vi tämligen exakt vilka de dömda var. Eller rättare sagt, "vi" vet det därför att en enda forskare, Jonas Liliequist vid universitetet i Umeå, doktorerat på det svenska tidelagsbrottet (vilket inom parentes pekar på hur mycket mer vetenskapligt lockande häxprocesserna med sin jämförelsevis stora mängd arbeten tett sig för forskningen trots att mindre än hälften så många häxor avrättats som tidelagsmän).

Sinnessjuka män avrättades inte för tidelag. Eftersom lagen

förbjöd avrättning av någon brottsling som inte var kapabel att förstå sitt brott – och enligt kristen logik således inte syndat på samma sätt som en normalt medveten förbrytare – så var domstolarna uppmärksamma på frågeställningen. I tveksamma fall ansträngde sig rätten att inhämta omdömen från släkt, bekanta och byprästen om den misstänktes psykiska status och resultaten av sådana undersökningar redovisas tämligen klart i protokollen. Om någon var "fjollig" så var det en personlig avvikelse som dock inte kunde jämställas med sinnessjukdom. Om en misstänkt noterades till exempel att han var "småfånig men ej alldeles avvita (sinnessjuk) eller fåne". 1600-talets psykiatriska terminologi kan te sig något grovhuggen men liknar i mycket de distinktioner som görs idag. Om någon nutida förbrytare sägs ha "lidit av en psykisk störning vid tidpunkten för brottet som dock ej är att jämställa med sinnessjukdom" – så svarar ett sådant modernt rättspsykiatriskt omdöme i sak tämligen precist mot 1600-talstermen "fjollig" eller rentav "småfjollig".

Emellertid är det bara ett par procent av domarna som uppvisar denna psykiatriska frågeställning. Sinnessjuka var tidelagsmännen således inte.

Nästa fråga blir då om de tillhörde någon minoritet i samhället som majoriteten av ett eller annat skäl var fientlig till eller rentav ville göra sig av med. Letar man efter etniska minoriteter blir svaret nej, i materialet förekommer bara ett par samer, ett fåtal finnar och – mer överraskande – färre än tio ryska krigsfångar.

I tidens krigspropaganda ingick nämligen anklagelsen mot just ryssar för att vara ett folk särdeles begivet på tidelag. Ändå slog inte detta påstådda nationella karaktärsdrag igenom i den svenska brottsstatistiken.

Nästa fråga blir då möjligen om de dömda var kända hustruplågare, misshandlare eller fyllbultar som var till förtret för sin omgivning. Sådana misstänkta fall finns visserligen i materialet, men då hamnar de i den kraftigt underrepresenterade gruppen gifta medelålders män.

Den i särklass största gruppen dömda män befann sig i åldern 15–19 år och den näst största åldersgruppen var 20–24 år, tillsammans utgör dessa två åldersgrupper mer än 60 procent av de dömda.

Vår tidelagsman är alltså en tonåring eller yngling. Nästa fråga blir då vilken grupp i samhället han tillhörde.

Mer än hälften av tidelagsynglingarna tillhörde gruppen "drängar" och var således ogifta bönder. Den näst största gruppen är soldater och därefter sprider sig statistiken ner till "gossar" och vidare till så små grupper att de inte får någon statistisk innebörd, exempelvis fjorton pigor, fyra änkor, sex borgare, sex kyrkvaktmästare eller klockare, sex krögare och så vidare. Närmast självklart lyser adeln med sin totala frånvaro i statistiken och prästerna fick bara med två representanter.

Tidelagsbrottet var alltså en lantlig form av kriminalitet, koncentrerad kring i stort sett samma fäbodskultur som häxeribrottet. Den typiske tidelagsmannen var en tonåring mellan 15 och 19 år, med gott förstånd, hyggligt anseende utan att behäftas av några elaka rykten, ostraffad och av bonde-, torpar- eller soldatsläkt.

Tidelagsbrottet var således sin tids allvarligaste form av ungdomskriminalitet. Och eftersom brottet ökade år från år fick överheten grubbla åtskilligt över orsakerna. De flesta pojkar som ställdes inför rätta förhördes tämligen ingående om hur de kunnat hamna i denna synd vid så unga år då, menade man, sexualiteten ännu inte var en del av det mänskliga livet. Pojkarna berättade en efter en hur de sett djuren bestiga varandra och hur de hört andra pojkar viska och skvallra om saken. När Jonas Eriksson, tolv år, bekände inför tinget i Torstuna nekade han till att han någonsin sett människor i akten men "hade sedt båckarna så giöra". Och på samma sätt svarade tioårige Lars Larsson inför Bällige ting när han fick frågan om hur ett barn kunde drabbas av en sådan frestelse; när djuren släpptes ut på våren hade han sett en stridslysten hingst bestiga ett sto.

Ibland tycks pojkarna ha varit fullkomligt aningslösa om de fruktansvärda konsekvenser deras lek kunde medföra. När Anders Larsson och Pär Andersson, bägge tolv år, körde gödsel tillsammans sommaren 1707 turades de om att ha tidelag med märren två gånger var under arbetets gång.

Vad vi ser, åtminstone med dagens ögon, är pubertetens oroliga sexualitet i kombination med ett samhällssystem som inte ger den något som helst legalt utlopp för unga människor, också onani var ju förbjuden. Och till detta allt tissel och tassel och, inte minst, den extra spänning som faran medförde. Alla offentliga processer och avrättningar tjänade dessutom som en ständig påminnelse om att det fanns sex på nära håll, som visserligen var farligt för utövaren om han åkte fast men som knappast kan ha blivit mindre intressant av just den anledningen.

Denna tankegång om exemplets makt, som liknar dagens diskussion om huruvida videovåldet gör ungdomen mer brottsbenägen, var ingalunda främmande för 1600-talets svenska överhet. Med tiden kom man att ompröva tanken på att avskräckningen med offentliga rättegångar och avrättningar var det viktigaste medlet i brottsbekämpningen – den stigande brottsstatistiken talade ju för motsatsen. 1726 förordnade ett kungligt brev om inskränkningar i offentligheten vid tidelagsmål. Och den linjen fortsatte med ett senare beslut om att tidelagsrättegångar skulle hållas inför lyckta dörrar, eftersom framför allt ungdomar annars riskerade att "så wäl af missgiärningsmannens, som witnens berättelser, inhemta kunskap om the, wid sådan styggelses bedrifwande, förlupne omständigheter hwarigenom, och tå the få höra thet, som them tilförne warit obekant, syndig lusta hos them uppwäckas kan".

Det är denna överhetens strategi, att undan för undan skärpa diskretionen kring brottet som, tillsammans med domstolarnas allt större ovilja att döma självangivare, till slut får vågen av tidelagsbrott att ebba ut. Efter 1778 har ingen avrättats för tidelag, dödsstraffet avskaffades formellt 1864 och sedan dess befinner sig brottet i glömska ända fram till 1944 när det avskaffades.

Återstår frågan om statens roll för den drygt hundraåriga vågen av tidelagsbrott. Var massavrättningarna en metod för den framväxande statsapparaten att uppfostra medborgarna till insikten om var makten fanns?

Det är en ständigt återkommande förklaringsmodell som syftar till att få det till synes obegripliga att framstå som visserligen grymt men ändå som en medveten realpolitisk tanke. Samma förklaring brukar dyka upp när det gäller häxprocesserna.

Men fakta är svåra att få ihop med den förklaringen. Och det är ingen tvekan om att "statens" ursprungliga motiv för att belägga bland annat tidelag med dödsstraff var religiöst snarare än politiskt. Karl IX, som genom sitt initiativ att göra Bibelns drakoniska straffbestämmelser till gällande lag gav upphov till massavrättningarnas tidevarv, förklarade i ett brev till allmogen i Memmings härad i Östergötland år 1606 varför en tidelagare måste straffas hårt "så frampt wy icke wela uppå oss draga gudz vrede och samka uppå oss stoor landzplågor, som gud plägar straffa både land och folch medh när sådhana missgiärningar warde förskohonade". Med andra ord, om inte syndaren straffades så skulle Guds hämnd drabba hela landet.

Men Karl IX betonade också ett andra motiv för dödsstraffet, nämligen omsorg om syndaren själv. Ty, menade han, det är bättre att kroppen lider och straffas androm till varnagel än att själen utan återvändo sänds till helvetet. Den tanken stod sig genom hela 1600-talet, att syndaren kunde bekänna, få syndernas förlåtelse och därefter komma direkt till himlen utan att behöva passera katolikernas skärseld. Dödsstraffet var alltså avsett också som en omtanke om syndaren, liksom tortyren senare i häxprocesserna var själavård snarare än rättsmedel för att få fram bekännelse som bevis.

Det tog lite tid för tidelagsbrottet att komma igång på allvar från det att Karl IX år 1608 infört Bibelns straffbestämmelser som gällande svensk lag. Kunskapen om de sexuella syndernas förfärlighet och därmed höga straffvärde måste först predikas i kyrkorna ett par decennier. Men när utvecklingen väl tog fart kring 1635 pekar de statistiska kurvorna brant uppåt från något tjugotal mål om året kring 1640 till närmare ett hundratal i slutskedet efter 1745. Under hela denna tid finns märkligt nog bara en kort period med vikande tendens för tidelagsbrottet – under häxornas högkonjunktur 1668–75.

I början av tidelagsperioden var "statliga" initiativ för att få igång en tidelagsprocess ganska vanliga. Det var folk som togs in för att förhöras om något "rykte" och därefter fick värja sig bäst de kunde. Men redan från början var angiveri det vanligaste upphovet till rannsakning för tidelag. Och mot slutet, en bit in på 1700-talet när myndigheterna började få nog, blev självangivelser den näst vanligaste orsaken till en tidelagsprocess.

Någon statlig uppfostran av befolkningen för att bryta ned en positiv inställning till tidelag var det aldrig frågan om, brottet sågs hela tiden med allmän avsky.

Den uppmärksamhet som skapades kring alla offentliga avrättningar, rättegångar och kroppsstraff och påtvingade bekännelser i kyrkan skärpte förstås intresset för brottet liksom allmänhetens vaksamhet när det gällde att upptäcka det. Och lika ohyggligt pinsamt för brottslingen som pikant spännande för omgivningen måste det ha varit att se syndaren komma in i kyrkan, avdelas en pall som särskild ståplats och därefter svara på frågan:

"Bekänner du att du haver bedrivit tidelag och denna och dina andra synder Gud den allrahögste svårligen förtörnat, denna kristliga församling högeligen förargat och ditt samvete jämmerligen besvärat?"

Kyrkan var, inte minst genom den ständigt inhamrade tesen att den som inte angav en syndare själv blev delaktig i synden, den viktigaste kraften bakom angiverierna. Och angiveri var således under hela perioden det viktigaste skälet till att en misstänkt syndare släpades inför rätta. Det var också det kyrkliga budskapet om hur lyckligt man kunde dö på stupstocken – förutsatt att bödeln var någorlunda nykter – som fick antalet självangivare att öka ända upp till en femtedel av de rannsakade.

Men då först tröttnade överheten på alla dessa "onödiga" självangivelser, inskränkte rätten att döma sig själv och beordrade kyrkan att behandla brottet mer som en själavårdsfråga i största allmänhet utan att dra in domstolarna.

Det var således med tidelagsbrottet som med häxprocesserna mycket mer det kristliga folket självt som låg bakom det stora antalet avrättade än någon överhet i politisk mening.

2. Men homosexuella kom undan – eller fanns inte?

Om man med utgångspunkt från tillståndet i nutiden skulle gissa över konsekvenserna av att införa Bibeln som strafflag vad gäller "synd mot naturen" så vore rimligen homosexualitet det brott som skulle skörda flest dödsoffer. Möjligen näst onani, men det brottet vågade inte ens Karl IX belägga med dödsstraff.

Därför är det minst sagt överraskande att det bara finns ett tjugotal redovisade rättsfall som gäller homosexualitet under hela 1600- och 1700-talen. Än märkligare kan det te sig att 1734 års lag, det första sammanfattande och moderna lagverket i svensk historia, helt saknar bestämmelser om homosexuell brottslighet. Att förklaringen till det inte är att söka i någon tidens tolerans mot sexuella avvikelser torde dock framgå av ovanstående berättelser.

Sverige hamnar här i en märklig motsatsställning till förhållandena nere på den europeiska kontinenten. Där nere fanns inga tidelagare. Men homosexuella fanns det.

Under 1400- och 1500-talen inleddes en omfattande rättslig förföljelse mot homosexuella i Spanien, där man kallade synden för "den italienska", och i Italien, där man kallade synden för "den spanska". På 1600- och 1700-talen inleddes omfattande kampanjer i England och Holland. Jakten på homosexuella i just Holland fick drag av häxpanik mellan 1730 och 1752 då omkring 500 män rannsakades för homosexbrott och ett sjuttiotal avrättades.

Mot den bakgrunden ter sig den jämförelsevis obetydliga förföljelsen i Sverige, men även i Danmark och Norge, som något gåtfull. Periodens språkbruk var fyllt av mustiga skällsord med laddning av skam eller sexualitet. Förutom att man kunde förolämpa varandra med att använda ord som tjuv och skälm, eller anspela på någons vana att dricka tillsammans med bödeln, eller att han var en hudavdragare på hästar – föregångare till 1800-talets "flåbuse" – kallade man varandra förstås koridare, hästknullare (märeknipsare), horbock, bytjur, märrfitta eller hundfitta, ynkrygg eller komjölkare. Men ordet bög, eller ens något ord med sådan innebörd, är märkligt frånvarande bland skällsorden.

Låt oss dröja något vid epokens enda egentliga homosexhärva, som det skulle ha hetat på senare tiders tidningsprosa. År 1719 ställdes kaptenen Johan von Hoen inför rätta, anklagad av ett stort antal av sina underlydande soldater. Inför processen vidtogs en hel del försiktighetsåtgärder för att väcka så lite uppmärksamhet som möjligt. Kaptenen och hans likaledes arresterade soldater fördes till Stockholms södra stadshus där de hölls fängslade under processen. Fångvaktare och andra rättsbetjänter tvingades svära tysthetsed om sådant de kunde komma att höra under förhandlingarna. En del av de soldater som anmält sin kapten dömdes som delvis skyldiga själva, bland annat för det oförsiktiga yttrandet att kaptenens förehavanden faktiskt berett dem ett visst nöje. Men i stället för gatlopp, ett i högsta grad offentligt straff och det som framför allt var krigsmaktens straff, dömdes de till ensamcell på vatten och bröd och bibelläsning i tre veckor.

Kapten Johan von Hoen dömdes först till döden men benådades, möjligen därför att han var adlig, till en månads fängelse på vatten, bröd och bibelläsning, för att därefter landsförvisas i tysthet med förbud att någonsin återkomma till riket.

Så långt är de rättsliga åtgärderna och processen fullt begripliga. Året var alltså 1719 och vi befinner oss då i senare delen av den dystra period när den svenska synden var belagd med dödsstraff. Överheten hade börjat byta taktik och trodde allt mindre på det offentliga dödsstraffets avskräckande effekt utan började tvärtom anse att all form av offentlighet riskerade att sprida synden ytterligare.

Två fångar som 1734 dömdes på Marstrands fästning för den onämnbara eller i vart fall namnlösa synden, eller som domstolen motiverade sitt dödsstraff, "synden som i vårt rike är stum och okunnig", avrättades diskret en tidig morgon. Och i stället för att bränna deras kroppar lät man gräva ned dem på avrättningsplatsen. Samma procedur upprepades senare med ytterligare två fångar.

Taktiken var direkt lånad från ett förslag från Svea hovrätt om hur man skulle gå till väga för att utrota tidelagssynden ur riket. Tanken var att så snart denna namnlösa synd blev känd skulle den väcka lust och nyfikenhet och sprida sig på samma sätt som tidelagsbrottet hade gjort.

Det är också denna tystnadens taktik som kan förklara att 1734 års lag inte innehåller några bestämmelser om homosexualitet. Förvisso dömdes enstaka homosexuella även i fortsättningen till döden i all diskretion. Men då tillämpades helt enkelt bestämmelserna om tidelagsbrottet.

Försiktighetsåtgärderna kring kapten Johan von Hoens process är således inte särskilt märkliga mot bakgrund av överhetens vilja att tysta ihjäl brottet.

Men desto konstigare ter sig de inblandades förvirring och oförmåga när det gäller att förstå själva brottet. Sjutton soldater och en trossdräng hade skriftligen anmält sin kapten. Men i anmälan, som i den fortsatta handläggningen, saknas konkreta beskrivningar om vad kaptenen egentligen gjort sig skyldig till. Någon term som sodomi eller liknande nämns inte, det heter att kaptenen "hasslerat" sina underlydande. Eller att han "gjort oss fattige soldater mycket illa". Trots att detta pågått i åtta år hade ingen tidigare tagit något initiativ till anmälan, antagligen för att man inte förstod brottet. Soldaterna beskrev också kaptenens närmanden som att de "inte kunnat förstå vad sådant hade att betyda" även om de insåg att "något var galet" och att de därför kände sig illa till mods. Somliga hade dock klart för sig att det handlade om något som var syndigt och fult.

Men kaptenen själv höll inte sitt beteende för att vara någon synd och påstod att han inte ens kände till att det var förbjudet i Guds lag.

Kaptenens åberopade rättsvillfarelse kan naturligtvis ha varit en undanflykt, men det är i så fall ändå märkligt att han efter att "Guds lag" gällt i över hundra år i riket inte drar sig för att spela okunnig. I Bibeln är saken kristallklar:

"Om en man ligger hos en annan man som man ligger hos en kvinna, så gör de båda en styggelse. De skall straffas med döden, blodskuld vidlåder dem." (Tredje Mosebok 20:13)

Otänkbar är ändå inte kaptenens villfarelse eftersom en samtida präst vid namn Jacob Boëthius i Mora aningslöst skriver i sina syndabekännelser från 1707 "att en kättjans okynne" fått honom att om nätterna "hantera unga piltars hemliga lemmar" då de legat i hans säng. Det bekymrar honom visserligen, eftersom han för in saken i sina syndabekännelser. Emellertid var han betydligt mer ångerfull när det gällde sitt eget onanerande och att han legat "okyskt" med sin hustru (möjligen i en förbjuden ställning således) och att han en gång genomfört något som måste uppfattas som ett avbrutet samlag med henne.

Såväl rättens som de inblandades handfallenhet vid målet mot Johan von Hoen ter sig desto märkvärdigare när man jämför med de andra syndabrotten som införts samtidigt med sodomi. Vad gäller framför allt tidelag och trolldom ledde ju införandet av Guds lag till formliga epidemier. Inte så med homosexualitet.

Ändå hade dödsstraffet tillämpats tveklöst och offentligt redan från början av 1600-talet. 16-årige drängen Olof Nilsson dömdes 1629 att brännas levande för att ha våldtagit en åttaårig pojke under knivhot. Två kyrkoherdedrängar dömdes 1655 av Åbo hovrätt till halshuggning och efterföljande bål för den synd de utövat med varandra. Och så sent som 1680 halshöggs och brändes en ung dräng i Älvdalens härad i Värmland för att han "utnyttjat en nioårig pojke som kvinna".

Först 1713 förordnade ett kungligt brev att kroppsstraff för denna synd skulle äga rum i avskildhet, att förlåtelse skulle utdelas i hemlighet i sakristian och att fången därefter skulle föras diskret till tre års vistelse på Marstrands fästning – för "försök" till homosexuell gärning.

Men denna myndigheternas något senkomna taktik att undvika "förargelse" och spridning av homosexualiteten riktar sig ändå mot det enda syndbrott som faktiskt inte hade blivit populärt bland allmogen eller förlett ungdomen. Den folkliga okunnigheten om homosexualitet tycks hur man än vrider och vänder på saken ha varit monumental med vår tids perspektiv.

Riktigt så förhöll det sig dock inte bland den högsta överheten. Den franske generalen Francisco de Miranda som gästade Stockholm på Gustav III:s tid skriver 1787 i sina dagboksanteckningar om hertiginnan och kungens svägerska Hedvig Elisabeth Charlotta att hon var "en mycket älskvärd kvinna, ung och ser bra ut – synd bara att hon är begiven på Trip, som man säger, men det är inte att förundra sig över då nästan alla hovmännen här sägs vara Ped (männen äro Pederastas och kvinnorna Tribadas, säger man här)".

Hertiginnan själv har lämnat dagboksanteckningar efter sig som – åtminstone när det gäller männen – otvetydigt bekräftar den franske generalens iakttagelser om sederna på Drottningholm: "Det levnadssätt som förs här är verkligen så skandalöst som möjligt – – – det är i alla fall inte operaflickornas högljudda munterhet som för närvarande är det mest stötande, utan oanständigheterna rör sig i synnerhet på ett annat område som blygsamheten förbjuder mig att ens nämna. Man har alldeles ändrat smak här i landet och tycks vilja införa de italienska sederna."

Vid den här tiden är idén om likhet inför lagen förvisso ännu inte tillkommen. Men det är onekligen en tankeväckande bild man får av ett aristokratiskt hovliv i full färd med att ägna sig åt sådant som de enligt gällande lag skulle ha halshuggits och bränts på bål för – om de tillhört något av de lägre stånden. Ur teologisk synvinkel var dock brottet lika stort om det begicks av en adelsman vid hovet som om det begicks av en dräng ute på landet. Få prästmän skulle dock – om de till äventyrs snubblat över kunskap om saken – ha dristat sig till att på något sätt försöka tillrättavisa det högsta ståndet på denna punkt.

Mot de avancerade italienska sederna vid hovet står således den folkliga omedvetenheten om ens existensen av homosexualitet i bjärt kontrast. Eftersom det inte ens fanns ord för saken måste en utövare av homosexualitet gå ganska långt innan det kunde bli rättssak. Det illustreras exempelvis i målet mot drängen Arvid Andersson som under hela sitt vuxna liv antastat ynglingar utan att ställas till ansvar. Det var först när samtalsämnet råkade komma upp vid en slåtter och det visade sig att alla män i arbetslaget hade erfarenhet av Arvids närmanden som det blev uppståndelse och rättssak.

Av de antastade männens vittnesmål framgår samma osäkerhet och förvirring som bland kapten Johan von Hoens soldater. Bristen på termer är påfallande, det blir ånyo "tokeri" och "galenskap" eller ordet "hasslera" som är synonymt med att retas eller sätta åt någon. Det homosexuella beteendet framstod som obegripligt.

Det leder till slutsatsen att den statliga preventiva diskretionen kring brottet hade betydligt mindre effekt än den folkliga omedvetenheten om det. Sanningen tycks helt enkelt vara att homosexualitet var ytterst ovanligt.

Dessvärre är det ett i våra dagar kontroversiellt konstaterande. För enligt den mest accepterade nutida uppfattningen om homosexualitet föds i varje samhälle och varje politiskt läge en given kvot människor som homosexuella, en del hävdar fem procent, andra tio procent eller mer.

I så fall blir blott 20 rättsfall rörande homosexualitet under två sekler omöjligt att förklara. Visserligen måste denna torftiga brottsstatistik innehålla ett visst "mörkertal" – det är rimligt att anta att de flesta homosexuella närmandena inte lagfördes. De var oklara till sin innebörd, man visste inte vad man skulle anmäla, förövaren var kanske husbonde eller som Johan von Hoen officer eller socialt överordnad. Men om mellan fem och tio procent av befolkningen fötts homosexuell hade kunskapsläget svåremotsägligen varit ett annat.

Den motsatta förklaringsmodellen vad gäller homosexualitetens "natur" är att det är samhället som formar det sexuella beteendet. Kort sagt, finns inga homosexuella så blir man det inte själv.

Försiktigt uttryckt ligger det utanför ramen för det här reportaget att gå så mycket längre in i den diskussionen och ställa till bråk och ilska i en fråga som för mina utgångspunkter just nu trots allt är en sidofråga. Men att sexualiteten i alla dess former ändå styrs av samhällets omgivande normer och kultur får vi ofta illustrerat i dagens kriminaljournalistik. Inte minst den skadeglada uppståndelse som hedersmord bland invandrarminoriteter från Medelhavsområdet åstadkommit visar på konflikten mellan sexualitet och politisk eller kulturell norm. Sociala och politiska normer påverkar all sexualitet.

Ett nutida tonårsparty i en villaförort vilken som helst skandinavisk sommarnatt skulle ha lett till ett stort antal dödsstraff på den tiden "Guds lag" gällde som rättesnöre.

3. Och flest kvinnor avrättades för barnamord

Om man räknar efter i Svea hovrätts dödsdomar från 1654 (då alla dödsdomar i fortsättningen skulle underställas hovrätten) och fram till 1756 är det ingen tvekan om att våldsbrotten belägger förstaplatsen och då som nu i huvudsak handlar om manliga gärningsmän.

På andra plats kommer sexualbrotten utom tidelag och med det avses olika former av utomäktenskaplig heterosexuell förbindelse.

På tredje plats kommer tidelag. På fjärde plats barnamord och på femte plats trolldom, häxprocesser.

Dubbelt så många kvinnor avrättades för barnamord som för trolldom och kvinnornas andel i sexualbrotten är av naturliga skäl omkring hälften.

Under perioden ökade tidelag mest, med flera hundra procent. Näst största ökning hamnar på barnamord med omkring 50 procent. Våldsbrotten ökar visserligen något men inte så dramatiskt att man måste grubbla över förklaringar. Något märkligt kan det i förstone synas att sexualbrotten *minskade* med ungefär en fjärdedel under samma tid. Men då skall vi hålla i minnet att den här grovhuggna statistiken bara handlar om sådana brottslingar som straffades med döden.

Det var således inte själva synden som minskade när det gällde olika former av olaglig men frivillig sexuell samvaro mellan parter som inte var gifta med varandra. Det var helt enkelt så att hovrätten efter 1655 slutade att döma till döden för lönskaläge (två ogifta parter) och enkelt hor (ena parten gift) för att man eljest fruktade alltför stora förluster bland de lägre stånden.

Barnamord var ett lika exklusivt kvinnligt brott som tidelag var ett manligt. Eftersom brottet nästan uteslutande handlar om att döda sitt eget barn omedelbart efter födseln, eller fosterfördrivning, är barnamordet att se som en form av sexualbrott. Det ovälkomna barnet var följden av en otillåten förbindelse och det var det brottet, och den sociala utstötningen och skammen, som barnamörderskan försökte undslippa.

En del jurister och till och med präster förde från slutet av 1600-talet ett resonemang om att det fanns ett samband mellan barnamorden och den "uppenbara kyrkoplikt" (att bekänna i kyrkan inför hela församlingen) som alltid utdömdes i fall av lönskaläge och hor. För att undvika den ohyggliga skammen, menade man, drevs många kvinnor att dölja sitt havandeskap in i det sista och sedan försöka göra sig av med barnet när det föddes. Att döda sitt eget barn var en form av hedersmord.

Även om barnamord är det enskilda brott för vilket flest svenska kvinnor har dömts till döden har den akademiska vetenskapen visat ett påtagligt svalt intresse för saken, i all synnerhet om man jämför med häxeriet. Därför finns få vetenskapliga arbeten som utreder förhållandena kring brottet.

Dock finns en undersökning av barnamörderskor i Västernorrland 1861–90 som visar att de dömda eller misstänkta kvinnorna i regel kom från torpar- eller bondefamiljer. De levde inte i äktenskap när de blev med barn och ungefär hälften av dem hade tidigare fött barn och därför mist sin tjänst som piga, tvingats flytta och försörja sig på tillfällighetsarbeten. Genomgående lyser barnafadern med sin frånvaro.

Skammen och rädslan för att mista sitt arbete var det vanligaste motivet som kvinnorna uppgav.

Men det var alltså under senare delen av 1800-talet. Det finns starka skäl att anta att skammen och rädslan måste ha varit ännu mycket större på 1600- och 1700-talen, eftersom ett utomäktenskapligt barn samtidigt var bevis på ett begånget brott som dels skulle leda till offentlig syndabekännelse i kyrkan, dels kunde straffas mycket hårt. Den tidens tankevärld innebar lika mycket status och anseende för den gifta kvinnan när hon födde barn som vanära för den ogifta. Utomäktenskapliga förbindelser var således ett hot mot den gifta kvinnans monopol på både sexualitet och barnafödande, så den kvinna som blev med barn utom äktenskapet hade sannerligen inget förskonande att vänta från sina medsystrar.

Inte från lagen heller. Barnamordet sågs av överheten, liksom tidelaget, som ett samhällsfarligt brott (tidelaget på grund av risken för demonisk avkomma) och därför var det fortfarande i 1734 års lag ingen tvekan om den hårdhet med vilken brottet måste bemötas:

"Kona som av olovlig beblandelse varder havande och det ej uppenbarar förr födslen, söker enslighet vid själva födslen, och därefter lägger fostret å lönn; hon skall halshuggas och i båle brännas, evad hon föregiver (även om hon påstår) fostret vara dött fött eller ej fullgånget."

Det hjälpte alltså inte att hävda att barnet var dödfött. Om den misstänkta inte kunde bevisa den saken – hur nu det skulle ha gått till – så skulle hon obönhörligt halshuggas och brännas.

Något liknande krav på omvänd bevisbörda ställdes inte på den gifta kvinna som påstod sig ha legat ihjäl sitt barn i sängen, en alls inte otänkbar form av primitiv barnbegränsning. Skälet

183

är enkelt. I den gifta kvinnans situation fanns inte risken att förlora sin heder och inte den oerhörda ångesten inför vad ett horerimål skulle föra med sig.

Att barnafäderna för det mesta höll sig undan från det rättsliga efterspelet till att ha gjort en ogift barnamörderska havande sammanhänger för deras del förstås med rädslan för konsekvenserna. Även om de inte dömdes som delaktiga i själva barnamordet så väntade rannsakning för horeri. Visserligen hade de alltid möjligheten att neka och senare på 1800-talet kunde man svära sig fri från faderskap inför tinget.

En ovanlig historia med något så extremt ovanligt som lyckligt slut inträffade dock i Lindes Bergslag, Örebro län år 1663.

Karin Eriksdotter anklagades för att, efter ihärdiga löften om framtida äktenskap, ha låtit sig lägras av drängen Erik. Hon blev med barn, och det dolde hon för alla utom Erik. Vid födseln hade hon inte förvissat sig om att barnet haft liv utan låtit det ligga orört i hennes säng i åtta dagar då det började stinka och hon bar ut det och försökte gömma det i en annan stuga där det förstås hittades.

Alla rättsliga kriterier var nu uppfyllda för att utan prut döma henne till yxa och bål.

Men drängen Erik bad för henne och bekräftade inför rätten sitt äktenskapslöfte och svor på att gifta sig med henne om hon benådades. Rätten lät sig bevekas och fick ett akut anfall av medmänsklighet som inte förefaller ha varit särskilt vanligt vid denna tid. Karin Eriksdotter friades från anklagelsen om barnamord – på villkor att äktenskapslöftet från Erik infriades – och kom undan med tvångsbekännelse i kyrkan utan att ens piskas vid kyrkoporten.

I en tid när varje otrohetstillbud på den svenska landsbygden innebar ångest och risk för de mest förfärliga påföljder, i värsta fall döden, var dock förhållandet för rikets aristokrati jämförelsevis lättvindigt. Om detta finns mycket lustigt att berätta, här dock bara två pikanta historier.

Gustav Adam Banér var onekligen en slarver, känd för att inte riktigt kunna skilja på hovstallarna där han förde befäl och hovsalongerna. Dock var han son till den berömde fältherren Johan Banér och upphöjdes kanske mest därför till grevligt stånd 1654.

Han gjorde sig snart känd som "Dulle-Banéren" (dulle betyder stolle) men gifte sig naturligtvis så som börden bjöd med Katarina Lilie som var dotter till fältmarskalken Axel Lilie. Äktenskapet blev snart söndrigt, möjligen därför att det inte var så mycket mer än ett resonemangsäktenskap. Så långt ingenting konstigt eller för tiden ovanligt.

Dulle-Banérens tilltag att öppet och demonstrativt flytta hem till en annan adelsfröken, Maria Skytte, väckte dock visst uppseende. Enligt den lag som tillämpades med konsekvent stränghet ute i landet var nu Dulle-Banéren skyldig till enkelt hor och skulle enligt lagens bokstav ha dömts till kyrkoplikt och offentlig piskning, eftersom Svea hovrätt just vid denna tidpunkt i praktiken avskaffat dödsstraffet för enkelt hor.

Men om något sådant blev det naturligtvis inte ens tal. Dulle-Banéren levde vidare i hor tills hans lagvigda hustru dog och han trots bittra arvstvister med sin svärfar Axel Lilie ärvde henne. Varefter han gifte om sig med sin älskarinna efter att således ha levt i grav brottslig synd minst ett decennium.

Skandalernas skandal stod dock Axel Lilies son Gustaf för. Hans goda anor förde också honom till hovet där han gjorde snabb karriär och blev en favorit hos änkedrottningen Hedvig Eleonora.

Emellertid fanns en ung vacker kvinna vid hovet som skulle bli hans fördärv. Det var Karl XI:s kusin, prinsessan Juliana av Hessen-Esschwege. Gustaf Lilie började uppvakta henne med glödande kärlekspoesi. Dessvärre stannade hans uppvaktning inte vid poesi.

En vacker dag när prinsessan Juliana var ute och spatserade i vagn tillsammans med den intet ont anande änkedrottningen födde hon plötsligt ett välskapt gossebarn inne i vagnen, mitt utanför slottet Makalös, Magnus Gabriel de la Gardies residens där också Julianas moster Maria Eufrosyne bodde.

Slutsatsen att det var kärlekspoeten Gustaf Lilie som var skandalens lede förförare var inte svår att dra. Änkedrottningen Hedvig Eleonora blev ursinnig – Juliana hade varit påtänkt som drottning åt Karl XI – och krävde det strängaste straff hon kunde tänka sig, att Gustaf Lilie skulle sändas utomlands med tillräcklig reskassa och att Juliana skulle dra sig tillbaka någon tid på lantligt slott. Brottet som de två hade begått var alltså lönskaläge för vilket lagen föreskrev bekännelse i kyrkan och offentlig piskning.

Ute på sin tillfälliga förvisning å lantligt slott tycktes dock Juliana inte ha tagit någon varning av det inträffade. I sin tjänst hade hon en holländsk köpmansänka Marchand som i sin tur hade en son i Julianas ålder som arbetade som sekreterare hos den holländske ambassadören i Stockholm. Den unge mannens besök hos sin mor blev allt tätare.

Kort sagt, 1679 födde prinsessan Juliana åter en utomäktenskaplig son. Den här gången ingrep överheten på så vis att de unga syndarna tvingades gifta sig samt att Karl XI upphöjde förföraren Marchand till friherrligt stånd under namnet Lilienburg. Det senare var helt enkelt ett rått skämt från kungens sida, eftersom den tidigare förföraren Gustaf Lilie, som för övrigt snart fick nåd från sitt landsförvisningsstraff, hade varit herre till – Lilienborg.

Horeri i de högsta adelskretsarna kunde alltså bestraffas med att bli upphöjd till friherre under fånigt namn. Dock var tanken att adligt lönskaläge skulle betraktas på samma sätt som när gärningen begicks av de lägre stånden och bestraffas sammalunda, lika omöjlig som… tja, som ett brott mot den gudomliga ordningen helt enkelt.

I ett protokoll från Göta hovrätt av år 1706 finner vi den absoluta kontrasten till prinsessan Julianas obekymrade skörlevnad. Pigan Kerstin Nilsdotter rannsakades för lägesmål med drängen Sven Persson. Brottet hade avslöjats genom att hon fått missfall. Men hon förklarade då att hon "hellre ville bekänna barnamord på sig, än lida den skammen att vara hora". En nåd som emellertid rätten inte unnade henne eftersom hon var oskyldig till missfallet. Men för Kerstin Nilsdotter var döden med yxa och bål lindrigare än förlust av hedern.

Under 1700-talet blev barnamord en allt vanligare metod att begå självmord, utvecklingen var alltså densamma som med tidelagsbrottet. Skillnaden var emellertid avsevärd rent praktiskt. Tidelag var ett brott som man kunde ljuga på sig, förutsatt att man inte kom dragandes med historier om björnar eller katter. Men för barnamord krävdes en konkret bevisad gärning om man ville ta livet av sig med lagens starka arm.

I ett mål från Stockholms Södra Förstads kämnärsrätt år 1740 redogörs för ett fall av äkta barnamord i självmordssyfte. Christina Johansdotter hade efter en pratstund med sin väninna skoflickarens hustru frågat om hon fick låna med sig väninnans barn för att visa upp det för en bekant från landet. Det fick hon. Men i stället för att visa upp barnet tog hon det till en huggkubbe och slog huvudet av det med två yxhugg.

Inför domstolen erkände hon att hon efter sin trolovades död hade varit deprimerad och sedan flera månader grubblat över självmord. Men om hon tog livet av sig skulle hon ju bli för evigt förtappad (och utan möjlighet till återförening med den älskade). Om hon däremot blev avrättad så skulle hon garanterat komma till paradiset.

Hon berättade också att hon för en tid sedan sett en kvinna halshuggas för barnamord och då önskat att hon vore i den avrättades ställe. Hon var ingalunda den enda barnamörderskan av denna självmordstyp som gav sig på andras barn och hon representerade ett växande problem på 1700-talet.

Avrättningens humanisering i början på 1600-talet när man inte längre skulle bränna delinkventerna levande var naturligtvis ett viktigt skäl till att alltfler självmördare började dyka upp bland såväl barnamörderskor som självangivna tidelagsmän. Men en ännu starkare orsak var att avrättningen garanterade salighet för själen och att procedurerna fick en alltmer högtidlig och sakral karaktär.

Avrättningarna förvandlades till högtidliga ceremonier. I Stockholm blev det vanligt att de dödsdömda och deras familjer införskaffade särskilt vackra avrättningskläder i vitt eller svart tyg utsirade med vackra band och broderier. Och man ordnade formliga religiösa processioner med häst och vagn och så många präster man kunnat städsla för följet ut till avrättningsplatsen vid Skanstull. Genom att dö på detta sätt blev man kändis åtminstone för en dag. Dessutom, och finast av allt, man fick en plats reserverad i paradiset och detta i en tid när de flesta människor gruvade sig, inte för döden i sig utan för att dö utan att ha hunnit med tillräckliga religiösa förberedelser.

Överhetens jurister kunde inte undgå att observera problemet. I värsta fall framkallade man till och med barnamord där enda syftet för mörderskan varit att komma till paradiset. Det fanns två möjliga reformvägar att gå. Man kunde söka hjälp hos den teologiska expertisen som inte borde haft överväldigande svårigheter att teoretiskt reda ut missförståndet och visa hur barnamord och självmord i själva verket ledde till helvetet och eviga kval. Men en sådan politik skulle antagligen bli svår, eller i vart fall långdragen, att genomföra. Befolkningen var redan förvissad om den goda sidan av dödsstraffet.

Man valde den andra vägen, att allteftersom göra dödsstraffet till det det ursprungligen var tänkt att vara, nämligen avskräckande. Fina kläder och ceremonier vid avrättningen förbjöds och i stället införde man skamstraff och kvalfulla kroppsstraff som preludier till själva bödelsyxan. Enligt en förordning från 1754 skulle sådana dömda som mördat som ett listigt sätt att begå teologiskt korrekt självmord ställas två dagar i rad vid skampåle på något av stadens torg med en tavla över huvudet där brottet beskrevs och därefter piskas offentligt. Till avrättningsplatsen skulle de sedan föras med förbundna ögon.

Gustav III fångade problemet i ett nötskal när han konstaterade att barnamörderskan inte var avskräckt av sitt straff, ty "den beredelse hon undergår, den medymkan, den besynnerlige art av blödighet och uppbyggelse som hos åskådarne uppkommer väcker icke någon avsky för brottet; tanken hålles endast vid dödssättet och den önskan höres icke sällan bland en gråtande menighet, huru lyckeligt det vore att så väl beredd kunna dö".

Problemet med de riktiga barnamorden avsedda som förtäckta självmord fick överheten rätt snabbt bukt med sedan man infört obehagliga dödsstraff. Problemet med barnamord i form av mord på sitt eget nyfödda barn varade in på 1900-talet. Det var en brottslighet som inte kunde regleras med lagar och mer eller mindre hårda straff utan bara med samhällets mycket långsamt förändrade syn på skammen hos den ogifta modern.

Hedersmord på egna barn kommer sannolikt för evigt att toppa den svenska statistiken när det gäller antalet avrättade svenska kvinnor.

VII

Om häxorna i Danmark, Norge, Finland, Estland och Island

1. I Danmark lärde sig häxorna aldrig flyga ordentligt

Också i Danmark är den stora häxpaniken en företeelse på 1600-talet. Märkligt nog kulminerade förföljelserna under just åtta år, precis som i Sverige. Mer än hälften av alla danska häxor avrättades mellan 1617 och 1625.

De medeltida danska lagarna fäster inte särskilt stort avseende vid trolldom och i vad mån brottet är beskrivet så handlar det precis som i svenska medeltidslagar om förgöring, maleficium. Ända långt in på 1500-talet behöll man denna konkreta definition av trolldomsbrottet. För att döma någon skyldig krävdes bevis för att den anklagade hade förgiftat annans boskap eller satt sjukdom eller i värsta fall död på sin ovän med hjälp av magi.

Men fortfarande på 1500-talet är trolldomsprocesser relativt sällsynta och hälften av dem som rannsakades frikändes. Det beror dels på att brottet var ett "civilmål" i den meningen att det krävdes en målsägande som sade sig ha blivit utsatt för en magisk gärning, dels på att lagarna förbjöd såväl tortyr som vittnesmål från jäviga personer eller medbrottslingar. Ingen enstaka person kunde få sin ovän bränd på bål enbart på sin egen utsaga, och barnvittnesmål förekom inte.

Men det är ingen tillfällighet att det är just på 1600-talet som de danska häxförföljelserna skjuter fart. Under hela det tidigare århundradet hade den intellektuella eliten i Europa utvecklat och förfinat sina teorier och påstått praktiska kunskaper om häxornas natur, och eftersom de europeiska häxförföljelserna pågick som intensivast i de protestantiska tyska småstaterna så blev den danska överheten oundvikligen influerad och utvecklade nya juridiska kriterier för trolldomsbrottet. I den lag som utfärdades 1617, och som blev startskottet för åtta års intensiv häxjakt, var det nya kriteriet djävulsförbund skjutet i förgrunden. En politiskt korrekt häxa var från och med nu en person som slutit förbund med Djävulen.

I Sverige hade just det ideologiska instrumentet passat som hand i handske med Blåkullalegenden – de häxor som förde barn till Blåkulla och dessutom bolade med Djävulen var naturligtvis skyldiga till djävulsförbund.

Men danska häxor flög aldrig till Blåkulla, över huvud taget var deras flygförmåga ytterst begränsad. Det finns enstaka historier om häxor som flugit till Troms i Nordnorge på Valborgsmässonatten men allmänt sett var danska häxor betydligt mer jordnära.

De bönder som vittnade inför domstolarna mot personer de ville se dömda som häxor var fullkomligt ointresserade av pactum diaboli och andra finesser som intresserade myndigheterna i Köpenhamn. De talade bara om olika former av förgöring. Konflikten mellan en folklig och en lärd kultur var stark och den teologiskt korrekta häxmodellen hann aldrig slå igenom på allvar i Danmark.

Danska häxors brottslighet var konkret och handlade till två tredjedelar om människas död (15 procent), människas sjukdom (30 procent) och boskaps död (20 procent). Märkligt nog har förgöringen bara i en procent av fallen riktat sig mot handel och näringar och lika lite på att fördärva öltillverkningen. Anklagelser om djävulsbesatthet i en eller annan form är ännu mer sällsynt. Mot barn riktade de danska häxorna inte sina dolska anslag och följaktligen förekommer inga barnvittnesmål i processerna.

Att förföljelserna tog omedelbar fart och kulminerade så fort överheten infört nya och strängare lagar för att sedan klinga av lika fort låter sig förklaras av att processen i Danmark var just "civilmål". De som kunde angripas i första hand var personer som sedan gammalt hade ett eller annat etablerat rykte om sig som gjorde anklagelsen trovärdig och också kunde provocera spontana vittnen att träda fram. Den något cyniska men svåremotsägliga förklaringen till att processerna började minska så drastiskt i antal efter de första intensiva åtta åren är således att de lämpligaste kandidaterna för häxerianklagelse då hade tagit slut.

Det danska källmaterialet är i alla avseenden sämre än det svenska och därför går det inte att få någon precis bild av hur den danska häxan såg ut. Men så mycket är klart att hon mestadels bodde på landet snarare än i någon stad och att hon tillhörde de fattigaste i befolkningen och att de som anklagade henne möjligen tillhörde de näst fattigaste.

De danska häxorna ingick enligt vad många av dem bekänt i en hemlig sekt som samlades vid kyrkorna under vissa av årets högtidsnätter, särskilt midsommarafton och Valborgsmässoafton. Där fick nytillkomna genomgå en initiationsrit bland de andra redan rekryterade häxorna efter att sällskapet dansat, eventuellt baklänges, tre varv runt kyrkan och blåst i nyckelhålet på kyrkdörren för att ta sig in. Därefter vidtog en omvänd mässa inne i kyrkan och, jämfört med förhållandena i Blåkulla, måttliga sexuella utsvävningar. Djävulen uppträdde vanligen i form av en svart hund.

En gammal kvinna från trakten av Randers berättade hur en

underdjävul, en "dräng", kommit till henne och lovat guld och gröna skogar om hon följde honom. Därefter red de – på vanlig häst på marken – till kyrkan i Vammen varvid "drängen" sparkade upp kyrkporten och gick fram till altaret med sin rekryt. Där fick hon avsvärja sig kristendomen och Guds Moder.

En dylik bekännelse kan inte ha fallit det protestantiska prästerskapet på läppen, detta är sannerligen inte en ideologiskt korrekt häxa som dels uppträder inne i kyrkan tillsammans med Djävulen, dels avsvär sig den katolska Jungfru Maria.

Det tycks bara vara sådana häxor som förhörts ingående och av teologisk expertis som bekänner mer lämpliga ting.

Den mest berömda häxan är Maren Spliids från Ribe, bränd 1641. Processen mot henne var kontroversiell och inflytelserika personer i Ribe ville få henne friad. Av det skälet drog processen ut på tiden och hon fördes slutligen till Köpenhamn för att examineras av expertis. Efter någon tids hårdhänt behandling erkände hon enligt den vanliga danska modellen med besök i kyrka där hon blåst genom nyckelhålet och då kommit i kontakt med Djävulen i form av en röd hund. Men hennes bekännelse innehåller också en del teologiskt mer sofistikerade detaljer, som att hon varje gång hon tog nattvarden stal oblaten för att senare kunna vanhelga den.

Det är inte känt exakt vilka av Danmarks teologer som var med om att formulera hennes bekännelse, men hennes uppgifter förefaller inspirerade av Själlands biskop vid den här tiden, Jesper Brochmand, som var en ivrig häxjägare. Han hade i sitt lärda arbete, *Universae theologiae systema*, livfullt beskrivit hur häxorna, åtminstone i Tyskland, färdades med vidunderlig fart flygande genom natten och hur de höll häxsabbat med orgier. Men de danska häxorna lärde sig ändå aldrig riktigt att uppträda som den teologiska expertisen förväntade sig av dem utan höll sig envetet till sin skadliga och konkreta brottslighet, sådant som fick grannar och andra människor att processa mot dem.

Svårigheten för danska häxor att uppträda politiskt korrekt kan se ut som en drastisk motsättning mellan folkliga legender och teologisk vetenskap sådan den formulerades av biskopen Jesper Brochmand. Men förklaringen till de danska häxornas ovilja att uppträda i enlighet med gällande dogmer på 1600-talet kan vara mer intrikat än så. Danmarks ledande teolog under den föregående epoken, under slutet av 1500-talet, var Niels Hemmingsen. Och han hade formulerat mycket bestämda, och delvis icke-lutherska, teorier om häxor. Han var fullt på det klara med att det fanns människor som sysslade med trolldom och kunde förgöra folk och fä, men han vände sig bestämt mot varje föreställning om att häxorna kunde flyga. Och inte heller hade han någon föreställning om djävulspakt och häxsabbat. Det är rimligt att anta att han med sitt stora inflytande över den generation präster som verkade i Danmark ännu i början av förföljelsen fortfarande fanns kvar som ett alltför stort ideologiskt hinder för att få prästerna att predika om hur häxorna flög och höll sabbat. Därför fick de moderna 1600-talsidéerna så svårt att få fäste i Danmark? Kanske. I annat fall är de danska häxornas avvikande beteende svårt att förklara.

Men den märkligaste danska avvikelsen från normalhäxan efter europeiskt snitt är inte den bristande flygförmågan – exempelvis engelska häxor kunde inte heller flyga – utan att de i stället för ett Blåkulla använde just kyrkorna som samlingsplats för sina jämförelsevis blygsamma orgier.

Man får utgå ifrån att de danska prästerna, oavsett om de var påverkade mest av Hemmingsen eller mest av Brochmand, i vart fall inte kan ha beskrivit den egna kyrkan som en trolig samlingsplats för Djävulen och hans häxor.

Däremot fanns Djävulen avbildad på många sätt i kyrkornas kalkmålningar i både spännande och moraliserande bilder. Han frestar högmodiga och okyska män och kvinnor, han hjälper häxor att tjuvmjölka och han plågar de fördömda i helvetet.

Så i brist på Blåkulla, vad skulle en stackars dansk häxa bekänna när det krävdes en utförlig berättelse om hur hon hamnat i ondskans garn?

Ungefär hälften av de häxerianklagade i Danmark bekände, vilket är som i Sverige. Ändå kan andelen erkännanden förefalla väl hög, eftersom de danska misstänkta inte behövde överväldigas av ett hundratal vittnesmål från barn och eftersom tortyr inte heller i Danmark var en vare sig officiellt tillåten eller ofta otillåtet använd metod.

Det fanns starka skäl att i det längsta vägra bekänna. I Danmark brändes häxorna levande, de spändes fast på en stege som vältes över bålet när elden tagit sig tillräckligt. En fasansfull död, således. Och det måste alla ha varit väl medvetna om.

En kanske något djärv förklaring till att så många bekände vore att de danska häxorna till skillnad från de svenska i högre grad faktiskt var skyldiga.

Skillnaden ligger i anklagelsens natur. De svenska häxorna anklagades för att ha flugit till Blåkulla med små barn och haft sex med Djävulen. De var således undantagslöst oskyldiga.

De danska häxorna anklagades däremot för att med någon form av hokus pokus ha försökt förgifta andra människor eller skada deras boskap. En sådan folklig magi förekom både i föreställningsvärlden och i sinnevärlden. Därmed kunde man i vissa processer presentera teknisk bevisning som beslagtagits hos den misstänkta, små tygpåsar med naglar, hår, torkade fladdermusöron och annat standardgods på den europeiska trollerirepertoaren. En viss andel av dem som dömdes för trolldom i Danmark – omöjligt att säga hur stor andel – var följaktligen skyldiga åtminstone till "försök" till trolldom. Idag skulle detta kallas "otjänligt försök" på juristspråk och därmed vara straffritt. Men på 1600-talet, när både överheten och folk i allmänhet var övertygade om att trolldomen fanns, bedömdes alla försök som seriösa.

På grund av bristande källmaterial är det omöjligt att säga hur många människor som brändes på bål i Danmark för häxbrottet. Eftervärldens mer exakta kunskaper gäller egentligen bara Jylland där det fördes 494 processer från 1609 till 1687. Merparten av dessa processer, 60 procent, ägde rum under de intensiva åtta åren mellan 1617 och 1625. Med tumregeln att hälften av dem som rannsakades för trolldom på Jylland som i andra delar av Europa blev frikända så skulle vi alltså få fram en siffra på omkring 250 avrättade häxor enbart på Jylland.

Vad det betyder för övriga Danmark är inte lätt att säga, men det är i vart fall alltför riskabelt att "räkna ut" det sammanlagda antalet genom att exempelvis bestämma hur stor del av befolkningen som bodde på Jylland i förhållande till övriga Danmark och därefter med resonemanget "allt annat lika" få fram en siffra. Gissa kan man förstås. Exempelvis att det var omkring 400 häxor som brändes i Danmark under hela den period som brottet existerade.

Häxprocesserna dog ut i Danmark på ungefär samma sätt som i Sverige. Mot slutet av 1600-talet började misstron sprida sig alltmer bland landets jurister och till och med teologer. Under de 30 följande åren efter 1656 avkunnades bara en enda dödsdom på Jylland, och på 1670-talet var det en allmänt resignerad folklig föreställning i Köpenhamn att domarkåren "stod på häxornas sida" varför det inte lönade sig att försöka få någon dömd för det brottet.

Den händelse som markerar slutet på de danska häxprocesserna ger också ett starkt intryck av att det fanns ett molande missnöje inom den juridiska eliten.

En ivrig häxjägare vid namn Jörgen Arenfeld till Rugård hade i kraft av sin lokala domarbefattning fått igång åtta samtidiga häxprocesser. På Rugård tillämpade han allehanda kontinentala bevismetoder med både vattenprov och nålstickning. Med vattenprov fastställdes om den misstänkta sjönk när man kastade henne bunden i vatten, i vilket fall hon skulle halas in. Om hon flöt, som alla människor gör om de håller andan, var hon bevisligen skyldig.

Med nålprovet kunde man utröna om den misstänkta hade någon fläck på kroppen där hon saknade känsel. Det vore i så fall bevis på att hon hade ett *stigma diabolica*, Djävulens märke som han märkte alla sina häxor med.

Orsakerna till Arenfelds häxgalenskap är inte kända, men konsekvenserna av hans nit blev samma trassel som uppstått på andra håll i Europa. Genom alltför intensiva förhör fick han fram ett växande antal namn på nya misstänkta häxor. Därmed kom systemet att övermättas och dessutom blev många av de nya misstänkta utpekade bland exempelvis prominenta borgare i Århus och Grenå.

Men en av hans favorithäxor som han avtvingat särskilt många utpekanden, Anne Sörensdatter, tog plötsligt tillbaka alla sina anklagelser och berättade att hon över huvud taget inte kände till de människor hon förmåtts att utpeka. Därmed blev saken förd upp till Höjesterett – där de misstänksamma juristerna väntade otåligt på att få sätta tänderna i Arenfeld – och Anne Sörensdatter frikändes för trolldom men dömdes till hudstrykning för sina lögnaktiga anklagelser.

Därefter började domarna i Höjesterett pedantiskt granska Arenfeld själv och hade med sin säkert goda vilja inte svårt att upptäcka graverande formella fel i hans handläggning. Bland annat upprördes man över att Arenfeld när han låtit gripa Anne Sörensdatter och hennes mor hade gått utanför sina befogenheter i ett eller annat formaljuridiskt avseende. Följaktligen passade Höjesterett på att ta ifrån Arenfeld hans domarämbete med hänvisning till hans, som det tydligen förefoll just då, grova tjänstefel. Samtidigt beslutades att alla häxerimål i fortsättningen skulle prövas av Höjesterett innan några domar verkställdes.

Därmed var det över. Skeptiker bland juristerna hade väntat

på rätt tillfälle för att få slut på häxgalenskapen. Och den häxgalne Arenfeld serverade plötsligt den möjligheten på fat. 1687 var häxförföljelserna slut i Danmark. En eftersläntrare avrättades 1695.

2. I Norge var häxorna nästan politiskt korrekta

I vår tid är två föreställningar dominerande som förklaring till häxprocesserna. Den ena modellen som vi skulle kunna kalla allmänfeministisk går ut på att häxprocesserna var en medveten och kollektivt organiserad manlig förföljelse mot kvinnor, vanligtvis i syfte att undanröja en övermäktig konkurrens från kvinnlig folkmedicin så att man kunde bana väg för en framväxande manlig och universitetsskolad medicinsk vetenskap, "skolmedicin". Den förklaringen har emellertid inget stöd inom historisk forskning och vetenskap utan är mer att se som en politiskt motiverad fundering från kulturjournalister.

Den andra förklaringsmodellen, som bland annat förs fram av Umberto Eco, säger att häxprocesserna var ett uttryck för den framväxande statens vilja att dressera befolkningen till lydnad och underkastelse. Det skedde i så fall i två led där överheten först fick ägna en god portion tid till att undervisa befolkningen i demonlära och de nya synderna och först därefter kunde sätta igång med avrättandet. Häxprocesserna var alltså enligt denna tankemodell ett resultat av de ännu på 1600-talet svaga centralmakternas behov av att etablera sin auktoritet.

I Norge avrättades ingen häxa under den katolska tiden före dansk och protestantisk överhöghet. Och Norge tycks i förstone passa rätt väl in på Umberto Ecos modell, för det är ingen tvekan om att häxprocesserna var ett resultat av överhetens mycket nitiska strävan att etablera såväl brottet som straffet när det propagandistiska förberedelsearbetet sköt fart i början av 1600-talet.

Men förhållandena mellan överhet och allmoge skiljer sig i ett avseende radikalt från det samtida läget i Danmark och Sverige. I Norge var överheten utländsk, nämligen dansk, och Norge var underkastat ett förhållande som i mångt och mycket liknar modern kolonialism.

Sedan slutet av 1300-talet var Norge och Danmark visserligen förenade i en personalunion, gemensamt kungahus, där de två rikena var relativt självständiga i förhållande till varandra. Men norska frihetssträvanden under tidigt 1500-tal ledde till att Norge efter 1536 kom att administreras som en underlydande provins och inte som något jämbördigt självständigt rike. Det kungliga råd som var landets högsta styresmakt besattes enbart med danska adelsmän och samma blev förhållandet med provinsguvernörerna, de så kallade *lensherrarne*. Därefter spred sig fördanskningen snabbt nedåt i förvaltningshierarkin så att också lokala domare och fogdar blev danskar. Och efter reformationen hade alla norska katolska präster bytts ut mot danskar som var utbildade i Wittenberg, eller något annat tyskt universitet, eller i Köpenhamn.

När Christian IV således införde sin moderna häxlagstiftning 1617 stod en hel dansk jurist- och förvaltningsbyråkrati beredd i Norge att effektuera de höga önskemålen. Det ledde med någon fördröjning till ungefär samma omedelbara topp i avrättningsstatistiken som i Danmark.

Så långt ser teorin om statens vilja att använda häxbränningar som medel att disciplinera undersåtarna ut att stämma. Särskilt om man är kvar i föreställningen att häxeri kom att bli det dominerande skälet för avrättning.

Men så förhöll det sig inte alls, i Norge lika lite som någon annanstans.

Under de norska häxornas högkonjunktur 1610–1660 när omkring 275 häxor avrättades var trolldom inte alls något dominerande brott. Endast fem procent av avrättningarna under denna tid gällde trolldom. Långt fler människor fick sätta livet till för stöld, blodskam, mord och hor.

Liksom Sverige har en egen specialitet i form av särdeles många avrättningar för tidelag har Norge en avvikelse i form av särskilt många avrättningar för blodskam (olika former av incest). Sodomi och tidelag är däremot ytterst ovanligt i den norska dödsstraffsstatistiken från perioden.

Om den danska staten strävade efter att genom drakoniska lagar stärka sin auktoritet så var det i vart fall inte med dödsstraff för just trolldom. Av de brott som toppar den norska dödsstraffsstatistiken är visserligen mord och barnamord sådana som skulle ha straffats hårt alldeles oberoende av vilken teologisk teori överheten för tillfället anammade. Dödsstraff för incest och hor är däremot lättare att placera in i den nya ideologi som svepte fram över de nordiska länderna från 1600-talets början. Också i Danmark och Norge hade synden kriminaliserats.

På samma sätt som i Danmark hade de norska häxorna till en början svårt att anpassa sig till överhetens krav och definitioner. Anklagelserna för diabolism, det vill säga förbund med Djävulen, fördes ivrigt fram av danska präster och fogdar. Men de enskilda anmälarna i lokalsamhället framförde aldrig sådana moderna anklagelser utan höll sig till påståenden om konkreta former av maleficium. Och de anklagade häxorna och trollkarlarna vägrade länge att gå med på annat än att de sysslat med vit magi.

Kloka gummor som blev anklagade för djävulsk synd slog ifrån sig och menade att vad de sysslat med var bot och hjälp åt grannarna, således raka motsatsen till synd. Men det behövdes inte många medgivanden inför fogdar och präster om själva tekniken med mystiska böneramsor och fladdermusblod för att det skulle passa in i överhetens förhärskande ideologi om otillåten magi som i sin tur bara kunde ha sitt upphov i ett eller annat förbund med Djävulen.

Prästerna var närvarande vid både förhör och tortyr – det är oklart i vilken utsträckning tortyr förekom, bara ett fyrtiotal fall är kända men antalet bekännelser gör att det ser ut som om bruket måste ha varit mer utbrett än så – och också i Norge brändes häxorna levande. Och de nitiska prästerna arbetade med sina handböcker i demonologi för att till slut pressa de förhörda att fylla i rätt facit.

Från predikstolar och tortyrkammare spreds alltså kunskapen om vad häxeri egentligen var och hur det skulle bekännas så smärtfritt som möjligt. Och eftersom den teologiska vetenskapen beskrev hur häxor alltid arbetade i grupp med en närmast militär organisation tvingades de som bekänt snart att ange andra. De flesta människor som avrättats för trolldom i Norge angavs av andra förhörda för att därefter, i strid mot tidens lagar som förbjöd jäviga vittnen, letas upp och avtvingas nya angivelser.

Enligt gällande danska lagar skulle visserligen häxerimål skötas som en förhandling mellan två parter, en anklagad och hennes anklagare. Men eftersom den lokale fogden hade ett enormt inflytande över processen i kraft av det koloniala styrelseskicket sattes denna rättsordning ur spel. Om någon var omgiven av "rykten" blev han uppletad av en fogde och släpad till förhör eller tortyr.

Som en form av tortyr kan man möjligen också se det så kallade vattenprovet. Av de 38 fall som är kända i Norge är 30 från Finnmark längst i norr där vattnet aldrig håller badtemperatur. Samtliga i Norge testade med vattenprov visade sig flyta och var således skyldiga.

Den norska vågen av häxförföljelser har inte som i Sverige sitt ursprung i några fantasifullt målande legender om sexuella orgier med Djävulen eller spännande flygturer. Från början var det nästan uteslutande frågan om anklagelser för maleficium i form av förstörda grödor eller sjukdomar eller rentav försök till läkekonst som hade fått en misslyckad och kanske alls inte avsedd utgång.

Men under prästers och fogdars handledning kunde sådana mål mycket snabbt ändra karaktär och i stället börja handla om det visserligen svårbevisade men ändå både juridiskt och teologiskt betydligt intressantare djävulsförbundet.

Tio procent av dem som avrättades för trolldom i Norge var fattiga, tiggare eller lösdrivare. De avrättades tillgångar var i de fallen så små att de inte täckte kostnaderna för avrättningen som normalt skulle betalas av delinkventen själv. Därav noteringarna om bristande betalningsförmåga i bokföringen. Men om häxmajoritetens ekonomiska ställning vet man ingenting. Utom möjligen att de hade råd med sin egen avrättning.

En ofta återkommande grund för att någon landstrykare anklagas av någon bofast är uttalade hotelser eller förbannelser i samband med tiggeri. De som anklagas är vanligtvis personer som är fruktade i sin närmiljö därför att de tigger och inte drar sig för att använda hotelser för att uppnå bättre resultat. Men genom det sättet att uppföra sig drog de också lätt på sig ett häxrykte, kanske rentav använde sig av det för sin försörjning. Det kunde då bara vara en tidsfråga innan någon som blivit hotad verkligen blev sjuk eller råkade ut för någon olycka och därmed var det dags för häxprocess.

En norsk specialitet var förföljelsen mot den samiska befolkningen i den nordligaste delen av landet. Finnmark fick uppleva 138 häxprocesser fram till 1692, av dem slutade 92 med dödsdomar. Eftersom den norska häxjakten bland samer inte har någon motsvarighet i Sverige och Finland är det troligen en tillfällighet som är förklaringen, nämligen kung Christian IV:s personliga initiativ. Han skrev instruktioner till sina länsherrar i norr redan 1609 där han konstaterade att "som erfarenheten visar är sagda finnar och lappar av naturen hemfallna åt bruk av trolldom".

Det kan ligga mer än ett korn av sanning i denna kungliga

förmodan eftersom den samiska shamanismen med trumma och magisk sång var något som faktiskt existerade. Men detta förhållande påkallade inte svenska och finska myndigheters uppmärksamhet förrän långt efter att dödsstraff för trolldom hade avskaffats och då blev det snarare kristendomsmission och dop som överheten tog till (samt konfiskation av ett stort antal trummor).

Det är ändå möjligt att början till slutet på de norska häxförföljelserna inträffade just i det nordliga Finnmark. På en inspektionsresa år 1653 fann lagmannen Mandrup Schönneböl flera misstänkta fångar inspärrade i vad man kallade "häxhålet" på en fästning. Han tog dem personligen i förhör, utan tortyr, och han fann att det saknades bevis mot varenda en av dem och lät därför frikänna dem alla. Därefter tog han den lokala domstolen i upptuktelse för den olagliga behandlingen av de misstänkta.

Emellertid besökte lagmannen Schönneböl bara den nordligaste delen av sitt distrikt vart tredje år. Så fort han lämnat området återupptogs därför häxjakten som vanligt och flera av de kvinnor som han själv hade frikänt dömdes på nytt och brändes levande.

När han återvände efter tre år fann han nya misstänkta i samma häxhål som han också lät frikänna.

Här har vi alltså en av häxornas försvarare, en av de få vi kan namnet på i den norska historien. Men han var inte ensam, för andra lagmän började agera på samma sätt som Schönneböl – bland annat i Trondheim – och samtidigt började privatpersoner uppträda som advokater åt misstänkta häxor. Den intellektuella delen av överheten gjorde helt enkelt revolt.

Och för domares och juristers del kom revolten precis som i Sverige att ta sig uttryck i mer eller mindre formalistiskt listiga sätt att inom systemet verka för dess undergång. Både lagmännen och den växande kretsen av privata försvarare började slå ned på alla de formellt olagliga metoder som användes i häxjakten. Med hänvisning till vad som faktiskt var gällande lag fick man slut på tortyren och bruket att acceptera angivelser från andra dömda. Följden blev snart att de som fortfarande hölls häktade släpptes fria och att de lägre domare och fogdar som använt sig av tortyr och olagliga gripanden dömdes till böter. Under loppet av några år i skiftet mellan 1660- och 1670-tal lyckades denna krets av häxornas revolterande försvarare så grundligt misskreditera systemet att det dog ut. Och när man dessutom lyckades förbjuda prästerna att i fortsättningen delta i förhören upphörde också alla bekännelser om mer ideologiskt förfinad häxbrottslighet.

I Norge infördes således häxjakten av överheten i form av kung och kyrka och avskaffades av överheten i form av adliga ämbetsmän. Vilka för vår tid matnyttiga politiska slutsatser man nu kan dra av det.

Under perioden 1671 till 1680 avrättades bara fem häxor i Norge och den sista brändes år 1695.

3. I Finland blev kvinnliga häxor en protestantisk nyhet

Ännu i slutet av 1500-talet var den typiska finska häxan en trollkunnig man. I finsk folktradition förknippades övernaturliga förmågor med män och de svenska protestantiska prästerna fick arbeta hårt och länge för att bryta ned den föreställningen och introducera ett mer teologiskt korrekt häxbegrepp.

De delar av Finland som hade nära förbindelser med kolonialmaktens huvudstad Stockholm kom under andra halvan av 1600-talet att få en viss ordning också på sina häxprocesser, det vill säga en klar majoritet kvinnor bland de dömda. Mer avlägsna delar av landet, som exempelvis Karelen, behöll ända till häxprocessernas slut traditionen att enbart döma män för trolldom.

Under medeltiden och 1500-talet var trolldom ett tämligen

ovanligt brott som inte föranledde mer än två, tre processer om året. Och även när frekvensen av processer ökade under första halvan av 1600-talet körde man på i de medeltida hjulspåren. Flertalet anklagelser gäller alltså den gamla vanliga förgöringen och inte det moderna påfundet djävulsförbund. Processerna utspelade sig mellan två parter, en kärande som måste bevisa sina anklagelser och en svarande. Den som misslyckades att få fast någon han anmält fick finna sig i dryga böter för förtal och så mycket som en tredjedel av de äldre traditionella trolldomsprocesserna rörde talan från någon som själv gjort sak för att bli av med förtal och ryktesspridning.

Vi har alltså i huvudsak att göra med kloka gubbar som mot betalning kunde anlitas för att utföra nyttiga trollkonster, men som också svävade i fara i samma stund som deras hushållsmagi misslyckades eller om de blev ovänner med någon.

När det gjordes anmälan under den första halvan av 1600-talet gällde klagomålen skadegörelse mot boskap eller livsmedel som smör och öl, men märkligt nog saknas anklagelser om förstörd jakt eller sabotage mot jordbruket. Olyckor med väder och vind uppfattades tydligen inte som beroende av ondsint magi utan som gudomlig vilja.

Näst skadegörelse mot livsmedel och boskap kom anklagelser om skador till kropp och hälsa. Kringvandrande gubbar bjöd även ut sådana illasinnade tjänster mot betalning, liksom de kunde erbjuda sig att återfinna stulet gods och avslöja tjuvar.

Tortyr förekom inte och ungefär hälften av alla som anklagades före 1650 blev frikända.

I Finland är 115 dödsdomar för trolldom dokumenterade, men det verkliga antalet kan vara betydligt högre eftersom en stor del av det rättsliga materialet gått förlorat. Mer än hälften av dödsdomarna återfinns emellertid mellan 1660 och 1680, det vill säga just den period då häxpaniken härjade som värst i det egentliga Sverige.

Det är alltså under några decennier på andra halvan av 1600-talet som Finland upplever "riktiga" häxprocesser av det teologiskt moderna slaget med djävulsförbund som viktigaste ingrediens.

Kunskaperna om Djävulens förbindelser med häxor infördes med tidens nya teologiska lärdomsrön och Finlands första universitet, Åbo akademi, blev således en smittohärd för de nya häxföreställningarna. Universitetet inrättades 1640 och redan under det första årtiondets verksamhet publicerades minst två lärda avhandlingar om trolldom och djävulsförbund. Den finska allmänheten var vid denna tidpunkt fortfarande ovetande om hur trolldomsbrottet skulle komma att moderniseras så fort de nya intellektuella framstegen fick bättre spridning. Under tiden tycks dock de ärade medlemmarna av den lärda akademin ha praktiserat sitt vetande på varandra. En professor i grekiska, hebreiska och teologi, Martin Stodius, anmäldes 1644 för att ha lärt ut djävulska konster till en ung student som därav blev så omtumlad att han blev galen. Stodius ställdes inför konsistoriet, universitetets egen domstol, och blev frikänd. Men det akademiska sladdret upphörde inte för den sakens skull och Stodius tvingades till slut lämna universitetet. För att ändå nödtorftigt tysta ner den offentliga skandalen kamouflerades hans avgång som frivillig nedtrappning vid Nådendals pastorat.

Överste häxjägare på universitetet var biskopen i Åbo och vice universitetskanslern J. A. Terserus, en ytterst principfast teolog som i kraft av sina stora kunskaper i demonologi kunde upptäcka häxkonster var som helst.

Nästa offer i den akademiska häxjakten blev studenten Henricus Eolenius som misstänktes för att vara en av den redan fördrivne Stodius hemliga lärjungar. Mot studenten vändes anklagelsen att han lärt sig arabiska alldeles för fort, vilket enligt biskop Terserus var bevis för ett typiskt fall av *pactum cum diabolo*; sannolikt det enda fallet i Norden där Djävulen påståtts besitta extraordinära pedagogiska talanger. Universitetsdomstolen dömde studenten Eolenius till döden.

Generalguvernören över Finland Per Brahe befallde dock att domen skulle underställas hovrätten i Åbo och där undanröjdes visserligen dödsstraffet. Men för att inte alltför mycket genera Universitetsdomstolen dömdes studenten till att åtminstone relegeras från universitetet.

De akademiska häxintrigerna var emellertid inte slut med detta. 1665 anklagade biskopen och konsistoriemedlemmen Johan Gezelius änkeprofessorskan Elisabeth Nilsdotter för att med gift ha försökt ta livet av hans hustru biskopinnan. Fallet gick till Universitetsdomstolen där änkeprofessorskan dock frikändes och biskopen dömdes till ett kraftigt skadestånd.

1670 riktades slutligen misstankar mot ännu en av Stodius gamla elever, prästsonen Isac Gunnerus. Han blev visserligen friad från alla misstankar om brottslig trolldom, men också han fick finna sig i att bli relegerad, eftersom saken ändå hade kommit upp till prövning och universitetets goda namn och rykte krävde att ingen i kretsen fick vara befläckad ens med skvaller.

Dessa akademiska förövningar till häxanalys kom emellertid av sig vid den här tiden eftersom man just börjat påträffa de första modernt anpassade häxorna i den finska befolkningen, det vill säga kvinnor som for till Blåkulla och uppförde sig så som teorierna krävde.

En av de regioner som härjades värst av häxpanik blev Österbotten där minst 20 kvinnor och två män brändes mellan 1674 och 1678. Det var den svenska smittan som till sist fått fäste också på andra sidan Östersjön. Trafiken mellan norrländska hamnar och Österbotten var intensiv vid denna tid och med alla skutor som fraktade främst tjära, den stora finska exportvaran, färdades också berättelserna om vad som pågått i Sverige under det senaste decenniet. Det förefaller som om den svenska häxpanik som började i Dalarna och spred sig åt nordost mot Hälsingland och Ångermanland därefter tog båt över havet.

De som kom att anklagas för modernt häxeri i Österbotten bodde snarare i städerna, alltså vid hamnarna, än ute på landsbygden.

I början av 1670-talet spred en förvirrad bonde vid namn Martti Laukus ihärdigt rykten om hur han såg flygande trollkäringar. Snart greps den första av hans flygande häxor, torterades, erkände och pekade ut andra. Så var det igång.

Agneta Kristoffersdotter, som var en av de första som anklagades, hade kommit resande från den svenska sidan. Processen mot henne ledde vidare mot angivna i Nykarleby och sedan följde ett växande antal processer runt om i de små städerna Kristinestad och Uleåborg. Här kom också barnvittnen att spela nästan samma avgörande roll som de hade gjort i Sverige och barnens berättelser blev ungefär desamma. Den 14-åriga Margeta berättade till exempel hur hennes mor hade fört henne flera gånger till Blåkulla, första gången på en vit ko, en annan gång hade såväl Margeta som hennes mor Brita Stål och två småsystrar färdats på en upp och nedvänd röd häst, nästa gång på en vit häst.

Även om prästerna kom löpande för att med sin expertis assistera vid förhören – så som det hade börjat i Sverige – förskonades Österbotten från en lika omfattande masshysteri som inträffat tidigare i Sverige. Det tycks i första hand bero på att ansvariga domare lyckades stå emot krav på rättsligt undantagstillstånd. Man godtog inte utpekanden från andra häxor, tortyr bekämpades, man letade inte efter djävulsmärket eller andra fysiska bevis och man koncentrerade sig på maleficium, konkreta gärningar, snarare än det nya påfundet med djävulspakt.

Bara en åttondel av dem som anklagades dömdes till döden, drygt hälften frikändes och övriga fick diverse lindrigare straff. Av 152 processer i Österbotten kom således bara 20 att sluta med dödsstraff.

Anar vi en och annan Anders Stiernhöök bland dessa nu

bortglömda lokala domare som lyckades bromsa paniken så att den inte tog svenska proportioner? Eller var de helt enkelt så konservativa i sina uppfattningar att de bara bet sig fast i den traditionella trolldomsdefinitionen, den som gällt sedan århundraden, och struntade i allt det nya i den moderna teologin?

Man kan förstås också tänka sig att de lokala domarna hade ganska klart för sig vad som hänt i rikets huvudstad efter 1675. För visst måste en och annan landsortsdomare från finska Österbotten då och då haft ett ärende till Åbo eller Stockholm och i så fall borde han både i tjänsten och av nyfikenhet ha diskuterat häxfrågor med sina storstadskolleger. Och beskedet från i stort sett varje ung man i domarkarriären efter 1675 borde ha gått ut på att det där med häxorna åtminstone från huvudstadens horisont var ett avslutat kapitel. Den kunskapen spreds nog sakta men säkert också bland domarkåren i den svenska stormaktens avlägsna provinser.

I Österbotten som på andra håll tog det lite längre tid för befolkningen att hänga med i svängarna. Ännu in på 1680-talet gjordes många anmälningar mot påstådda häxor liksom ryktena fortfarande löpte kors och tvärs både på landsbygden och i städerna.

Men i domstolarna hade motståndet blivit så kompakt att den som efter 1680 kom dragandes med påståenden om Blåkullafärd riskerade att betraktas som ytterst opålitlig.

Den sista som dömdes i Finland var borgardottern Beata Pitarintytär som hade 20 vittnen mot sig i ett mål om illasinnat trolleri. Hon bekände ingenting men domstolen lät en kvinna söka igenom hennes kläder för att se om hon gömde något magiskt bevis. Någonstans på hennes kropp visade undersökningen på "en stor påse" som antogs ha något samband med Djävulen. Beata dömdes till döden, men Åbo hovrätt omvandlade straffet till fängelse och lät till slut frige den sista finska häxan år 1701.

4. I Estland var häxan snarare varulv än flygkunnig

Estland är ett undantag i den nordiska häxhistorien såtillvida att åtminstone en av nutidens två mest populära förklaringsmodeller till häxförföljelser tycks passa märkvärdigt väl. Förvisso inte den feministiskt konspiratoriska förklaringen, eftersom förföljelsens offer var fullständigt jämställda; hälften av dem som brändes på bål för trolldomsbrott i Estland var män.

Däremot kan man mycket väl se den estniska-livländska epoken av häxförföljelse som ett led i en medveten strävan från överheten att tämja, tukta och "kultivera" den underlydande befolkningen. Häxförföljelserna i Baltikum var ett utslag av den svenska imperialismens förtryck av en underkuvad befolkning.

När den svenska stormakten började utvidga och systematiskt försvenska sina erövringar i Baltikum i början på 1600-talet hade Finland varit en del av det svenska riket i närmare fyrahundra år, alltså en längre tid än Skåne idag har varit svenskt. De baltiska provinserna fick aldrig samma ställning inom riket som Finland, bland annat tillämpades livegenskap, något som skulle ha varit lika otänkbart i Finland som i det egentliga Sverige.

I ett klart uttalat kulturmissionerande syfte grundades universitetet i Dorpat år 1625 och den mest angelägna arbetsuppgiften för akademin blev redan från början att utbilda präster. Under perioden 1625–1720 utexaminerades inte mindre än 242 pastorer i Dorpat, trots att det inte fanns mer än 100 församlingar i hela Estland.

Behovet av teologiskt renläriga själavårdare måtte ha tett sig lika omedelbart som enormt. De baltiska provinserna präglades ingalunda av renlärig kristendom utan snarare av en blandning mellan gammal katolicism och förkristna religioner. Bland bondebefolkningen spelade offerkulten en stor roll. Och kultplatserna där man träffades för midsommarriter och midvinterblot var visserligen ofta ställen där det låg ett mer eller mindre förfallet kapell från den katolska tiden. Men det berodde på att den tidigare katolska missionen systematiskt hade förlagt sina kyrkbyggen till platser som av gammal hävd var hedniska kultplatser. Den katolska missionen hade dessutom ur protestantisk synvinkel varit skrämmande tolerant mot gamla seder och därmed också mot olika former av vit magi.

Det fanns alltså mycket att ta itu med för en nitisk protestantisk kolonialmakt. Ett första systematiskt försök att undersöka religionsläget och förutsättningarna för att stärka den lutherska kyrkans auktoritet i Estland ägde rum i samband med att en undersökningskommission besökte de södra delarna av landet 1667–68. Undersökningsresultaten var inte upplyftande, från var och varannan församling kunde man inrapportera fall av dyrkan i hemliga offerlundar och vid magiska stenar. Från församlingen Maarja-Magdalena finns en målande rapport om vad som hände när bönderna träffades en midsommarnatt vid en överste Greifenspeers herrgård för att söka bot mot sina sjukdomar.

Vid en magisk sten tändes en offereld och tre kloka gummor gav hjälp och bot genom en blandning av magiska ramsor och bön till Sankt Johannes (Döparen). Med öl i händerna skulle somliga gå tre varv runt offerelden, andra, beroende på sjukdomens karaktär, skulle göra samma sak med vaxljus eller magiska bandage som sedan brändes i offerelden. De som botades på detta sätt stod i skuld och måste lova att varje midsommarnatt komma tillbaka med offergåvor.

Detta är ceremonier som utan tvivel skulle ha fått vilken som helst av 1600-talets renläriga protestantiska ämbetsmän eller präster att rysa av obehag: hälften katolicism och hälften "avgudadyrkan" från äldre tider.

Den man som från början fick den svenska statens uppdrag att organisera införandet av renlärig kristendom var Herbert Samsonius, en luthersk teolog som predikat i Riga och som ock-

så gav ut det grundläggande teoretiska arbetet för hela Baltikum
när det gällde häxor: *Nio utvalda och välgrundade häx-predik-
ningar* som trycktes i Riga 1625.

I sitt förord beskriver Samsonius hur han "stött på avskyvär-
da vidskepligheter och hört klagomål om trolldom" varthelst
han rest på sina livländska visitationer. Och på den punkten
finns ingen som helst anledning att betvivla hans iakttagelser.
En stor del av den baltiska befolkningen uppfattade kristendo-
men bara som en främmande form av magi som det gällde att
stå emot.

I sina predikotexter presenterar Samsonius därefter en teore-
tiskt lärd men ändå till punkt och pricka konventionell bild av
den då gällande häxtron. Viktigt för honom att hamra in är för-
stås kunskapen om häxeri som en form av djävulspakt snarare
än någon konstfärdighet som man kunde lära sig eller ärva.
Nästa steg i hans pedagogik blir att beskriva varje form av troll-
dom eller ens enklare vidskepelse som en antingen direkt eller
underförstådd djävulspakt. Redan den som tror att en fyrklöver
kan föra tur med sig är på väg in i farans riktning.

Möjligen som en praktisk anpassning till de faktiska förhål-
landena i Baltikum avviker han dock något från samtida stan-
dard när det gäller att beskriva häxor som enbart kvinnor. Han
anstränger sig till och med att försöka bevisa att även män kan
vara häxor men tar då till det för hans publik säkert ytterst peri-
fera exemplet att Djävulen hade många medhjälpare bland jesuit-
prästerna.

Också när det gäller häxornas nattflygande, en central före-
ställning nere i Europa, verkar Samsonius något regionalt an-
passad (baltiska häxor eller trollkarlar flög inte) eftersom han å
ena sidan medger att mycket flygande måste förklaras med
drömmar och inbillningar. Å andra sidan ger han också exem-
pel på flera bevisade fall av nattflygande, vilket han kraftfullt
illustrerar med en historia om häxor i Berlin som såväl flög som

höll häxsabbat där de kokade och åt upp små barn.

Om Samsonius tillhandahöll den viktigaste ideologiska grunden för den kommande kampanjen mot häxor så blev alla de nyutexaminerade prästerna från Dorpat verktygen. Prästerna förväntades inte bara ange beryktade häxor utan också aktivt delta i kampen mot dem, en uppgift som somliga tycks ha genomfört med betydande flit. Ett hundratal häxprocesser kom att genomföras i Estland under 1600-talet, 26 män och 29 kvinnor dömdes till döden, det övervägande flertalet mellan 1610 och 1650.

Svenska myndigheter förde alltså en intensiv häxkampanj i de baltiska kolonierna långt innan häxpaniken drabbade det egentliga Sverige. Också den omständigheten ser ut som ett stöd för tanken att kampanjen var ett led i strävandena att etablera den statliga auktoriteten och samtidigt kultivera befolkningen. Dessutom användes tortyr genomgående och konsekvent i de baltiska processerna vilket förstärker intrycket av en kolonialmakt som tuktar en ockuperad befolkning och därför inte håller sig till samma rättsregler som när det gällde den egna befolkningen. Emellertid ingick det i fredsvillkoren vid det svenska maktövertagandet att esterna skulle behålla sina gamla lagar. Och där var tortyr tillåtet. Liksom att låta piska uppstudsiga bönder.

Förmodligen är det tortyren som är förklaringen till påfallande många livliga och detaljerade beskrivningar av trolldomsbrott bland alla bekännelser. Någon särskild framgång med att få brottsligheten att stämma med de kristna dogmerna hade dock inte myndigheterna. Inte ens tortyren kunde få de baltiska anklagade att gå med på flygturer, häxsabbat och djävulsförbund. Man fick döma dem för ideologiskt mindre intressanta beteenden.

Och trots att varulvar inte förekommer i de lutheranska typbeskrivningarna av trolldom så var fenomenet vanligt i Estland. En hel flock varulvar härjade exempelvis i Vastemoisa 1696.

I Estland var det betydligt vanligare med varulvar än med häxor och "varulvs-plågan" var tidvis omfattande. Tyskt träsnitt från 1508.

Deras ledare hette Libbe Matz.

Varulvar lagfördes tämligen frekvent i Baltikum. Vid 18 rätte-gångar blev 18 kvinnor och 13 män anklagade för olika former av skadegörelse – vanligtvis angrepp på boskap – som de skulle ha åstadkommit när de varit i varulvsskepnad.

Eftersom de misstänkta torterades måste de också försöka hitta på någon förklaring till att de föreföll vara vanliga männi-skor där de satt inför rätten. De sade sig då ha haft en särskild varulvsskepnad som de grävt ned under en sten.

Domare och renläriga präster bör ha haft en hel del besvär med den här typen av oortodoxt häxeri som inte utan vidare gick att klämma in i läroböckernas beskrivningar. Den 18-årige Hans som bekänt sin varulvsverksamhet år 1651 i Idavere berät-tade att han fått sin varulvshamn av en gammal svartklädd gub-be. Tillfrågad av domarna om det bara var hans kropp som del-tog eller hans själ när han var verksam som varulv slingrade han sig ur problemställningen med att hänvisa till att han hade bitmärken efter en hund, som han fått när hunden jagade honom som varulv och att hans kropp således deltog i verksamheten. Det svaret kan inte ha varit riktigt tillfredsställande – fastän varulven Hans nog knappast kan ha genomskådat den teologiska princip som stod på spel. Alltså fortsatte någon av domarna med den listiga frågan om han kände sig som människa eller best när han förvandlats till varulv. Han chansade då fel när han svarade att han kände sig som ett vilddjur. Därmed var han fast. Han var alltså inte en förvirrad person som klätt ut sig till varg. Genom att hans själ deltog i verksamheten hade han genomgått en kanske inte helt stilriktig men dock metamorfos, vilket var en vetenskapligt erkänd häxteknik. Dessutom hade han ju initierats av en "svartklädd gubbe" och det var inte så svårt att räkna ut vem den gubben var. Således var Hans varulv skyldig till en i princip ren form av diabolism, även om inte ens tortyren kunde få honom att i sak gå med på den förklaringen.

Konfrontationen mellan de svenskutbildade prästerna och domarna å ena sidan och den vildvuxna floran av baltiska föreställningar om trolldom å den andra måste gång på gång ha tett sig lika förvirrande som i fallet med den 18-årige varulven Hans. Den vanligaste anklagelsen folk emellan angående illasinnad trolldom gällde förgiftning med hjälp av förtrollat öl. I värsta fall kunde effekten bli att den förgiftades kropp fylldes med paddor eller maskar. Vid ett barndop i Hager hade värden gjort gästerna galna med förtrollat öl, men hotad att återställa folks normala ölsinne hade han berättat hur de skulle skära till tre bitar av altrÄ och blanda med varmt öl som motgift. Enligt vittnesuppgifter fungerade denna återställare väl och en av alspånorna uppvisades inför rätten som teknisk bevisning.

Den svenskorganiserade häxjakten i Baltikum stötte således ideligen på både ideologiska och empiriska svårigheter. Misstänkta var villiga att erkänna alla möjliga och omöjliga former av trolldom, men ytterst sällan ville de självmant blanda in Djävulen i det hela, vilket var ett avgörande krav för att kunna döma dem strängt.

Trollkarlar och trollkvinnor lagfördes i ungefär samma utsträckning och deras konster varierade från besvärjelser med trolldomstillbehör som ringar av virad koppar, torkade fladdermöss och silverstycken till magiska fiskar som kunde åstadkomma sjukdom. Den onda och den goda magin blandades huller om buller och för juristerna måste gränsdragningen ibland ha varit svår. För illasinnad förgiftning, mord eller mordförsök var problemet inte så stort. Men vad gällde magi avsedd att bota sjukdom måste domstolen få fram ett erkännande om en pakt med Djävulen, vilket med tiden tycktes nästan omöjligt att åstadkomma. Man kan förstås tänka sig att befolkningen snart lärde sig vad som kunde och inte kunde erkännas inför domstol, på samma sätt som svenska häxerianklagade under en tid blev väl medvetna om att den som inte erkände Blåkullaresa heller inte kunde avrättas.

I allmänhet var de som anklagades medelålders gifta bönder eller bondkvinnor och de som anklagade tillhörde samma grupp. Byns professionelle trollkarl, eller trollkvinna, låg naturligtvis illa till när de svensktränade prästerna började snoka efter häxor. Enligt vittnesmålen har minst 22 män och 10 kvinnor bland de avrättade varit sådana "kloka" som exempelvis återfinns i den svenska rapporten om riterna vid midsommarfirandet där vax, öl och böner till Sankt Johannes var de verksamma ingredienserna i botandet.

Med utgången av 1600-talet upphörde häxprocesserna i Baltikum. Men lika lite som det hade blivit någon ideologisk ordning på det baltiska häxeriet under förföljelseperioden, lika bångstyrigt betedde sig balterna efteråt. Föreställningar om hushållsmagi levde kvar långt in på 1800-talet. Det sista kända fallet av trolldom i Estland gäller bonden Jacob och hans hustru Anna som förhördes 1816 av domstolen i Harju. Jacob anklagades för det på den gamla onda tiden klassiska tricket att försöka spåra

217

upp tjuvar med hjälp av såll och annan utrustning. För det blev han dömd att piskas med tio par spön två söndagar i rad utanför kyrkan. Hans hustru och ytterligare fyra medanklagade fick en åthutning av rätten för att de deltagit i detta hokus pokus och dessutom trott på något som bara var "bedrägeri som spelar på folks vidskepelse och okunnighet". Det var det sista kända trolldomsmålet i Estlands domstolar.

5. På Island var häxorna män

1600-talets häxförföljelser på Island liknar i visst avseende det som skedde i Estland. I båda fallen rör det sig om provinser ute i stormaktens periferi – Island löd sedan medeltiden under den danska kronan – och i båda fallen får de protestantiska teologerna en hart när omöjlig uppgift att få sina häxteorier att passa in i den lokala kulturen.

Därtill kommer en del yttre förhållanden som borde få det att vattnas i munnen på sociologer, etnologer och ekonomer som alltid letar efter utomreligiösa förklaringar till häxpanik. Det är ingen tvekan om att det danska väldet riktade ett hårt ekonomiskt tryck mot sin isländska koloni; ett strikt handelsmonopol från 1602 till 1789 gjorde att merparten av vinsten på all isländsk handel hamnade i Köpenhamn snarare än på Island. Därtill kom en tillfällig klimatförsämring, "lilla istiden", som slog särskilt hårt mot den redan karga och vindpinade ön med följande hungersnöd, ökad dödlighet och ökande fattigdom och ovanpå allt detta en pestepidemi. Den hårt prövade isländska befolkningen borde alltså ha många skäl att se sig om efter ondskans orsaker.

Den grundläggande förutsättningen för den isländska häxjakten låg emellertid i själva reformationen. Från den katolska tiden är ingen häxbränning känd. Och på Island som på annat håll hade den katolska kyrkan varit förvånansvärt tolerant mot alla rester av hednisk kult som levde sida vid sida med den nya tron på Vite Krist, precis som i Estland.

Islänningarna påtvingades reformationen av den danska kungamakten och 1564 kom som en logisk följd av den nya tron bestämmelser om att de lokala fogdarna skulle ingripa mot alla former av vantro och synd och se till att sådant lagfördes. Därmed hade också sexualiteten blivit förstatligad och somliga av de vanligaste sedlighetsförseelserna belagda med dödsstraff.

Att sakligt sett fastställa vad som exempelvis är hor blir emellertid mycket lätt jämfört med att i den isländska kulturen försöka förklara vad som är det nya brottet häxeri. De renläriga protestantiska prästerna som kom dragande med en säck fylld med begrepp som djävulspakt, nattflygande, häxsammankomster vid en särskild sabbat, metamorfoser och maleficium kan inte ha mötts av någon som helst förståelse från de 50 000 islänningarna – utom förstås när det gällde maleficium, ond trolldom, nämligen *svartagaldur*.

Galdur – magi – fanns och det var kring detta begrepp som de protestantiska häxjägarna fick försöka bygga upp sin begreppsapparat. Eftersom de som praktiserade konsten så gott som uteslutande var män – *galdrakona* var ett mycket ovanligt ord – så föll hela begreppsvärlden sönder när det gällde allt flygande till Djävulen, gruppsex eller barnarov.

Galdur var främst en form av ordmagi, signeri skulle man ha sagt vid samma tid i Sverige eller Norge. Ord innehöll magiska krafter om de ställdes samman på rätt sätt och kunde påverka både på gott och ont, skapa kärlek eller göra någon sjuk. Men denna ordkonst var också något som varje man kunde tillägna sig genom ökad kunskap och hantverksmässig övning i att exempelvis sammanställa niddikter, en mycket populär och beundrad form av isländsk ordmagi. Den islänning som riktade nid mot sin ovän och därmed drev honom till oöverlagda handlingar hade vunnit med något som i grund och botten ansågs som en magisk handling.

På 1600-talet hade den magiske ordkonstnären fått en särskild beteckning som "kraftskald". En berömd sådan *kraptaskáld* var Jon laerdi Gudmundsson som med sina ord utförde flera stordåd, bland annat hade han med en potent dikt lyckats vända eller avvisa ett "turkiskt slavskepp". Han var en av de första som kom att anklagas för häxeri enligt den nya protestantiska formeln, till och med flera gånger, men lyckades alltid bli frikänd i kraft av sin kunskap, bildning – och förmåga med ord!

Det var alltså trögt i portgången för de protestantiska danska representanterna för överheten som skulle vaka över islänningarnas dygd och dessutom försöka uppspåra någon erkänd form av trolldom. Det första genombrottet kom inte förrän 1625.

Fogden Magnus Björnsson fick upp ett spår när han nåddes av rykten om att spöken hade gjort att en pojke låg sjuk och att flera hästar hade dött. Björnsson var utbildad i Köpenhamn och hade som ett led i förberedelserna för sina plikter på Island studerat Malleus Maleficarum, Häxhammaren. Det stod genast klart för honom att här förelåg ett uppenbart fall av maleficium så nu gällde det bara att hitta den onda häxan bakom verket. Eftersom det fanns ett levande offer för trolldomen började fogden sin häxjakt med förhör av den sjuke gossen, som av ett eller annat skäl man inte känner till utpekade en Jón Rögnvaldsson som häxan bakom verket. Därmed kunde en misstänkt gripas och hans bostad genomsökas efter bevis, vilket man också fann i form av ett ark med mystisk runskrift som Jón utan vidare erkände att han var upphovsman till.

Mer bevis än så ansåg sig fogden inte behöva för att kunna konstatera att det var Jón som låg bakom såväl spöken som sjukdom och döda hästar. Alltså förelåg här olaglig trolldom som indirekt också bevisade ett förbund med Djävulen.

Den misstänkte Jóns bror Thorvald som var skald vittnade

om att hans yngre bror visserligen hade kunnat tänkas försöka sig på ordmagi, men förklarade att brodern var alldeles för enfaldig för att kunna få framgång med sådant eftersom han saknade den nödvändiga kraften (*vald*).

Invändningen hade ingen framgång hos fogden Magnus Björnsson som dömde Jón Rögnvaldsson till döden på platsen och därmed kunde den första isländska häxbränningen exekveras.

Emellertid ledde inte denna första lyckade häxjakt till någon våg av förföljelse eller allmän panik. Enligt isländsk rätt hade en misstänkt fortfarande möjlighet att värja sig med tolvmannaed – som i de svenska landskapslagarna. Och det tycks som om flera misstänkta lyckades rädda sig med denna utväg de följande decennierna. Vilket indirekt ger en föreställning om att allmänheten på Island måste ha varit ytterst skeptisk mot de köpenhamnska föreställningarna om trolldom, eftersom man så mangrant vittnade till den misstänktes fördel.

1630 skärptes lagarna på Island genom att den danska trolldomsförordningen från Christian IV:s reform av år 1617 infördes. Men det dröjde ändå till 1654 innan ytterligare tre män brändes – inom loppet av några dagar.

Också dessa häxor tycks ha fallit offer för en särskilt nitisk fogde vid namn Thorleifur Kortsson i Strandasýsli. Vad som föranledde domarna var att trakten hade hemsökts av "djävulsspöken" som på något sätt kunde knytas till de tre männen av vilka bara en tycks ha visat någon ånger. Självklart hade ingen av de anklagade gjort några medgivanden vad gällde djävulspakt. Deras domare tycks ha nöjt sig med att konstatera maleficium och förklarat det som en indirekt följd av djävulspakt – något som med dagens sätt att uttrycka sig måste ha tett sig stötande för den isländska allmänheten som ju sannerligen inte ansåg att det behövdes någon djävul för att framkalla svartagaldur.

Den mest berömda häxprocessen på Island, som har filmatiserats av Hrafn Gunnlaugsson, handlar om prästen Jón Magnusson som 1655 ansåg sig ha drabbats av en mystisk sjukdom. Han hemsöktes av Djävulen som försökte sabotera hans kyrkliga plikter och fresta honom till förfärliga synder (som i Hrafn Gunnlaugssons version handlar om en ung, vacker kvinna och svartsjuka eftersom prästen tvingats konservera sin företrädares änka). Prästens hushåll fick alltmer besvär med Djävulens onda gärningar, en dräng drabbades av stumhet när han var ute på fisketur och Djävulen visade sig gång på gång. Till slut ansåg sig prästen ha sett Djävulen utanför två av sina församlingsbors bostad och då kallade han in den lokale fogden och det blev rättegång.

De två som anklagades för maleficium (*fjölkyngi og galdragjörningi*) var far och son, Jón Jónsson *eldri* och Jón Jónsson *yngri*. Vad som lades dem till last var att de själva hade uppträtt som Djävulen när de hemsökt pastorn (olaglig metamorfos, således) och vidare hade de magiska skrifter i sin ägo och slutligen hade fadern förgjort boskap medan sonen försökt sätta kärleksmagi på en ovillig flicka med hjälp av runor.

Båda dömdes för djävulsförbund och maleficium att brännas levande. Straffet verkställdes 1656.

Men Djävulen lät inte pastorn komma undan så lätt. Snart stod det klart, åtminstone enligt pastorn själv, att systern till Jón Jónsson yngri höll på att förhäxa honom och när han väl upptäckt det kom han på en lång rad av illdåd som hon låg bakom och så var det dags för nästa process. Men flickan lyckades rentvå sig med tolvmannaed (församlingen trodde på henne och tycks ha uppfattat det som om prästen blivit galen) och i en följande skadeståndsprocess fick prästen ge ifrån sig allt han ägde och hade.

1679 brändes den enda kvinnan som häxa på Island. Hon hette Thuridur Olafsdottir och dömdes tillsammans med sin son Jón i Vestfjord. De hade bott hela sitt liv i Skagafjördur (i

Nordland) och hade inget rykte om sig att någonsin ha sysslat med trolldom. Svälten hade tvingat dem att tillsammans med andra fattiga dra sig västerut på våren 1677 så att de hamnade bland främmande människor. Där påstods hennes son Jón ha skrutit med att hemma i Nordland kunde hans mor gå över alla vattenfall utan vare sig häst eller båt och bara med hjälp av galdur.

De orden var sannolikt ett graverande bevis men den egentliga anklagelsen mot mor och son var att de skulle ha satt sjukdom på en Helga Halldórsdottir i Selardal som olyckligtvis för de misstänkta var gift med en präst. De blev brända utan att ha gjort ett enda medgivande om vare sig djävulsförbund eller maleficium.

Eftersom denna Thuridur Olafsdottir är den enda kvinnan som bränts på bål som häxa på Island är det skäl att påpeka att inte ens då förekom minsta antydan om att flyga till Djävulen, sexuella orgier eller häxsabbat. Möjligen kan man tycka att sonens påståenden om hur mor kunde ta sig över vattenfall enbart med hjälp av galdur ger en antydan om åtminstone begränsad flygförmåga.

I de sammanlagt 120 häxprocesser som genomfördes på Island förekom endast 10 kvinnor och bland de 22 som brändes på bål var endast en kvinna.

1686 fråntogs de isländska domstolarna rätten att på egen hand döma någon till döden för trolldomsbrott. Alla sådana mål skulle därefter överprövas av Höjesterett i Köpenhamn. Och som vi redan har sett i avsnittet om Danmark var Höjesterett från den tidpunkten och framåt beslutsamt inriktad på att inte längre döma någon till döden för ett brott som inte längre togs på allvar av de utbildade juristerna i huvudstaden.

VIII

Om det raka blodspåret från Häxhammaren till häradshövding Psilander

1. En möjligen orättvis betraktelse om reformatorn Martin Luther

På 1800-talet fördes en intensiv teologisk debatt mellan protestanter och katoliker om vilken sida som borde lastas för de värsta historiska brotten i kristendomens namn. Naturligt nog kom häxprocesserna att stå i centrum för den diskussionen. Protestanterna pekade på den Heliga Inkvisitionen. Katolikerna pekade på den lynchjustis som tidvis präglade de protestantiska länderna.

Debatten lär ha slutat oavgjord och är sedan dess död; ekumeniska strävanden blev med tiden viktigare än att fortsätta kampen från reformationen och motreformationens dagar.

Kvar i den katolska världen finns dock en vag föreställning om att det var protestanterna som var de värsta skurkarna och man skulle då vänta sig en motsvarande "religionschauvinistisk" föreställning hos oss i den protestantiska världen. Men någon sådan balans finns inte, antagligen därför att avkristnandet har gått mycket långt, särskilt i de nordiska länderna, jämfört med de katolska länderna. Det ingår i en allmänt käck jargong uppe i Norden att beskylla "Luther" för både det ena och det andra, inte minst att vi arbetar och betalar skatt för mycket. Följaktligen är det inte så konstigt att jag på åtskilliga ställen i litteraturen om häxprocesserna har stött på utförliga och mer eller mindre sofistikerade resonemang om Martin Luthers skuld.

Frågan är ingalunda ointressant men heller inte okomplicerad.

Martin Luther kommer man emellertid inte runt utan vidare. Han är sannolikt den mest inflytelserike filosofen i Europas historia. Åtminstone om man, med hans eget betraktelsesätt, ser mer till det praktiska resultatet än till påverkan och prestige inom lärdomsinstitutioner. Halva Europa bröt sig loss från den katolska kyrkan till följd av den utveckling som inleddes med att Martin Luther den 31 oktober 1517 spikade upp sina 95 kritiska teser på kyrkporten i Wittenberg.

Från början gällde hans kritik av kyrkan handeln med avlat, att syndernas förlåtelse kunde köpas för pengar. Men i den strid som genast blossade upp mot en opponent som dock än så länge verkade "inom systemet" kom han snart att göra sig omöjlig och bannlyst.

I viss mening var den kritik som Luther utvecklade mot den katolska kyrkan "demokratisk" eftersom han betonade vikten av Bibelns text som den rena källan snarare än den oerhörda mängd av skolastiska tolkningar som gjorde den teologiskt lärda expertisen till de enda korrekt troende. Tendensen att överlasta den kristna tron med det ena kongressbeslutet (kyrkomöten, koncilier) efter det andra hade ju sedan kyrkans första århundraden varit ett högst påtagligt problem. På många sätt liknar Muhammeds "reformation" på 600-talet Martin Luthers knappt tusen år senare däri, att det i första hand gällde att undanröja trons alla intellektuella komplikationer och göra den direkt tillgänglig för var man. Martin Luther var vad vi idag skulle kalla fundamentalist, han ansåg att den rena tron redan fanns formulerad i Bibeln och att Bibeln var Guds ord och tolkade sig mer eller mindre av sig själv. Det fanns därför inget behov av en spetsfundig överhet eller andligt specialistvälde.

Så långt är allt gott och väl, så långt Martin Luthers huvudsakliga insats. Men i marginalen av hans stora inflytande finns inte bara en grovhuggen antisemitism utan också en närmast fanatisk tro på häxor – för vilken han märkligt nog inte kan ha funnit särskilt mycket stöd i den gudomliga bibeltext han annars alltid hänvisade till.

I sin ungdom hade han visserligen varit något kluven i frågan. När han fortfarande var katolik, om man så får säga, predikade han angående häxfrågan dels att det bara var vidskeplighet att tro på häxor som red på kvastar, dels att det var förbjudet att göra så; en i hans tid inte ovanlig ambivalens i häxfrågan bland katolska intellektuella.

I reformationen och den åtföljande katolska motreformationen uppstod emellertid en tävlan om principfast hårdhet när det gällde häxor och just i denna fråga fanns därför ingen stor oenighet i sak. Utom möjligen i det avseendet att den katolska sidan hävdade att det faktiskt fanns ett svar på den omdiskuterade frågeställningen om samlag mellan demoner och människor kunde leda till avkomma, eftersom en viss Martin Luther var ett vandrande bevis för den saken.

I denna tävlan om vem som var minst mjuk mot häxeriet gav sig Luther också på de kätterska jurister som kom med gnälliga invändningar om bevis:

"Juristerna kräver alltför mycket av bevis", dundrade han. "Häxornas själva gärningar är bevis nog för att man skall kunna ge dem det straff de väl förtjänar androm till varning och avskräckning så att folket lär sig att avhålla sig från sådant djävulskap. Mot sådana skall man icke visa barmhärtighet och jag skulle inte tveka att själv bränna dem."

Denna inställning kom snart att omfattas av de allra flesta reformationspredikanterna i Luthers efterföljd. I Zürich fick han stöd från teologen Zvinglis och dennes efterföljare och i Genève från Jean Calvin.

Reformationen mildrade inte på något sätt den häxtro som hade finslipats inom den katolska kyrkan i slutet av 1400-talet. I Luthers katekes på svenska kom det att heta om häxorna att "de flyga i luften som kajor och kråkor och skjuta på oss utan uppehåll". Och i hans kyrkopostilla för prästernas uppbyggelse är det än värre:

"Där sväva de såsom skyn över oss, flaxa och flyga allestädes omkring oss såsom humlor i oräkneliga hopar, låta ock ofta se sig i lekamlig skepnad; draga fram såsom eldslågor på himmelen i drakskepnad eller andra skapelser; så ock i skogar och vid vatten, där man ser dem springa som bockar eller flyga som villosken, krypa i träsk och pölar, att de många dränka eller bryta nacken av människorna, och äro gärna i öde rum och vrår såsom ödehus etc., så att de innehava luften och allt som är omkring och över oss, så vidt som himmelen är."

Alla dessa fantasier är icke-lutheranska i den meningen att Luther själv knappast kunde ha funnit något stöd för sina flygande och flaxande häxor i Bibeln.

Man kan tycka att Martin Luther lyckades bekämpa betydligt mer fundamentala katolska föreställningar än häxtron. Han avskaffade skärselden, den prövotid i vilken en icke helt förtappad själ måste plågas för att renas i si eller så antal tusen år innan det blev dags att skrida in i himmelriket. Ett förlopp som för övrigt kunde snabbas på om efterlevande betalade till kyrkan.

Men den katolska häxtron övertog han rakt av.

Man kan förvisso anklaga Martin Luther för en underlåtenhetssynd, att han inte med samma skarpsinne och kraft vände sig mot häxföreställningarna i tiden som mot avlat och skärseld. Men frågan är hur meningsfulla sådana eftervärldens domar är.

Bland teologiska intellektuella i Martin Luthers samtid var häxtron varken avgörande för själva gudstron eller kontroversiell. Han hade, liksom Karl XI, betydligt viktigare slag att vinna i kriget om den rätta tron.

Ur rent demonologisk synvinkel hade det inte spelat någon roll för de skandinaviska länderna om vi förblivit katolska, häxprocesser hade vi med största sannolikhet fått genomleva ändå, med precis samma teologiska instrument. Martin Luther var i stort sett samtida med Häxhammarens författare och han trodde som de.

Däremot åstadkom Luther en kraftig försämring för rättssäkerheten bland Nordens häxor, även om han inte kan ha haft en ringaste tanke på den effekten av sin lära om staten och statens makt.

För enligt Luther hade fursten ett avgörande ansvar för folkets andliga såväl som timliga välfärd. Kungen var i den meningen kyrkans högste ansvarige i landet. Det är förstås denna tankegång som fick de skandinaviska kungarna att så snabbt anamma den nya tron; Gustav Vasa hade som vi alla fått lära oss i skolan inget emot att överta kyrkans egendomar och bli dess chef. Det var på kungamaktens befallning som länderna i Norden antog reformationslärorna.

En indirekt följd av den förändringen blev också att det var den världsliga makten, kungens makt, som ansvarade för all domsverksamhet. Religiösa brott skulle inte dömas av specialister utan av samma domare, och nämndemän, som alla andra brott.

Effekten av den förändringen blev, när det gällde trolldomsbrotten, att de misstänkta utlämnades till en blodtörstig och vidskeplig allmänhet i mycket högre utsträckning än i de katolska länder där specialisterna inom inkvisitionen fick hantera häxorna, med mindre blodvite som följd. Mer om det i ett följande kapitel.

Det är när överhetens sofistikerade demonologiska teorier sammansmälter med en folklig vidskepelse som häxpaniken uppstår. Och den förutsättningen banade Martin Luther i hög grad väg för när han formulerade sin lära om statsmakten. Men det hade han med allra största sannolikhet inte den bittersta aning om.

Han tog emot Häxhammaren från sina föregångare och skickade den utan närmare reflektioner vidare. Detta objektiva intellektuella brott är hans synd. I sitt försvarstal inför den Allra Högsta domstolen bör han ha hänvisat till en av sina bärande tankegångar, att det inte är i det yttre utan i människans hjärta man skall söka synden.

2. Häxjägaren Christian IV

Den dansk-norska dubbelmonarkins kung Christian IV (1577–1648) har gått till historien som en god och duglig kung. Inte minst i Norge eftersom han som ingen av sina företrädare och knappast någon av sina efterträdare intresserade sig för utvecklingen i de norra provinserna. Han besökte Norge ett trettiotal gånger, första gången vid 22 års ålder. Det var han som gav namn till de norska städerna Christiania (tidigare Oslo, ett namn som återtogs senare), Kongsberg och Kristiansand. Under sin regeringstid gjorde han sig känd för att alltid visa flit och han ägnade stort intresse åt att utveckla handel och industri och därtill en intensiv byggnadsverksamhet. Köpenhamn är i huvudsak ett monument över hans tid som byggherre.

På det utrikespolitiska fältet var han visserligen mindre framgångsrik, han hade oturen att vara samtida med Gustav II Adolf och dennes hårdföra generaler under 30-åriga kriget men lyckades åtminstone dribbla sig fram i diplomatin så att Norge stannade kvar under hans krona.

I eftervärldens bild av honom blev kung Christian IV en god, moralisk och flitig kung, låt vara med mycket god aptit och en del privata utsvävningar. Mindre känd är han dock som Danmarks och Norges ledande häxjägare. Det var under hans regeringstid som de flesta häxprocesserna genomfördes både i Danmark och Norge och det är ingen tillfällighet. Hans rent personliga engagemang spelade en avgörande roll för den saken.

Hans häxfanatism har sitt ursprung i hans lutherska moral. Han var strängt uppfostrad att bli en kung av Guds nåde och uppfattade uppdraget som en skyldighet att vaka över folkets goda seder, bekämpa slöseri och dryckenskap och – synden. Att vara kung av Guds nåde innebar att man måste slå ned skoningslöst på omoraliska beteenden och ständigt arbeta för att uppfostra undersåtarna till en högre moral. I den lutherska katalogen av synder intog som vi sett häxeriet en nästan lika framträdande plats som hor.

I brittisk historia är den främste bland kungliga häxjägare James VI av Skottland, som 1603 blev James I av England och Skottland, och det hänger i högsta grad ihop med Christian IV eftersom James var hans svåger. Dessa båda hade en gemensam erfarenhet av häxors djävulskap som präglade dem för resten av livet.

Hösten 1589 när Christian var tolv år skulle hans syster Anne ge sig av på sin bröllopsfärd mot Skottland där ett praktfullt firande var förberett i Leith utanför Edinburgh. Men det bar sig inte bättre än att osannolikt envetna stormar till havs omöjliggjorde överfarten och tvingade in skeppen två gånger till den norska kusten. Till slut måste man genomföra bröllopet under betydligt enklare former i Oslo i stället för i Skottland.

Den teologiska expertisen var liksom James själv övertygad om att här förelåg ett ovanligt illasinnat anslag från både danska och skotska häxor. När James slutligen kunde återvända med sin brud till Skottland tog han itu på allvar med häxorna på hemmaplan. Häxorna anklagades för att ha försökt omintetgöra de långtgående handelsavtal som giftermålet var avsett att besegla. Hur James bar sig åt för att uppspåra de skyldiga är tämligen oklart, men det är desto klarare att han deltog personligen i både häxjakt och förhör och att tortyr användes konsekvent genom hela processen. I Skottland ledde kampanjen till att ett trettiotal kvinnor brändes på bål. I Danmark där myndigheterna drev en häxkampanj i solidaritet med kung James stannade antalet offer någonstans mellan sex och tretton. En av dessa, en Ane Coldings, förärades till och med epitetet "Djävulens Moder".

För kung James var detta inledningen till en livslång besatthet av häxfrågor och åtta år senare gav han ut ett lärdomsverk i ämnet, *Daemonologi* (1597). Det finns en omfattande brevväxling mellan James och Christian IV där häxfrågan är ett ständigt återkommande ämne för utbyte av erfarenheter och nya uppslag när det gäller uppspårande och förintande.

Med den observans Christian börjat utveckla i och med häxornas attack mot hans svåger och syster och all efterföljande korrespondens i ämnet så är det inte så konstigt att han snart började göra egna erfarenheter.

Vid 22 års ålder gjorde han en lång resa upp till norska Finnmark för att därmed slutligen ha besökt alla rikets provinser i Skandinavien.

Innan hans skepp skulle inleda återfärden kidnappade en av sjömännen en ovanligt stor svart hankatt från en samekvinna. Han till och med stal katten inför hennes ögon när skeppet skulle gå och kunde från relingen håna den rasande ägarinnan.

Följaktligen blev återfärden söderut en mardröm av ovanligt elakartade stormar som vid flera tillfällen höll på att tvinga de kungliga skeppen i kvav.

Oturligt nog sägs Christian IV ha blivit förtjust i katten, vilket ledde till besvärliga diskussioner eftersom mer än en man ombord redan hade genomskådat orsaken till det svåra vädret. Man enades dock om att katten måste lämna skeppet. Men för att något mildra den rättmätiga ägarinnans raseri hivade man inte bara katten överbord utan placerade den i en liten balja med vad man uppskattade till några dagars proviant. Stormen upphörde naturligtvis samma kväll.

Några år efter denna händelse utfärdade Christian IV stränga förhållningsorder till sina nordligaste provinsguvernörer och fogdar att särskilt hålla efter den samiska trolldomen uppe i Finnmark. I värsta fall är det därför kattens fel att de norska samerna råkade så jämförelsevis illa ut under häxpanikens epok.

Genom kungens personliga intresse och iver kom häxprocesserna i Danmark att både påbörjas i stor skala och kulminera snabbare än på andra håll i Norden. Under 1612–13 inleddes en större process i den danska småstaden Köge, en händelse som gått till historien som "Köge huskors". Kungen lät då befalla att en av häxorna skulle avskiljas från den pågående massprocessen och levereras till Köpenhamns slott för vidare förhör och tortyr under hans höga studium. Under tiden brändes elva av de 15 kvinnor som rannsakats i Köge. Det gick inte bättre, sannolikt sämre, för den kvinna som levererats som försökskanin till kungen, eftersom hon förhördes och torterades i drygt två veckor innan hon brändes levande inför monarken.

Några år senare den 29 augusti 1617 lät kung Christian infånga två misstänkta kvinnor för egen räkning, vilka levererades till Voldingsborgs slott. Där studerade han på nytt tortyrens märkliga förmåga att framkalla intressanta och religiöst korrekta bekännelser och lät bränna den ena av dem tämligen omgående efter bara någon vecka. Den andra studerade han dock ända till den 17 december samma år när också hon fick brännas som privatföreställning inför kungen.

Mellan de två privata avrättningarna hann han med att utfärda den lag som skulle framkalla den stora toppen i dansk avrättningsstatistik, "Om trollfolk och deras medhjälpare". Lagen kom att införas i hela det danska riket och utöka häxjakten i både Norge och Island.

I sin iver att utöka vetandet, eller pröva teorierna, eller av andra skäl som vi inte kan veta något om, gav sig kung Christian också in på den intrikata frågan om bara allmogen kunde bli häxor. Han ville pröva om inte till och med adliga personer kunde hemfalla åt häxeri, en frågeställning som i Sverige liksom de flesta andra europeiska länder skulle ha varit politiskt och socialt omöjlig. Men enligt strikt demonlära fanns inga hinder för vare sig präster eller adliga personer att försvära sig åt Djävulen.

Hans testfall blev adelsdamen Christenze Kruckow som enligt sladder var misstänkt för att ha kastat någon form av förbannelse över en grannfru på Nakkabölle slott så att den olyckliga kvinnan nedkom med flera dödfödda barn i rad.

Rättsväsendet – där merparten av domarna självklart var adliga – visade sig dock ytterst trögt och ovilligt inför kungens propåer om att starta process. Till slut utfärdade han en formell skrivelse med befallning till Höjesterett att ta upp saken men möttes ändå av öppet trots.

Men så lätt gav kungen inte upp – man kan tänka sig att det nu gått prestige i saken. I smyg lät han inkalla en länsherre som han beordrade att i sin tur befalla en viss präst att komma med anklagelser mot Christenze Kruckow. När prästens anklagelseakt var framlagd skulle länsherren och hans fogdar snabbt men diskret låta gripa den misstänkta häxan. Efter gripandet befallde kungen att "hun skulle med flid eksamineres (tortyr) og ikke med hendes aflivning iles, således man kan erfare yderligere om hendes bedrift". Denna utdragna examination pågick i 17 dagar innan hon blev avrättad. Dock blev hon inte bränd på bål utan halshuggen med svärd i kraft av sitt adliga privilegium. Exakt vad hon hann erkänna under dessa två dryga veckors tortyr är inte bekant. Högst sannolikt är hon den enda häxan i nordisk historia som har avrättats med svärd.

234

Trots sin påfallande iver att med Guds nåd vaka över undersåtarnas moral levde varken kung Christian eller hans son kronprins Christian ett dygdigt privatliv. Vad som är tillåtet för Jupiter är inte tillåtet för en oxe.

Kärleksdramer och svartsjukeintriger förekom ofta vid hovet och vid ett tillfälle upptäckte kung Christian att det fanns skäl att misstänka hans andra hustru Kirsten Munk för någon form av trolldom (hon hade haft en älskare). Den högst eventuella, men i så fall också högst pikanta, kungliga häxprocessen rann dock ut i sanden. Det hade varit svårt nog att få en adelsdam dömd, hur skulle det då inte te sig att släpa självaste drottningen inför en häxtribunal?

Däremot slutade intrigerna runt kronprinsens älskarinna Anne Lykke med åtminstone ett kungligt dödsstraff. Anne Lykke var impopulär vid hovet eftersom hon föreföll orimlig som gemål åt en kronprins trots att hon förvisso var adlig. Enligt skvallret lockade hon kronprinsen i dryckenskap, osedlighet och annat fördärv och det slutade med att kungen utfärdade ett direkt förbud mot att de unga tu vidare skulle träffas.

Anne Lykke gjorde sig nu skyldig till trolldom. Jo, på riktigt. Hon städslade en trollkunnig kvinna vid namn Lamme Heine som fick uppdraget att på magisk väg dels framkalla kungens död och dels förstärka kronprinsens kärlek till Anne. Uppdraget innehåller visserligen sakligt sett tämligen vanliga häxkonster, men man måste ändå känna en viss häpen beundran för den kloka gumma som utan vidare åtog sig att genomföra konsterna på den höga nivå som det onekligen handlade om.

Visst hokus pokus påbörjades, men kungen fick nys om intrigen och tillsatte en undersökningskommission som skulle ledas av hans främste teologiske expert på häxkonster, biskop Hans Poulsen Resen. Kommissionen fann bevis, såvitt man vet också en del "tekniska bevis" för den pågående trolleriverksamheten och överlämnade saken åt domstolarna. Föga förvånande befanns Lamme Heine skyldig i första instans – den här gången besvärade sig kungen inte med att ge sig på anstiftaren Anne Lykke, möjligen vis av erfarenheten om hur besvärligt det var att få adliga häxor dömda.

Häxan Lamme Heine lyckades dock få sin sak prövad i en högre instans – där domarna frikände henne!

Kungen, som var övertygad om "trolldjävulens skuld", gav förstås inte upp men det tog honom tre år av olika besvär och intriger för att slutligen få Lamme Heine dömd och avrättad – för lögnaktighet.

Vid flera tillfällen då det föreföll vara uppenbar risk för att någon häxa skulle frikännas lade sig kung Christian beslutsamt i saken. Även i till synes bagatellartade trolldomssaker kunde då stora kungliga resurser plötsligt ställas till förfogande.

Ett sådant mål med kunglig intervention var processen mot Maren Spliids som var en fattig skräddarhustru. En annan skräddare vid namn Didrik anklagade henne för att genom trolldom ha gjort honom arbetsoförmögen. Tretton år efter den påstådda trolldomen hade Didrik plötsligt erinrat sig alltsammans just när Maren och han själv hamnade i gräl.

Maren Spliids nekade förstås och målet gick fram och tillbaka i underrätterna år 1637 utan att leda till något konkret. Normalt skulle ett sådant fall ha hamnat i den stora korgen av frikännanden eller icke dömda mål.

Men två år senare fick skräddaren Didrik möjligheten att själv lägga fram sin sak för kungen, som blev så personligt engagerad att han skrev till sin länsherre i Ribe och krävde en grundlig genomgång av målet "då det ikke er forsvarligt for Gud at lade saadanne uhyrlige Gerninger hengaa upaatalt og ustraffet" – en nog så tydlig indikation på hur majestätet själv såg på skuldfrågan.

Den höga befallningen fick genast effekt och en ny process inleddes det följande året, varvid den misstänkta häxan Maren

Spliids rekvirerades till Köpenhamns slott för att undergå vetenskaplig examination med tortyr och teologisk expertis.

På kungliga slottet fanns nu en ny hovpredikant som var teolog med internationell ryktbarhet och dessutom häxexpert, biskop Jesper Brochmand. Han åtog sig att personligen leda förhören så att hans majestät skulle tillförsäkras allra bästa tänkbara vetenskapliga resultat.

Följaktligen inleddes nu några veckors helvete för den misstänkta Maren Spliids. Alla formellt gällande rättsprinciper sattes åt sidan, om inte annat krävde den kungliga prestigen ett positivt resultat. Maren Spliids torterades på alla upptänkliga sätt och fick dessutom genomgå vattenprovet som givetvis bevisade att hon flöt. Hon bröts snabbt ned och började bekänna, vilket inte räddade henne undan fortsatta plågor eftersom avsikten helt klart var att få fram en sorts mönsterbekännelse. Under biskop Brochmands ledande, men förmodligen alls inte milda, hand formulerade Maren till slut en bekännelse som var som en teologiskt perfekt provkarta på alla de demonologiska kunskaper som händelsevis experten Brochmand själv besatt. Hon brändes på bål den 10 november 1641. Kungen var även denna gång personligen närvarande och dessvärre kan man inte förmoda annat än att han drog en suck av nöjd lättnad när stegen med den fastspända Maren äntligen vältes ned över de höga flammorna.

I kung Christian IV har vi alltså att göra med en ovanligt farlig fanatiker eftersom han besitter kunglig makt. Hans speciella intresse för häxfrågor kan inte ha varit okänt bland rikets ämbetsmän och domare. Detta var också en tid när utnämningen av ämbeten, särskilt i Norge, knöts allt fastare till kungens personliga makt. Följden blev rimligtvis att varenda något sånär framsynt karriärist snart kom att visa sig särskilt nitisk när det gällde att jaga häxor.

Den samtida monarken i Sverige var drottning Kristina som

var tämligen ointresserad av häxfrågor och under hennes regeringstid (1632–1654) var häxeribrottet jämförelsevis obetydligt i Sverige. Senare, efter sin abdikation, förklarade hon helt frankt att hon för egen del aldrig hade trott på föreställningarna om några flygande häxor. Den ståndpunkten, formulerad när hon inte längre behövde ta regeringsansvar för sina åsikter, är sannolikt en försköning av vad hon ansåg på den tiden hon hade makt. Men sakligt sett är det svårt att komma förbi att en skeptisk regent som Kristina hade en dramatiskt annorlunda effekt på häxbålen än en fanatisk aktivist som kung Christian IV.

Vad jag försöker föra fram är alltså återigen den något förargliga och illa sedda synpunkten att personligheten kan ha avgörande betydelse för historien.

3. Bödeln och bedragaren Mäster Håkan

I slutet av 1500-talet och under de två första decennierna av 1600-talet härjade Mäster Håkan i trakterna runt Jönköping. Historien om honom är som hämtad ur en roman av P O Enquist.

Mäster Håkan var bland annat specialist på vattenprovet och i det avseendet var han före sin tid i Sverige. För tvärtemot vad många tycks föreställa sig så förekom vattenprovet knappast alls (undantag finns alltid) under den stora vågen av svenska häxförföljelser på 1600-talet.

Vanligt var vattenprovet bara i de protestantiska tyska småstaterna där man dessutom praktiserade ett vågprov enligt teorin att en häxa för att kunna flyga bra måste vara mycket lättare än hon ser ut. Misstänkta kunde vägas på ett särskilt instrument "och befinnas väga för lätt".

Vattenprovet var emellertid en kontroversiell metod och en stor del av den teologiska expertisen avfärdade det som både

"Att flyta som en gås" var den egenskap som genomgående tillskrevs häxor när de testades med vattenprovet. Konstnären har som synes hjälpt till att upphäva fysikens lagar. Dock är det nästan omöjligt att bevisa sin oskuld genom att sjunka för den som håller andan. Vattenprovet var snarare en tysk specialitet och användes sällan i Sverige.

bluff och okristligt. Dels menade teologerna att detta var något som i allt för hög grad liknade så kallade gudsdomar från mer eller mindre hednisk tid. Exempelvis tänkte man då på det prov som bestod i att den misstänkte skulle bära glödande järn i sina bara armar för att med Guds hjälp undkomma utan brännsår och därmed bevisa sin oskuld. Det var förmätet att tro att man kunde beordra Gud att ingripa i den mänskliga rättvisan.

Dels argumenterade man mot vattenprovet genom att hänvisa till att Djävulen kunde tänkas manipulera sådana prov genom att låta oskyldiga flyta och skyldiga sjunka.

En del av dessa argument kan för oss i nutiden se ut som om det bara rör sig om skickliga hårklyverier som egentligen är avsedda att dölja kritikerns verkliga men socialt och politiskt riskabla uppfattning att vattenprov och dylikt bara var fnoskighet, en "kritik inom systemet" av ungefär samma slag som juristen Anders Stiernhöök och några av hans kolleger använde sig av för att åtminstone sabotera så många häxprocesser som möjligt. Somliga teologer som hade så stor prestige att de knappast kunde misstänkas för kätteri var emellertid mindre inlindade i sin kritik. En sådan teolog med ledande ställning i Danmark på 1500-talet var Niels Hemmingsen och han avfärdade utan omsvep vattenprovet som "detta löjeväckande och nya påfund som säger sig kunna visa att en skyldig kvinna med händer och fötter sammanfjättrade skulle flyta som en gås om man kastar henne i vattnet".

I slutet av 1500-talet fanns dock ingen sådan inflytelserik teolog i Jönköping. Och eftersom häxprocesser var sällsynta vid den här tiden så var de troligen publikt intressanta långt utöver rutinmässiga avrättningar av tjuvar och våldsmän. För städerna Stockholm, Jönköping och Vadstena finns ett gott källmaterial som visar att mellan 1490 och 1614 avrättades blott 34 häxor. Brottet var alltså fortfarande mycket exklusivt och bör ha uppfattats som extra spännande.

Med de förutsättningarna skapade Mäster Håkan sin affärsidé. Han var helt uppenbart en berest person, sannolikt hade han vistats i Tyskland, eftersom han introducerade nya idéer i form av både vattenprov och betydelsen av att kunna finna något hemligt tecken – stigma diaboli – på den misstänktas kropp. Myndigheterna i Jönköping med omnejd kom att uppfatta honom som en nästan oumbärlig expert, något som Mäster Håkan skickligt utnyttjade med god förtjänst. Redan vanligt bödelsarbete utan medföljande expertomdömen i den juridiska prövningen var välbetalt, yrket var trots sin oumbärlighet i dödsstraffens tid omgivet av både vidskeplig skräck och social stigmatisering.

Det första spåret efter Mäster Håkan dyker upp i Jönköping 1588 då en kvinna som frikänts från trolldomsmisstankar hotas med att om misstanken uppstår på nytt så väntar Mäster Håkan och vattenprovet.

Två år senare kastas två kvinnor i vattnet i Jönköping, båda visade sig "flyta som en gås". Och nu framgår det tydligt att det är Mäster Håkan som arrangerat det hela. Därefter blir spåren allt tätare efter honom i rättsdokument runt om i Småland och Västergötland. Överallt uppträder Mäster Håkan som den store auktoriteten – och tortyrexperten. 1594 agerar han i Habo socken där han "rannsakat och utletat Tyskabillan – – – det samma hon ock för rätten bekände huruledes hon den djävulskonsten lärt hade".

Protokollsnoteringen ger ett intryck av att Mäster Håkan var såväl polis som överbevisande åklagare, torterare och slutligen bödel allt i ett. Det han "utletat" var någon form av fysiskt bevis som bara han var expert på. Och Tyskabillans erkännande i slutet på hanteringen var nog inte särskilt godvilligt.

Därefter förekommer Mäster Håkan i en process med så tydliga oklarheter att man skulle kunna beskriva förloppet som en fyrahundra år gammal deckargåta. Omkring 1599 var han inkallad som expert vid en häxrannsakning i Rydaholms socken, Östbo härad. Tre kvinnor utsattes för vattenprovet under hans överinseende – men bara två befanns skyldiga. Den tredje, som tydligen lyckades sjunka på något sätt, hette Elin i Horsnäs och hon frikändes.

Det är svårt att tänka sig att Elin helt på egen hand lyckades slingra sig ur det prov som i princip ingen klarade utan att andas in vatten. Också för en skicklig simmare i vår tid skulle det vara svårt att dyka ner och hålla sig fast lagom länge under vattnet åtminstone med de förutsättningar som Elin hade. De som prövades i vatten på detta sätt hade sina händer och fötter sammanbundna...

Misstankarna för manipulerat vattenprov faller nu tungt på Mäster Håkan. På något sätt måste han ha hjälpt Elin och för det bör han på ett eller annat sätt ha fått ersättning för sitt uteblivna avrättningsarvode.

De två skulle nämligen komma att träffas på nytt något tiotal år senare. Denna gång var det fogden i Sunnerbo som vände sig till ståthållaren i Jönköping med en begäran att få hyra in Mäster Håkan för vattenprov och eventuell avrättning.

Kort därefter anlände Mäster Håkan med ett instruktionsbrev från ståthållaren som bland annat bemyndigade bödeln att utföra vattenprov. Den misstänkta häxan var på nytt Elin i Horsnäs.

Procedurerna inleds med förhandlingar mellan Mäster Håkan och fogden om hur ersättning skall utgå ifall den misstänkta på nytt visar sig vara oskyldig. Mäster Håkan vill först ha ett garantiarvode, men lovar sedan att ordna saken ändå.

Han går till verket med betydande förslagenhet. Han skryter med sin stora erfarenhet och säger sig kunna "se" på häxan om hon är skyldig och föreslår därför ett nytt men fantasieggande test.

Han arrangerar det så att han skall få betrakta den misstänkta i smyg, utan att de har någon närkontakt och utan att hon kan se honom. Detta intressanta prov är det förstås ingen som motsätter sig, särskilt inte som Mäster Håkan förklarar att smygtittandet beror på att vissa häxor kan vara utrustade med det onda ögat. Om han således möter henne ansikte mot ansikte skulle hon kunna förvilla hans eljest knivskarpt avslöjande blick.

När han så får betrakta henne genom något titthål, eller hur man nu gick till väga, säger han att han fått en vision att hon har djävulsmärket dolt på sin kropp i form av någon sorts födelsemärke under högra bröstet. Finner man detta stigma diaboli på den plats han angett är saken klar.

Några kvinnliga vittnen tillkallas, får klä av och undersöka häxan "och sågo, att hon hade samma märke som mästermannen omtalat hade, där uppå de sig storligen förundrade".

Man behöver nu inte vara kommissarie Wallander för att ana ugglor i mossen. Varför var det så viktigt för Mäster Håkan att betrakta Elin i smyg så att hon hölls ovetande om vad han skulle avslöja?

En rimlig förklaring är att han i vart fall i tjänsten, sannolikt också privat efter avklarat vattenprov, hade en tidigare erfarenhet av hennes nakna kropp. Därav den till synes förbluffande exakta iakttagelsen från ett titthål utan närkontakt. Hade han däremot kommit med detta påstådda avslöjande i Elins närhet får vi nog tänka oss att hon genast och indignerat hade förklarat bödelns precisa kunskap med att de båda begått hor tillsammans, vilket under alla omständigheter skulle ha förringat det intressanta avslöjandet om hennes födelsemärke.

Men nu är hon fast, för efter beviset med det misstänkta djävulsmärket under höger bröst så överlämnas hon på onåd åt Mäster Håkans vidare examinationer.

Han rakar av henne allt hår "ovan och nedan". Detta med att raka könshåret på blivande tortyroffer var en tysk specialitet och en teknik som fanns rekommenderad redan i Malleus Maleficarum. Skälet var att häxor kunde få något som liknade en liten hårboll av Djävulen som skyddade mot tortyrens smärtor och detta magiska motmedel brukade de gömma någonstans i kroppsbehåringen.

Den tortyr som Mäster Håkan därefter genomförde förefaller visserligen inte särskilt raffinerad men bör allteftersom ha blivit nog så smärtsam. Han tog en laddstake från en bössa, en lång smal stålstång, och filade av och an mellan hennes fingrar medan han utfrågade henne om trolldomen.

De första tio minuterna under sådan behandling skulle nog många människor klara av i Elins prekära situation. Men när huden mellan fingrarna är bortsliten och metallen börjar närma sig hinnorna i handens ben måste smärtan bli hart när outhärdlig även om livet står på spel.

Elin stod emot såtillvida att hon inte erkände trolldom. Däremot erkände hon ett annat brott som skulle medföra dödsstraff – och det måste hon självklart ha varit medveten om. Hon uppgav att hon hade giftmördat sin man Bengt.

Vid den här tiden brändes häxor levande. Det mer traditionella giftmordet kan ha straffats med en mildare avrättningsform. I så fall gjorde den torterade Elin samma enkla kalkyl som många skulle göra efter henne, att hellre ta ett snabbt dödsstraff än att försöka stå emot en så beslutsam torterare som Mäster Håkan.

Protokollet noterar, något hycklande får man väl säga, att Elin inte bekänt mordet under tortyr, eftersom detta brott inte var skälet till att hon torterades. Därav följde, menade man, att hon erkänt mordet "godvilleligen".

Den allmänna opinionen krävde nu Elins avrättning "efter samdräktigt rop från präster, nämnd och hela häradet, som begärde att en sådan ogärningskropp skulle tagas av vägen".

Ståthållaren i Jönköping, överste Olof Hård, sände en befallning till fogden att äntligen låta avrätta Elin och försäkrade att den påskyndande proceduren skulle han med Guds hjälp försvara "hos vår nådiga höga överhet".

Elin avrättades, vi vet inte hur. Mäster Håkan kvitterade ut sitt arvode och red vidare.

Men den rättsliga historien om Elin som kunde sjunka var inte slut därmed. Fyra år senare ställdes fogden i Sunnerbo inför rätta, åtalad av Svea hovrätt för att han genomfört avrättningen utan klartecken från högre instans. Hovrätten misstänkte också att tortyr använts för att framtvinga erkännandet om ett brott av sådant slag – giftmord – där tortyr inte var tillåtet. Det var ju bara häxor som vid den här tiden kunde torteras eftersom deras brott var ett "crimen exceptum".

Det kan tyckas något underligt att översten och ståthållaren Olof Hård som beordrat fogden att genomföra avrättningen utan vidare krusiduller inte själv råkade illa ut. Förklaringen är antagligen mycket enkel. Översten var adlig och det var inte fogden.

Ännu 1618 dyker Mäster Håkan upp som expert i ett trolldomsmål i Konga härad. Nu varierar han tricket att känna på sig att den misstänkta har ett hemligt djävulsmärke på kroppen:

"Och förrän mästermannen M. Håkan i Jönköping fick se samma trollkvinna, sade han vad tecken hon skulle hava såframt hon var skyldig, nämligen att hon skulle hava ett märke ovanför hjärtat, antigen på bröstet, armarna eller händerna, som satan skulle suga och dia bloden utav henne – – – sedan kom hon på vattnet, flöt hon lättare än en gås, så att mästermannen henne två gånger nedstoppade, och hon genast med hast uppflöt och låg på vattnet som ett torrt trä, det häradsnämnd och över hundrade människor åsågo."

Vad gäller vattenprovet så hade Mäster Håkan vid den här tidpunkten, nästan 30 år efter att han första gången dyker upp i dokumenten, en såpass stor erfarenhet av människans förunderliga förmåga att flyta om hon håller andan att han obesvärat roade sig med att inför hundratalet åskådare genomföra en extra-föreställning.

Att han inte som i fallet Elin hade hanterat denna kvinnas nakna kropp tidigare får väl antas framgå av att han i sin angivelse om var djävulsmärket skulle finnas hade varit skenbart exakt men att de säkert oerhört observanta kontrollanter som skulle efterforska saken faktiskt hade fått till uppgift att undersöka så mycket som en femtedel av den misstänktas kropp. Få av oss skulle klara en sådan examination, alltid finns det något födelsemärke någonstans som inte ser ut som de andra. Till detta kommer att knappast någon vuxen människa bland allmogen på 1600-talet kan ha haft händer utan ärr och blessyrer. I sista hand skulle beviset återfinnas där. Mäster Håkan hade vid det här laget åtskillig rutin. Ingen lurade honom på hans bödelsarvode.

Jämfört med Martin Luther är Mäster Håkan givetvis en mycket liten fisk i vårt onda historiska akvarium. Han mördade för pengar och med bedrägeri och i den branschen var han sannerligen inte ensam i Europa. Han var heller inte ensam om att hitta på en särskild teknik för att avslöja häxor. Under den följande häxpaniken vandrade ju visgossarna runt i en stor del av norra Sverige. Och i Skottland var deras motsvarighet självlärda nålexperter som kunde examinera häxors kroppar med stor noggrannhet ända tills de fann den avgörande punkten där den misstänkta saknade känsel. Det blir så om tortyren pågår tillräckligt länge.

Men i sin småländska och västgötska domän var ändå Mäster Håkan en man som åstadkom en skillnad på något dussin människoliv som han tog för vinnings skull.

Han var den mörka motsvarigheten till häxornas försvarare Anders Stiernhöök; det skulle ha varit utomordentligt intressant att lyssna till Mäster Håkans sista bikt när han förberedde sig för sin egen död och det fortsatta eviga livet. Om han var den fullblodscyniker vi kan förledas att tro att han var, så ljög han på sig – eller erkände – ett brott som medförde halshuggning när karriären var slut. På så vis fick han ju syndernas förlåtelse och for raka vägen till himlen.

4. Häradshövding Psilanders farliga idealism

Mäster Håkan visste mycket väl vad han gjorde. Han använde medvetet bedrägliga metoder för att med god förtjänst ta livet av sina offer. Vad han innerst inne trodde eller inte trodde om förekomsten av häxor får vi förstås aldrig veta. Men med den omfattande erfarenhet han hade av exempelvis vattenprovet kan man nog ta för givet att han mycket väl förstod hur det låg till. Alla människor flöt oavsett om de var skyldiga eller ej. Såvida de inte, vilket sannolikt skedde i fallet med Elin i Horsnäs, fick hemlig hjälp av bödeln.

Cynikerns raka motsats är idealisten, mannen som bärs av en intellektuell övertygelse eller politisk idé så stark att verkligheten får anpassas efter hans redan färdigprogrammerade ideologiska karta. Sådana människor kan förvisso visa sig väl så dödsbringande som en Mäster Håkan.

Häradshövding Nils Psilander var en sådan övertygad häxtroende idealist. Han kom från en svensk och vad vi idag skulle kalla intellektuell familj. Hans far hade studerat vid universitetet i Wittenberg och därefter blivit präst i Sverige. Själv hade han legat vid det nya svenska universitetet i Dorpat, den lärdomsanstalt där det från första början massproducerades präster för att kunna ta itu med trolldom och vidskepelse i de svenska Östersjöprovinserna. I det strikt lutheranska Dorpat var häxfrågan således en stor sak och även om Nils Psilanders studier snarare gjorde honom till jurist än teolog (gränserna mellan teologi och andra vetenskaper var mer flytande på 1600-talet) så måste han ha varit genomindoktrinerad i häxfrågan när han 1655 belönades efter en del arbete i statens tjänst med fullmakt som häradshövding på Åland.

De flesta män i hans position skulle därmed ha låtit en lagläsare vikariera med själva domarjobbet, för halva lönen, och själva ha rest till exempelvis Stockholm i strävan efter ännu en och kanske rentav bättre befattning. Men så icke Nils Psilander, ty han hade en mission att fylla. Han hade nämligen upptäckt att Djävulen härjade särskilt svårt just på Åland, vilket krävde ansvarsfulla och kraftfulla insatser från någon som visste bättre än den fåkunniga allmogen. Och en sådan man var onekligen Nils Psilander, av hans efterlämnade noteringar får man en god bild av vad han hade läst och den bilden visar på en oklanderlig bildning, särskilt i häxfrågan.

Men när han började sin domartjänst 1655, mer än ett decennium innan den stora häxpaniken bröt ut i Sverige, representerade han den allra mest moderna kunskapen om häxproblematiken och levde i så motto i en helt annan föreställningsvärld än omgivningen på Åland.

Det hade decenniet före hans ankomst förekommit ett och annat trolldomsmål på Åland, med ett genomsnitt strax under en process om året. Och då hade det rört sig om gamla välkända och föga upphetsande saker som vanligtvis inte ledde till dödsstraff – signerier och lövjande, en och annan anklagelse för sinande ko och så vidare. Detta var den omoderna och traditionella trolldomsprocessen från medeltiden och framåt, handfasta och konkreta småbrott som inte tillmättes någon särskilt satanisk innebörd. Den värsta brottsanklagelsen kunde då röra sig om maleficium medan det nya avancerade och betydligt värre brottet djävulsförbund var okänt på Åland.

Det skulle det nu bli ändring på. Vid en rannsakning som tog sin början 1662 kan man ana den första förskjutningen i dömandet. Bonden Olof Hansson i Lemland och hans svärmor

Kirstin Hansdotter anklagades för att ha läst formler för att skada andras boskap. Av protokollet framgår att Psilander ville ha dödsstraff men att nämnden var enig om att detta var alldeles för bagatellartat för en sådan påföljd och målet slutade med bötesstraff.

Men domen formulerades så att det ändå rörde sig om en sorts djävulspakt och vi kan ana Psilanders iver att få in den nya och avgörande aspekten i processen. Eftersom de båda anklagade indignerat slagit ifrån sig alla insinuationer om att det skulle ha behövt ta till något förbund med Djävulen bara för så enkla småsaker som att lära sig spå, framsäga helande besvärjelser eller likartade enkla trollkonster, och eftersom deras ord inte kunde motbevisas, kom de billigt undan. Men i protokollet står det ändå att de gjort sig skyldiga till *pactum implicitum*, en om inte direkt så ändå underförstådd pakt med Djävulen, precis så som hade predikats i Dorpat. Förmodligen begrep ingen i Psilanders nämnd den raffinerade nymodigheten. Men denna intellektuellt intrikata metod att diagnosticera ett djävulsförbund stämmer till punkt och pricka med vad som var allmängods i Dorpat där Psilander studerat och i Riga där den svenske överstepredikaren Herbert Samsonius förklarat att till och med tron på att en fyrklöver kunde bringa lycka var en form av vidskepelse som måste ses som, just det, pactum implicitum.

Vad Psilander emellertid behövde för att komma igång att praktisera alla sina moderna teorier var en något mer dramatisk häxa än de som då och då förekom på Åland och bara tvingades besvara rutinmässiga frågor om spåkonster och liknande.

Bondhustrun Karin Persdotter som åtalades 1665 för spådom kan till en början inte ha förefallit Psilander som annat än ännu ett av dessa trista fall där det inte gick att knyta ihop säcken kring brottet djävulsförbund. Hon hade vid ett flertal tillfällen försökt återfinna stulet gods, för vilket hon fick lite betalt om hon misslyckades och mer betalt om hon lyckades. Förmodligen var det missnöjda kunder som hade anmält henne.

Hon förklarade inför rätten att hon varit sjuk ända sedan barndomen, vilket inte kan ha verkat det minsta upphetsande på häradshövding Psilander. Men så tillägger hon aningslöst att sjukdomen var ett verk av Satan som på senare år hade kompenserat saken genom att uppenbara sig för henne och hjälpa henne med olika konster.

Om Psilander varit på väg att resignerat nicka till under förhandlingen bör han nu ha satt sig upp käpprak och klarvaken. Kärringen begrep tydligen inte själv vad hon just hade gjort – dömt sig själv till bålet för djävulsförbund – så här gällde det att lirka sig fram lite försiktigt för att se vad som ytterligare kunde dras ur denna första riktigt äkta åländska häxa. Psilander förklarade att han godtog den anklagades märkvärdiga förklaring till sjukdomen men att han hade ännu några frågor att ställa.

Den anklagade, som själv bör ha uppfattat sitt påhitt om Satan som en sorts förmildrande omständighet eller åtminstone ett sätt att göra sig märkvärdig, ovetande som hon var om lärdomen i Dorpat, lät sig aningslöst luras i fällan och började berätta utförligt. Redan som barn hade hon blivit betraktad som, och känt sig, annorlunda och hon var inte den enda i sin släkt som var synsk. Och så hade hon som sagt träffat Satan och han hade lovat hjälpa henne ur fattigdomen.

Psilander måtte skickligt ha dolt sin upphetsning vid den här tidpunkten, för när han ställer ifrågasättande följdfrågor om hon verkligen träffat Djävulen, om man verkligen skall tro på sådant... såvida hon inte varit i Blåkulla förstås?

Så går hon omisstänksamt med på att hon faktiskt varit i Blåkulla. Detta är en storvinst för Psilander. Dels kan han nu locka ur henne observationer från Blåkulla, den som säger sig ha varit där måste ju ha en hel del att berätta, dels kommer han i det följande att kunna få fram namn på andra ålänningar som också varit där. Karin dras djupare ner i fångstgropen, medger att hon varit ofta i Blåkulla och att Djävulen bitit henne i brösten och sugit blod (Dorpatteorier) och att man fortfarande kan se märkena efter hans tänder.

När Karin börjar ana att hon håller på att prata på sig en dödsdom försöker hon ta tillbaka alltsammans, men man lyckas övertala henne att avlägga en fullständig bekännelse. Utan tortyr. Hon dömdes till döden enligt Andra Mosebok 22:18, "En trollkona skall du icke låta leva", vilket ju var gällande svensk lag.

Det brådskade emellertid inte med avrättningen. Karin hade hittills inte angett någon medskyldig ålänning. Hon sattes tills vidare i fängelse på Kastellholm där Psilander och behjälpliga präster började besöka henne och till slut förmådde henne att ange 13 nya häxor; hon fick alltså leva så länge hon angav. Äntligen hade de stora möjligheterna öppnat sig för Psilander.

De närmaste åren löpte processerna snabbt och smidigt mot raden av kvinnor som Karin hade tvingats ange. I mars 1668 hade man avverkat sex dödsdomar.

Psilander behandlade nya dömda som han börjat med Karin; de fördes till Kastellholm och började få besök av Psilander själv och av en särskilt nitisk häxspecialiserad präst vid namn Bryniel Kjellinus.

Gången i processen var följande. Först anklagades kvinnorna för att ha blivit sedda i Blåkulla. Den misstanken var nog för en kroppsundersökning och på alla kvinnor man undersökte fann man ett eller annat tydligt djävulsmärke, i nödfall fick man leta på händerna där ju alla människor hade något ärr.

Eftersom de misstänkta nu belastades både av att ha blivit sedda i Blåkulla och dessutom av ett djävulsmärke så motiverade det i sin tur fortsatt examination under tortyr. Den metod man använde på Åland var tumskruvar. Tydligen var metoden effektiv, eftersom alla som förhördes bekände. Exempelvis dömdes änkan Ebba till döden på grund av två angiverier, ett djävulsmärke och bekännelse under tortyr, trots att hon inte var anklagad för någon som helst förgöring eller annan ond gärning. Det var enligt Psilanders moderna teorier själva djävulsförbundet som motiverade dödsstraffet.

Så långt kan det se ut som om Psilander, fullt i överensstämmelse med sin fasta övertygelse att Djävulen härjade särskilt svårt på Åland, var på väg att få igång en massprocess utan ände. Ju fler som angavs av torterade desto fler skulle visa sig ha ett djävulsmärke någonstans (alla på Åland tycks ha haft det) och kunde därefter under tortyr tvingas ange nya häxor.

Om Psilander haft lyckan att verka hemma i egentliga Sverige några år senare hade han säkert kunnat gå till historien som en utomordentligt framgångsrik skrivbordsmördare.

Men på Åland innan den svenska häxpaniken ens hade börjat var Psilander en politisk extremist som mer och mer väckte den mindre bildade omgivningens misstänksamhet.

Han fick till exempel besvär med en del pinsamma avslöjanden om vad han och hans nitiske Sancho Panza, prästen Kjellinus, hade haft för sig med de dömda häxor som de trakasserade i fängelset på Kastellholm. De hade tvingat ett par kvinnor att försöka värja sig med uppenbara lögner.

Pastor Kjellinus hade nämligen varit mycket angelägen att komma över något prov på den berömda häxsalvan, förutan vilken det inte skulle gå att flyga. Han hade hotat den dömda häxan Lisbeta att låta bränna ner hennes hus om han inte fick se ett prov på häxsalva. Därför hade hennes olyckssyster Ebba lyckats stjäla lite skokräm från någon av fångvaktarna som hon smugglade över till Lisbeta som i sin tur, förmodligen med en lättnadens suck, kunde skicka "häxsalvan" vidare till den stollige men farlige prästen.

När skokrämsskandalen avslöjades väckte det viss stigande misstänksamhet bland nämndemännen, eftersom de ju faktiskt sett ett mycket tydligt prov på en falsk bekännelse. De började öppet ställa frågan om inte tortyren kunde ha en liknande olycklig och alls icke avsedd effekt.

Häradshövding Psilander svarade då med att trappa upp det vetenskapliga raffinemanget i bevisföringen med hjälp av några av tidens allra senaste rön från universitetet i Dorpat. Ett rykande färskt verk, *Prozesse wider die Hexen*, av den akademiskt högt erkände Michael Freude rekvirerades med ilfart. Och i enlighet med instruktioner i det nya bokverket började man genomföra nålprovet.

Men nämndens misstänksamhet var inte undanröjd med denna nya metod, även om nålprovet visade sig fungera på ett högst förunderligt sätt.

När det emellertid blev dags för en ny Margeta, som var hustru till en Lars Hansson och som också hon hade blivit angiven av den första häxan Karin Persdotter, kom vändpunkten. Nämnden lät sig inte nöja med att Margeta hade ett djävulsmärke som alla andra och att djävulsmärket påstods vara okänsligt för nålstick. Man vägrade att skicka henne till tortyrkammaren och krävde i stället att en högre kyrklig myndighet, dock inte med pastor Kjellinus inblandad, skulle pröva saken. Efter någon tid fick man ett kyrkligt analyssvar som emellertid varken bekräftade eller dementerade anklagelsen. Nämnden beslöt sig då enhälligt för att "ställa denna mörka sak under Guds dom", vilket var som ett villkorligt dödsstraff men i praktiken också frigivning.

Nämnden hade till slut revolterat mot häradshövding Psilander och den lilla åländska vågen av häxprocesser var över. I den stora historien är den en liten parentes, men den är ett intressant undantag från regeln att det var folket och dess nämndemän som drev på och intellektuella som Anders Stiernhöök som med växlande framgång försökte streta emot. På Åland var det faktiskt tvärtom.

Men som många dogmatiska politiska extremister både före och efter honom hade Psilander skapat ett alldeles för stort avstånd mellan sig själv och det folk han ville "tjäna" (som det skulle ha hetat i vår tid) eller snarare uppfostra (som det hette på hans tid).

Det särskilt intressanta, eventuellt också obehagliga, med män som Nils Psilander är att de inte kan beskrivas som medvetet onda. Säkert hade Psilander de bästa av avsikter, övertygad som han var om sina egna överlägsna intellektuella utförsgåvor och insikter i modern vetenskap.

Här ser vi blodspåret från Martin Luther till det häxjagande prästerskapet i hans efterföljd, till kung Christian IV och hans ämbetsmän, ända ner till häradshövding Psilander på Åland och längst ner den cyniske bedragaren Mäster Håkan.

Häxprocesserna på 1600-talet har sitt upphov i ideologi – politisk ideologi och teologisk är samma sak vid denna tid. Utan Martin Luther ingen kung Christian IV eller ideologiproduktion på universiteten från Wittenberg till Dorpat. Utan dessa präster och deras föreställningar om djävulsförbund skulle Blåkullaresenärerna ha färdats strafffritt i sin fantasi.

Emellertid är denna enkla ideologiska modell för häxprocesserna den minst populära bland nutidens intellektuella och forskare som hellre ser maktpolitiska förklaringar (klasskamp uppifrån) eller ekonomiska, sociologiska eller rentav meteorologiska förklaringar:

"Häxprocesserna i Dalarna sammanföll med flera års missväxt i rad och på Island med särskilt stränga vintrar."

"Häxprocesserna i Danmark sammanföll med en stark nedgång i böndernas export av spannmål, vilket fick dem att omedelbart börja ange varandra som häxor" (trots att deras export av oxkött samtidigt ökade).

"Häxprocesserna sammanföll med den ännu outvecklade 1600-talsstatens behov av att etablera sin absoluta auktoritet och därför dog drygt 300 svenska kvinnor i häxprocesser" (och, i så fall, mer än dubbelt så många män avrättades för tidelag).

"Genom att avrätta miljoner kvinnor som var läkekunniga och intellektuellt överlägsna kunde männen säkerställa sin strävan att som grupp vara överordnade kvinnor och dessutom neutralisera kvinnornas medicinska konkurrens."

Den här typen av finurliga förklaringar har alla det gemensamt att de vill skjuta själva ideologin i bakgrunden, och det är inte helt lätt att förstå varför, om man bortser från varje vetenskaplig disciplins naturliga strävan att alltid föredra de egna tankemodellerna framför andra vetenskapers.

Men märkligt nog är den här typen av akademiska och anti-ideologiska bortförklaringar praktiskt taget obefintliga när det gäller 1900-talets oändligt mycket mer omfattande katastrofer i skördade människoliv. Ingen förklarar utrensningarna i Stalins Sovjetunion med annat än ideologi. Tvärtom förklaras alls inte massvälten i Maos Kina på 1950-talet med väder och vind utan just med ideologi.

Man vill då snarare hellre göra Karl XI eller Christian IV till en sorts Stalingestalter. Vilket faller på sin egen orimlighet. Karl XI hade över huvud taget inte tid med några häxor och Christian IV drevs av sin religiösa ideologi och inte av någon intrikat maktlära av de slag som ännu inte uppfunnits.

Häxprocesserna är till sin kärna kristen ideologi, oändligt mycket mer än något annat som väder och vind eller ekonomiska konjunkturer. Därav det raka blodspåret från Häxhammaren till häradshövding Nils Psilander.

IX

Om den goda inkvisitionen som trodde mer på rättssäkerhet än häxor

1. Den romerska inkvisitionen

Redan själva ordet är laddat på ett sätt som är ägnat att inge varje ättling av protestantiska förfäder en rysning av obehag. *Inkvisitionen* får oss att associera till djupa källarvalv där eldsflammorna kastar fladdrande skuggor längs de av fukt drypande stenväggarna och där sadistiska jesuit- eller franciskanermunkar går lös på fjättrade nakna kroppar med glödande tänger på ett sätt som skulle få vår egen Mäster Håkan att framstå som en hjärtnupen humanist. Och utanför tortyrkamrarna dånade kättarbålen i oändliga rader för "flera miljoner häxor"; inkvisitionen som en föregångare till Hitlers folkmord.

Vad gäller häxepoken från 1500-talet och framåt är denna bild av inkvisitionen inte bara en överdrift i största allmänhet utan en grotesk nidbild. I själva verket framstår inkvisitionens häxdomare som oändligt överlägsna sina protestantiska motsvarigheter.

Den romerska inkvisitionen fick nytt liv på 1500-talet för att möta hotet från protestantismen, för att bekämpa kätteriet således. Men redan omkring 1580 överflyttades inkvisitorernas intresse alltmer till brott som handlade om vidskepelse och magi, vilket kom att bli underlag för ungefär 40 procent av verksamheten. De flesta processerna kom emellertid inte att handla om nattflygande häxor och sabbat hos Djävulen utan om mer jordnära trolldom för att finna gömda skatter, framkalla kärlekspassion på artificiell väg och magisk medicinsk praktik. Det var dock ingalunda frågan om att ställa enbart kloka gummor inför rätta utan också ett stort antal av de egna inom kyrkan som kunde ha missbrukat oblat eller kyrkliga riter i magiskt syfte.

Inkvisitionen var alltså en kyrklig specialdomstol som hade både kyrkans och statens uppdrag att hantera religiösa brott – kätteri och häxeri, vilket ofta var samma sak – och domarna var alla teologiska specialister på området. Processerna fördes inte offentligt utan i hemlighet, något som dock inte var så skräckinjagande som man kan föreställa sig utan mer avsett för de misstänktas skydd. Vad som nämligen sades inom inkvisitionens murar var hemligt och skulle inte kunna bilda underlag för skvaller eller social stigmatisering av dem som frikändes, vilket för övrigt var de flesta. Dock fördes pedantiska protokoll över allt som sades innanför murarna, varför eftervärlden fått ett mycket stort skriftligt material att studera.

I de processer som den romerska inkvisitionen genomförde var rykten och lösa anklagelser inte tillåtna och vittnesuppgifter inte giltiga om de inte avgetts under ed och straffansvar. Redan här uppstår en betydande skillnad gentemot den protestantiska ordning som vi känner den från vår egen nordiska omgivning.

Djävulsmärke och liknande som bevis eller indicium var en helt okänd företeelse i inkvisitionsprocessen, liksom iakttagelser om hur de misstänkta exempelvis uppträdde "känslolöst" genom att inte gråta tillräckligt. Påstådda deltagare i häxsabbat tilläts inte ange några medbrottslingar och osannolika berättelser betraktades omedelbart som ogiltiga.

Redan med dessa begränsningar skulle således de flesta dömda häxorna i Sverige ha kommit undan.

Men de misstänkta hade dessutom rätt till advokat. Och om de inte hade råd att för egna medel betala advokaten så var inkvisitionsdomstolen tvungen att ställa medel till förfogande.

Barnvittnesmål var självklart inte tillåtna och inte heller vittnesmål från personer som var jäviga, exempelvis fiender till den misstänkte, eller i vanrykte för slarvigt leverne eller lögnaktighet.

Vad gäller rätten till advokat var inkvisitionen hundratals år före sin tid. Som jämförelse kan man nämna att i de nya lagar som infördes i Frankrike 1539 med l'Ordinance de Villers-Cotterets var advokater eller annan hjälp till den misstänkte uttryckligen förbjudet, liksom det var i England ända fram till Prisoners Counsel Bill – av år 1836.

Det var dessutom inte bara advokater som inkvisitionen var skyldig att betala. Om den misstänkte ville kalla vittnen till sin fördel och inte hade råd att betala deras resa så fick inkvisitionen stå för kostnaderna.

Beviskraven var dessutom stränga. I inkvisitionens bevarade instruktionsböcker framgår exempelvis att sådant som i och för sig bevisad sjukdom, eller att ett lik kunde uppvisas, ingalunda utgjorde någon automatisk bevisning för maleficium. Domstolen måste i så fall låta sina egna "rättsläkare" undersöka bevisningen och konsultera de läkare som kanske tidigare hade hanterat liket eller den sjuke, eftersom sjukdom och död – som man torrt konstaterade – vanligtvis hade helt andra förklaringar än trolldom. Och beträffande sådana konstigheter som i en protestantisk domstol utan vidare hade betraktats som bevis – salvor, okänt pulver, fladdermöss eller annat som hittats i den misstänktes hem – var regeln att detta bevismaterial måste analyseras av godkänd expertis.

Alla dessa regler, i huvudsak baserade på klassisk romersk

rätt, räddade Italien från att drabbas av samma typ av häxepidemier som härjade exempelvis i de tyska staterna eller i Norden. De viktigaste bevisbegränsningarna var att vittnesmål från en misstänkt häxa hade nästintill obefintligt bevisvärde och att det på andra håll så avgörande beviset i form av djävulsmärke någonstans på kroppen över huvud taget inte godtogs ens som indicium.

Till detta kommer en märkligt modern syn på hur de skyldiga skulle straffas. En "förstagångshäxa" som gav uttryck för ånger skulle inte dömas till annan påföljd än sådant som hade med religiös disciplin att göra, ett visst antal böner, mer frekventa kyrkobesök och kanske lite fasta och eftertanke.

Till skillnad från den världsliga rättvisan, som i stort sett bara hade kroppsstraff (olika former av stympning och piskning) och dödsstraff att välja mellan, gjorde inkvisitionen flitigt bruk av fängelsestraff.

Det fanns tre grader av fängelsestraff, alla med skräckinjagande beteckningar som dock inte svarade mot verklig praxis. Mildast var *carcere perpetuo* (evigt fängelse), vilket i praktiken motsvarade ungefär ett år. Nästa steg på straffskalan var *carcere perpetuo irremissibile* (evigt fängelsestraff som inte kan tagas tillbaka), vilket betydde åtta år. Därefter följer det som låter fullkomligt ohyggligt och också har missförståtts och bildat underlag för en del dramatiska legender *immuratio* ("inmuras"), vilket dock inte betydde att någon skulle muras in levande utan att han skulle placeras mellan fyra murar, det vill säga i en cell eller inom ett klosters murar. Det var nämligen i första hand klostren som fick stå till tjänst med utrymme åt de fängelsedömda.

"Inmurad" eller dömd till evigt oåterkalleligt fängelse eller ej kunde de dömda dock ofta få permissioner eller "frigång" på försök.

Nästa steg i straffskalan var hårdare än fängelse, att dömas som galärslav. Särskilt präster som fälldes för kätteribrott råkade

Autodafé i Palermo 1724. Skådespelet byggdes upp på samma sätt under 1600-talet. Under baldakinen på läktaren till höger sitter de tre inkvisitorerna, läktaren mitt emot är avsedd för de dömda. Domarna lästes upp från predikostolen framför de dömdas läktare. Därefter kunde ingen vara okunnig om syndens härjningar, vilket var avsikten med en autodafé.

ut för detta, eftersom kyrkan såg särskilt strängt på avsteg från den rätta tron bland dem som sannerligen borde veta bättre.

I sista hand, och jämförelsevis ovanligt, dömdes till döden. Bara fem av de första 5 000 som ställdes inför inkvisitionsdomstolen i Friuli mellan 1551 och 1647 avrättades. I Venedig, där å andra sidan den världsliga rättvisan var hård, turister kan än idag besöka de gamla fängelsehålorna under regeringspalatset och det är en utomordentligt dyster plats, beräknas inkvisitionsdomstolen ha beslutat om ungefär 15 avrättningar mellan 1553 och 1588.

Sammantaget kan den romerska inkvisitionen ha avrättat ett hundratal personer för trolldomsbrott under den mer än hundraåriga period då häxeriet grasserade som värst i den europeiska föreställningsvärlden.

En av tusen människor som ställdes inför den romerska inkvisitionen riskerade dödsstraff för trolldom och den övervägande majoriteten frikändes helt eller dömdes till något av de kyrkliga botgöringsstraff som också fanns, exempelvis att bekänna och ångra sina synder på kyrktrappan.

Den stränga bevisvärderingen var emellertid inte det enda skälet till att den romerska inkvisitionen inte drogs med i någon allmän häxpanik. Ty också tortyren var omgärdad av hårda restriktioner.

Tortyr existerade alltså inom detta rättssystem som ändå höll med advokat och betalade vittneskostnader. Men tortyren var ständigt kontroversiell och mer än en rättslärd hänvisade till den klassiska romerska rättens invändningar som formulerats av Ulpianus redan på tidigt 200-tal: *"Tortyr är en bräcklig och farlig metod och sanningen uppnås ofta inte med den. Ty många anklagade kan genom sin uthållighet och styrka trotsa plågorna, medan andra hellre ljuger än uthärdar dem och drar så med orätt skuld över både sig själva och andra."*

Det var två lägen som kunde motivera tortyr, i första hand

när bevisningen visade att den anklagade var skyldig men ändå nekade utan att kunna lägga fram någon motbevisning, och i andra hand när man på goda grunder misstänkte att bekännelsen var ofullständig vad gällde medbrottslingar.

Det var dock ingen enkel sak att få tortyrtillstånd. Den enskilde inkvisitorn kunde inte bemyndiga sig själv att inleda sådan *rigoroso esamine*, som den förskönande omskrivningen löd, utan måste få tillstånd från en nämnd av *consultori* bestående av jurister och teologer som fanns vid varje inkvisitionsdomstol. Med tiden flyttades beslut om tortyr högre upp, till slut ända upp till påven.

Ytterligare en begränsning innebar det säkert att både biskopen och inkvisitorn måste vara närvarande vid tortyren – det var ju bara de som hade rätt att förhöra. Dessutom måste en läkarundersökning först fastställa att den misstänkte var i sådan fysisk kondition att han kunde uthärda tortyren. Man betonade nämligen att det vore orimligt att invalidisera någon som sedan visade sig oskyldig, eller – än värre – tortera någon till döds så att han inte kunde underkastas ett korrekt straff.

Följaktligen förekom inte något glödande järn vid tortyren. Metoderna var enahanda och svarar knappast mot moderna fantasier. Den misstänkte bakbands och hängdes upp med ett rep om händerna. Därefter fick alla fångvaktare och rättsbetjänter lämna rummet och förhöret tog vid. Utfallet var ingalunda givet, förvånansvärt många människor som torterats på detta sätt vägrade att erkänna.

Mer märklig än den hårt reglerade tortyren var inkvisitionsprocessens avslutning som fick formen av ett stort offentligt skådespel, en så kallad *autodafé*. Vid dessa ceremonier paraderade de dömda förbrytarna, små som stora, klädda i särskilda färger och dräkter som på långt håll klargjorde vilken synd de gjort sig skyldiga till. Deras domar upplästes och själva fick de uttrycka sin botfärdighet och ånger. Tusentals åskådare kunde vara på plats och särskilda läktare byggdes upp för såväl dem som officierade som samlingen av dömda syndare. Höga kyrkliga och världsliga dignitärer inbjöds till hedersplatser på gästläktaren. I Rom försiggick dessa skådespel på Campo dei Fiori eller bron vid Castel Sant'Angelo.

För en del av delinkventerna var straffet avklarat i och med den offentliga avbönen och förnedringen att paradera i särskilda kläder (häxor hade en hög svart struthatt). Men också de dödsdömda deltog i skådespelet (med helvetets eldsflammor på sina dräkter) från paraderna till avrättningen, åtföljda av särskilt anställda tröstare och själasörjare; adliga delinkventer fick halshuggas före bålet, ofrälse hängas.

Avsikten med skådespelet var rimligtvis att demonstrera hur kyrkan i sin nåd kunde återuppta de flesta syndare i sin gemenskap, å ena sidan. Men att också, å andra sidan, visa vad som väntade dem som var förhärdade i sin synd.

Den pedagogiken kunde, som vi skall se i ett senare avsnitt, få en lika katastrofal som missriktad verkan.

2. Den spanska inkvisitionen på Sicilien

Sicilien var en del av det spanska väldet mellan 1282 och 1713. Från 1487 och fram till 1782 hade den spanska inkvisitionen högkvarter och domstol i Palermo och en effektiv underrättelsetjänst med agenter i varje vrå av landet. När Sicilien införlivades med Neapel 1782 lades dock inkvisitionen ned och tribunalens hela arkiv med samtliga akter brändes offentligt i Palermo.

Man skulle kunna tro att all kunskap om arkivens hemligheter därigenom gick förlorad men då har man underskattat inkvisitionens fenomenala byråkrati. För den spanska inkvisitionens högsta ledning, La Suprema i Madrid, förde diarium och protokoll över varenda process i det spanska väldet och där

återfinns så gott som fullständiga förteckningar och innehålls-
beskrivningar av 3 188 sicilianska rättsfall under perioden 1547
till 1701. Och 456 av dessa rättsfall rör vidskepelse och magi.

De spanska inkvisitorerna på Sicilien hade alltså mycket att
stå i och det gällde inte minst, men sannerligen inte heller mest,
den säregna formen av siciliansk häxtro. De sicilianska häxorna
var för övrigt inte häxor i ond mening utan snarare goda féer,
övernaturliga väsen som i sin tur rekryterade människor kom-
panivis för att delta i godartade orgier som åtminstone avlägset
liknar de flygande häxornas förehavanden under svenskt 1600-
tal. Den sicilianska motsvarigheten till Blåkulla heter Benevento
och om en resa dit berättar en fiskarhustru från Palermo följan-
de inför inkvisitionsdomstolen 1588: Hon och hennes "kompa-
ni" red på getter genom luften till "… ett land som kallas Bene-
vento som tillhör påven och ligger i kungadömet Neapel. Där
fanns en väldig slätt och mitt på den en tribun med två stolar. På
den ena satt en röd yngling och på den andra en vacker kvinna,
som de kallade Drottningen, och mannen var Kungen. Första
gången hon for dit – när hon var åtta år gammal – sa 'fänriken'
och de andra kvinnorna i hennes kompani till henne att hon
måste böja knä och tillbe Kungen och Drottningen och göra allt
de befallde henne ty de kunde hjälpa henne och ge henne rike-
domar, skönhet och unga män att älska. Och de sa till henne att
hon inte fick tillbe Gud eller Vårfru. 'Fänriken' fick henne att
svära på en bok med stora bokstäver att hon skulle tillbe de två
andra. Så hon gick ed på att tillbe dem. Kungen som Gud och
Drottningen som Vårfru, och gav sig åt dem med kropp och själ
– – – Och sedan hon så hade tillbett dem, dukade de borden och
åt och drack, och därefter låg männen med kvinnorna och med
henne flera gånger på kortare tid.

Allt detta föreföll henne ske i en dröm, för när hon vaknade
befann hon sig alltid i sängen, naken som om hon hade gått till
vila. Men ibland kallade de ut henne innan hon hade gått till

sängs så att hennes man och barn inte skulle märka något, och utan att ha somnat (såvitt hon kunde bedöma) gav hon sig iväg och kom fram fullt påklädd.

Hon sade vidare att hon dåförtiden inte förstod att det var djävulskap förrän hennes biktfader öppnade hennes ögon och sade, att det var Djävulen och att hon inte fick göra det mer. Men hon fortsatte ändå ända till för två månader sedan. Och hon gav sig iväg full av fröjd över den njutning hon fick ut av det – – – och eftersom de (Kungen och Drottningen) gav henne medel att bota de sjuka så att hon kunde förtjäna lite, eftersom hon alltid varit fattig" (protokollsutdraget hämtat från *Häxornas Europa*, sid 175–176).

Det här är som synes en bekännelse som skulle ha fått det att vattnas i munnen på en häradshövding Psilander eller vilken som helst av hans samtida protestantiska häxjägare. Här har vi nattflygande, avsvärjelse av Gud, sexuella orgier, trolldom och förbund med Djävulen i koncentrat och då vore det bara att resa bålet.

De spanska inkvisitorerna var emellertid mindre entusiastiska och man anar de ledande frågorna bakom protokollsnoteringar som "allt detta föreföll henne ske i en dröm" och "såvitt hon kunde bedöma" om att det vid något tillfälle inte skulle ha varit en dröm. De spanska inkvisitorerna bet sig envist fast vid den äldre katolska inställningen att nattflygande var inbillning såsom saken beskrivits redan i kyrkolagstiftningen Canon Episcopi och därefter överförts till den nya kyrkolagen Corpus Iuris Canonici på 1100-talet. Ur den lagtexten kan vi exempelvis hämta följande citat som bör ha stämt väl med de spanska inkvisitorernas inställning på 1500-talet:

"Det bör också nämnas att vissa onda kvinnor, förledda av djävulen och bedragna av demonernas illusioner och skenbilder, tror sig rida om natten på vissa djur tillsammans med Diana, hedningarnas gudinna, och en oräknelig mängd kvinnor, och i nattens tystnad tillryggalägga stora avstånd på jorden, och lyda hennes befallningar som vore hon deras härskarinna – – – en oräknelig mängd som bedras av denna falska uppfattning, tror detta vara sant, och begår därmed hedningarnas fel, när de menar att det finns gudomlighet och makt annorstädes än hos Gud. Därför bör prästerna överallt i sina kyrkor enträget predika för folket, så att de får veta att allt detta är falskt och att sådana spökscener inges de otrogna inte av goda utan av de onda andarna – – – Vem är den som inte har letts ut ur sig själv genom drömmar och nattliga syner, och ser mycket medan han sover som han aldrig ser i vaket tillstånd? Vem är så enfaldig och fåkunnig att han tror att allt detta som sker i anden har skett med kroppen?"

Det är alltså denna katolska inställning som förändrades mot slutet av 1400-talet till föreställningarna i Malleus Maleficarum och som blev den nya förutsättningen för både den katolska och i än högre grad protestantiska häxjakten.

Men den spanska inkvisitionen var tydligen sunt konservativ i dessa avseenden och tycks ha haft samma inställning till Blåkullaberättelser som de flesta av oss skulle ha idag.

1630 dömdes den 30-åriga Vicencia la Rosa, som bekänt ovanstående flygtur, till en kort tids förvisning för sitt fantiserande och hon förmanades samtidigt att i fortsättningen behärska sig och inte komma med nya påhitt.

Vicencia kunde emellertid inte hålla sig utan fortsatte på sin nya förvisningsort att vitt och brett skrodera om sin personliga fe Martinillo, med vilken hon flög till sabbat hos den tvivelaktiga fursten i Benevento tre gånger i veckan för att utom sexuella förlustelser få goda råd om hur hon skulle bota sjukdomar, vilket ju var hennes levebröd och som hon sålunda marknadsförde.

Inkvisitionen knep henne naturligtvis igen och den här gången slog man till hårt. Hon dömdes till livstids förvisning från sin hemtrakt.

Hade inkvisitorerna trott på Vicencia la Rosas livfulla skildringar om sin återfallsförbrytelse så hade de kunnat döma henne till döden. Men det var just det de inte gjorde utan höll i stället envist fast vid den kyrkliga rätten före Häxhammarens tid när flygande häxor av allehanda slag avfärdades som folklig vidskepelse. Emellertid var vidskepelsen till förtret och alltså måste man åtminstone genom landsförvisning försöka skaffa undan de värsta mytomanerna och bedragarna eftersom de satte griller i huvudet på folk.

Under perioden 1547 till 1701, när den spanska inkvisitionen på Sicilien behandlade 456 mål som gällde olika former av vidskepelse, alltifrån flygturer till Benevento till trollkarlar och astrologer, brändes 25 personer för olika former av kätteri. Men inte en enda av dem var dömd som häxa.

3. Inkvisitionen i Portugal

Genom återerövringen av den iberiska halvön fick den katolska kyrkan religiöst monopol i både Spanien och Portugal, på judendomens och islams bekostnad. Den allt övergripande religionspolitiska uppgiften för den portugisiska katolska kyrkan och dess inkvisition, som upprättades 1536, blev därför att omvända judarna genom en jämförelsevis mild men lång och systematisk repression. Det projektet var i stora drag klart vid början av 1700-talet.

Det är möjligt att denna huvuduppgift tog så mycket kraft och tid att man kom att ägna ett mer marginellt intresse åt det kätteri som tog sig uttryck i trolldom.

För trolldom och vidskepelse saknades sannerligen inte i Portugal. En huvudtyp av magiska operatörer var de kloka gubbarna, vars ursprungliga specialitet var att bota sjuka djur men allteftersom utvidgades till någon sorts allmän medicinsk praktik.

Veterinärer och läkare fanns inte på den portugisiska landsbygden och en *saludador* var därför en både eftersökt och populär figur bland befolkningen och kanske just därför visligen tolererad av kyrkan. Saludadorernas behandlingsmetoder baserades på undergörande vigvatten, salt och åkallande av den heliga treenigheten lika gärna som demoniska krafter. Deras behandling liknade således i mångt och mycket religiösa katolska seder, exempelvis när man med en kvist skvätte vigvatten på den sjuka boskapen.

Mer problematiskt för överheten var det när de kloka gubbarna överflyttade sin verksamhet till människor. Människokroppen var visserligen bara ett föremål, men det viktigaste föremålet för demonisk aktivitet och Djävulens frestelser. En saludadors allmänmedicinska praktik kom därför med nödvändighet att hamna i ett gränsland mellan folkmedicin och magi. Vissa läkande örter användes tillsammans med handpåläggning och böner, vid djävulsutdrivning åkallades både Gud och alternativa demoner och sjukdomsdiagnos kunde ställas med spådomar, studier av offrade djurs inälvor (en gammal känd romersk metod) eller genom analys av den sjukes urin.

I denna blandning huller om buller av kristendom, magi och folkmedicin fick inkvisitorerna ett och annat att grubbla över. Hur kunde en okunnig illiterat landsortsbo ha framgång i en så svår verksamhet som läkekonsten? Hur kunde han veta att han hade en läkande kraft? Hur hade han kommit in i yrket, var hans förmåga av gudomligt eller djävulskt ursprung? Hur skulle en uppenbar syndare kunna få övernaturliga förmågor av Gud? Och om inte av Gud, så av vem då...?

I sin offentliga praktik var det vanligt att saludadorerna skroderade vitt och brett om ingripanden från övernaturliga krafter, vilket de säkert berättade i avsikt att stärka sin trovärdighet inför kundkretsen. Å andra sidan var det inte så klokt att upprepa den typen av förklaringar inför en inkvisitionsdomstol. Med tanke på hur få av dessa kloka gubbar som råkade i allvarliga problem så tycks de flesta av dem ha varit väl medvetna om skillnaden mellan marknadsföring och domstolsförhandling. En kvinnlig motsvarighet till de kloka gubbarna var signerskorna som opererade på själslivets domäner. De kunde framkalla kärlek, eller släcka den, förbättra förhållandet mellan äkta makar både vad gäller det själsliga och det kroppsliga umgänget och de kunde i nödfall höja någons anseende. Till skillnad från en klok gubbe hade dock signerskan inte några medfödda gåvor utan hade fått studera all teknik hos någon äldre kvinna.

Den folkliga attityden till signerskorna var mer ambivalent än när det gällde de kloka gubbarna. De senare var ju i huvudsak specialiserade på att göra något gott, som att bota sjuka djur eller sjukdom hos människor. Signerskorna däremot manipulerade känslolivet och det var ingalunda en okontroversiell sak, eftersom det kunde röra till äktenskapsplanerna i ett samhälle där äktenskap var noga reglerat i överenskommelser mellan olika familjer som ville förenas av främst ekonomiska skäl. Dessutom kunde signerskor i värsta fall ägna sig åt förgiftning och fosterfördrivning.

Än värre aktivitet ur den katolska överhetens synvinkel var det när signerskorna satte sig i förbindelse med andevärlden och samtalade med de dödas själar – ungefär som i nutida seanser med bordsdans – och från dessa döda kom beställningar till de efterlevande på olika tjänster för att exempelvis förkorta lidandet i skärselden. Sådan verksamhet var ett direkt intrång på kyrkans domäner och fullt klart straffbart som kätteri.

Emellertid var häxorna de mest fruktade. Häxorna hade nämligen inte tillägnat sig någon kunskap utan var födda häxor och hade magiska förmågor som omgavs med stor rädsla, exempelvis det onda ögat. En häxas förbannelse kunde också följa den olycklige som ett mörkt moln genom livet.

Häxorna beskylldes ibland för dåliga skördar, oväder och

sjukdom eller död bland boskapen. Men de kunde å andra sidan anlitas som kloka gummor och driva ut onda andar.

De portugisiska häxorna flög också till en sorts Blåkulla. Det var inte ett vanligt beteende, men de som väl erkänt sådana flygturer inför den portugisiska inkvisitionen uppvisar en bekant provkarta på häxsabbatens allmäneuropeiska innehåll. Med flygsalva förvandlade de sig till fåglar, hos Belzebub dansade de och hade orgier och sex med Belzebub själv i oanständiga ställningar.

Den här typen av bekännelser skulle som vi sett ha lett till fatala konsekvenser för den misstänkta på protestantiskt territorium. Här finns nattflygandet, metamorfosen, avsvärandet av Gud, djävulspakten och allt vad som behövs för att bli bränd på bål.

Låt oss se närmare på en sådan detaljerad bekännelse från en kvinna som inte blev dömd till döden, Margarida Lourenço, enligt inkvisitionens protokoll född i Sarzedas och bosatt i Tomar. Hennes bekännelse är från 1585, det vill säga knappt hundra år före den svenska häxpanikens utbrott i västra Dalarna.

Margarida blev föräldralös vid 15 års ålder och fick då ta tjänst i hushållet hos en änka vid namn Mécia Afonso i Sarzedas. Änkan hade tre ogifta systrar som ägnade sig åt mystiska sammankomster om nätterna och en kväll föreslog de att de skulle ta med sig Margarida till en hemlig plats om hon lovade att inte avslöja någonting. De förespeglade henne att det skulle bli god mat och fest och hon sade förstås ja till erbjudandet.

Därefter tog änkans mystiska systrar fram en kruka med salva som de alla smorde in sig med och strax förvandlades de till väldiga svarta fåglar och flög högt över trädtopparna till Vale de Cavalinhos utanför Lissabon.

Där satt Belzebub på en tron med järnspira i handen och till honom gick de alla fram och betygade sin vördnad och lovade att komma tillbaka och inte fly från sin underkastelse. Belzebub tappade dem därefter på blod från deras vänstra armar och med blodet skrev han in deras namn i en stor bok.

De hade nu redan återtagit sin mänskliga skepnad och fick ta plats vid stora bord där 600 kvinnor åt och drack tillsammans med djävlar. Måltiden bestod mest av bröd, vin och kött och hela banketten var upplyst av en mängd facklor. Därefter följde dans till cymbaler och tamburiner och till slut blev Margarida bestigen av Belzebub både bakifrån och framifrån.

De många smådjävlarna på platsen bar munkkåpor vävda av getull (geten var en symbol för smuts och liderlighet). Mötena ägde rum på måndagar, onsdagar och fredagar och den som uteblev utan giltigt förhinder – saken kontrollerades av en registratur – bestraffades med piskning. Efter mötets avslutande fick gästerna ny flygsalva av djävlarna för att kunna återvända hem.

Margarida och de andra kvinnorna brukade gå till ett visst vägkors för att få besked om tid och plats för kommande möten.

Det är som synes en hel del som förefaller välbekant i Margaridas berättelse. Det rätt trevliga festandet hos Djävulen, utan några ormar eller barnlik på matsedeln, påminner inte så lite om festligheterna i Blåkulla i västra Dalarna hundra år senare. Liksom förstås sådant som inskrivning med blod i Djävulens register och mystiska nattliga möten vid vägkors.

Förvandlingen till fågel för att kunna flyga i stället för att bara smörja in en ko eller get eller kvast med häxsalva är förstås en liten avvikelse från de nordiska, åtminstone de svenska, metoderna. Men den avgörande skillnaden är att portugisiska barn inte tvingades följa med och avsvära sig Gud och överlämna sin själ åt Djävulen.

Den portugisiska inkvisitionen genomförde sina förhör med misstänkta, som denna gång Margarida Lourenço, enligt strikt demonologisk teori så att allt skulle komma på rätt plats i protokollets brottskatalog, metamorfos, nattflygande, avsvärande av Gud och sex med Djävulen i prydligt nedtecknad ordning.

Men bestraffningarna stod inte alls i proportion, åtminstone inte enligt protestantisk uppfattning, till de erkända brotten. Liksom den spanska inkvisitionen på Sicilien tycks de portugisiska kollegerna ha betraktat dessa upplevelser med flygturer till Djävulen mer som syndiga fantasier än verkliga brott. De syndiga fantasierna bestraffades förstås, men då hamnar vi långt ner på straffskalan bland si eller så många böner per dag, lite vatten och bröd och eftertanke och löfte om att i fortsättningen avhålla sig från fantasier och sladder.

De enda kända dödsdomarna för trolldom i Portugal under 1500-talet avkunnades i en världslig domstol. 1599 brändes fem häxor på Rossiotorget i Lissabon och på instruktioner från drottning Catarina ytterligare en häxa något senare.

Men under större delen av sin verksamhet 1536 till 1821 hade inkvisitionen i Portugal monopol på domsrätten i fråga om alla kättarbrott, inklusive trolldom och häxbrott. Och från denna inkvisitionens långa domsverksamhet är bara en (1) avrättning för häxbrott känd, i Évora år 1626.

De portugisiska inkvisitorerna tycks inte ha varit särskilt upphetsade över förekomsten av häxor. Av 11 745 rättsfall i arkiven handlar bara 291 om häxor, där således bara en enda dömdes till döden.

En förklaring till denna extrema mildhet brukar vara att all inkvisitionsverksamhet på den iberiska halvön var koncentrerad på att återkristna landet och att den seriösa förföljelsen därmed riktades mot i första hand judar. Det kan dock förefalla som en något ogenerös förklaring, eftersom det till synes svårslagna rekordet med bara en enda bränd häxa faktiskt är slaget: Av den spanska inkvisitionen på Sicilien som inte brände någon enda.

Inkvisitionen var inte riktigt vad vi brukar tro.

X

Om häxornas advokat som räddade minst 5 000 människoliv

1. Det började med en flicka som hade något ovanligt spännande att berätta...

De två baskiska byarna Urdax och Zugarramurdi ligger på Pyrenéernas nordsluttning nära den franska gränsen. Här började den spanska häxpanik som var nära att leda till en förintelsekatastrof över hela det väldiga spanska 1600-talsriket.

Men invånarantalet i de två byarna översteg antagligen inte ens 300 personer. I Zugarramurdi var befolkningen bönder och herdar, i grannbyn Urdax försörjde sig de flesta som daglönare på det närliggande klostrets marker. I det spanska riket var området lika perifert som Älvdalen var i Sverige när Gertrud Svensdotter hämtade de förlupna getterna ute i Dalälven och därefter kom att berätta ting som utlöste den svenska häxpaniken. Också i Baskien talades ett annat språk än i rikets huvudstad.

I december 1608, mer än ett halvt århundrade före Gertrud Svensdotters fatala möte med pastor Lars Elvius i Älvdalen, kom en av Zugarramurdis unga flickor hem till byn. Hon hette María de Ximildegui och hade vistats några år i Pays de Labourd, det franska Baskien på andra sidan gränsen. Hon kom ensam för att söka arbete som tjänsteflicka, hennes föräldrar var kvar på den franska sidan. Hon var 20 år gammal.

I Pays de Labourd hade häxjakten redan varit igång några år och därför var det inte så konstigt att hon hade spännande ting att berätta. Hon hade nämligen själv varit häxa men under stor vånda och med hjälp av en förstående präst lyckats återvända till den rätta tron och fått syndernas förlåtelse. Det senare har viss betydelse för hennes frimodiga berättande, eftersom hon bara beskrev gamla och förlåtna synder i den fullt rimliga tron att det var riskfritt. Allt fler häpna och fascinerade åhörare samlades runt henne när hon redogjorde för vad som hänt på den franska sidan där man exempelvis börjat organisera vaknätter för barn i kyrkorna – de baskiska häxorna förde nämligen barn till Djävulen precis som de svenska – och om vilka märkliga ting som utspelades på fest hos Djävulen.

Så långt kanske ingen stor fara, så långt lekte hon bara med elden. Men när hon tydligen blivit mer varm i kläderna i sin roll som sagoberättare, och publiken krävde nya och mer spännande detaljer, gick hon över den gräns som skilde harmlösa sagor från social katastrof. Hon påstod att hon under sin nu avslutade häxkarriär även hade varit på hemlig häxsabbat i närheten av den egna byn Zugarramurdi. Och därför visste hon vilka i byn som var häxor…

Först kom hon med antydningar, sedan krävde åhörarna namn och så gav hon namn och så blev det protester. Hade María de Ximildegui varit en mindre verbal och talangfull berättare kunde katastrofen kanske ha kvävts där, i sin linda. Men María måste ha varit en stark personlighet med stor förmåga att övertyga, kanske något av en mytoman som tror så mycket på egna fantasier att den övertygelsen märks utåt och ger lögnen en extra övertalande kraft.

För när den unge bonden Esteve de Navarcorena sökte upp henne, förmodligen mycket ilsken, för att få henne att ta tillbaka sitt lögnaktiga utpekande av hans unga hustru, María de Jureteguía, så svarade hon lugnt att om hon bara fick möta hustrun öga mot öga så skulle hon nog få fram en bekännelse.

Ett så utmanande förslag kunde naturligtvis varken bonden Esteve eller omgivningen stå emot. Alltså konfronterades snart de två unga kvinnorna.

Till en början förnekade María de Jureteguía ursinnigt beskyllningarna och svor inför Gud på att allt var lögn. Men den franska flickan, som man kallade henne, gav sig inte utan började i stället berätta med så många små men speciella detaljer som var eller i vart fall kunde vara sanna, att den upphetsade omgivningen började tro på henne. Då blev det i stället den olyckliga María de Jureteguía som fick börja värja sig. Och när hon hamnade på defensiven blev hon osäker, och då satte släktingarna åt henne hårdare så att hon blev ännu mera osäker och började framstå som skyldig, och till slut blev hon så illamående att hon nästan svimmade.

När hon hämtat sig började hon bekänna som ett rinnande vatten, hon medgav utan minsta reservation att allt som den franska flickan hade sagt var sant och att det var hennes moster, den 52 år gamla snickarhustrun María de Chipía de Barrenechea som hade lärt henne att bli häxa.

Angiverilogiken var nämligen densamma som ett halvsekel senare i Sverige. Man föddes inte till häxa, man blev det. Den som således bekände och ville göra sig syndfri måste ange sin häxlärare.

Den franska flickan hade förstås vunnit det avgörande slaget om trovärdigheten, alla hon i fortsättningen pekade ut skulle få den omöjliga bevisbördan att övertyga om att de *inte* var häxor.

Den första bekända häxan i byn, María de Jureteguía, fördes till prästen i grannbyn Urdax som tog emot hennes bikt och gav henne syndernas förlåtelse men också ålade henne att be hela församlingen hemma i Zugarramurdi om förlåtelse från kyrktrappan. Hon lydde fogligt men blev därefter såvitt man kan förstå åtminstone temporärt galen. Hon började känna sig förföljd av häxorna, såg och hörde dem överallt. Hennes man övertalade några bybor att vaka hemma hos honom och den stackars hustrun för att skydda henne mot häxornas hämnd. Men den natten kom förstås Djävulen och hans häxor för att ta tillbaka den förlorade själen. Byborna såg fienden med egna ögon – i skepnad av hundar, katter och svin som uppenbarade sig utanför huset.

Därefter försökte mostern, hennes läromästare, och ytterligare en häxa att ta sig ned genom husets skorsten, men den olyckliga María fördrev dem då med hjälp av ett litet krucifix som hängde vid hennes radband. Också till denna incident fanns det således vittnen.

I Zugarramurdi hände nu det som med stor sannolikhet skulle ha hänt i vilken som helst annan europeisk 1600-talsby. Paniken spred sig, allt fler häxor pekades ut och de misstänkta hotades med stryk, tortyr och bålet om de inte erkände. En del bybor tog rättvisan i egna händer och trängde in hos misstänkta för att leta efter bevis, särskilda påklädda paddor (en baskisk häxspecialitet, mer om det senare).

Allt fler bybor bekände, fick bikta sig och lägga fram sina bekännelser inför församlingen på kyrktrappan.

Men därmed ansågs de också försonade med grannar och släkt och på detta sätt hade byborna på egen hand kanske kunnat kväva den uppblossande häxpaniken och framför allt hindra att den spreds till andra byar. Det hade kunnat bli en liten incident som inte ens kommit med i den europeiska häxhistorien som en fotnot. Om inte inkvisitionen hade underrättats.

Men inkvisitionen i 1600-talets Spanien hade ögon och öron överallt och var redan underrättad. Närmsta inkvisitionstribunal låg i Logroño, huvudstad i vindistriktet Rioja, söder om Navarras högslätt och 150 kilometer från Zugarramurdi. Och vid tribunalen i Logroño satt inkvisitorerna redan och funderade över vilka av Zugarramurdis bekännande häxor man först skulle hämta in till förhör.

2. Påklädda paddor och andra baskiska häxspecialiteter

I Zugarramurdi låg motsvarigheten till Blåkulla på en äng i närheten som kallades Berroscoberro och dit flög häxorna efter att ha gnidit in sig med flygsalva och därefter slunkit ut genom skorstenen eller små hål och sprickor i fönster och dörrar. Sammankomsterna hölls måndagar, onsdagar och fredagar men också natten före alla kyrkoårets stora helgdagar.

När en häxa kom fram till samlingsplatsen fick hon falla på knä inför Djävulen och kyssa honom på vänstra handen, på könsdelarna och på det mest illaluktande stället under svansen.

Dansen och andra nöjen liknar i det mesta det som skulle komma att berättas i Dalarna. En spelmansorkester stod för musiken med hjälp av flöjter, trummor och ibland någon fiol. Man bolade med Djävulen, mest i oanständiga ställningar.

Festmåltiderna innehåller dock ett groteskt inslag som inte är känt från nordiska förhållanden. De baskiska häxorna frossade på lik som man grävde upp på kyrkogårdar, rensade och tog ur på samma sätt som slaktboskap och därefter förde köttet till sabbaten. Enligt ett flertal nedtecknade bekännelser var detta människokött ytterst välsmakande och påminde om "rapphöns eller kalkon" eller något ännu bättre. Därför var det vanligt att en häxa snodde åt sig en extra smakbit för att ta med sig hem där hon gömde människoköttet under brödet.

Barnen hade två funktioner på häxsabbaten. Antingen fanns de på matsedeln eller också togs de med för att påbörja sin utbildning till häxor. Vid nio års ålder uppnådde barnen ett novisstadium då de formellt kunde upptas i församlingen och Djävulen kunde märka dem med sina klor, antingen i vänstra axeln eller i pannan.

Sålunda bekänner en häxa Estevanía att hennes mor hade tagit henne åt sidan en fredag under siestan och viskande förklarat att hon ville göra sin dotter till häxa. Men för att bli häxa måste man förneka Gud och Jungfru Maria och förneka dopets välsignelse och bara hylla Djävulen som sin härskare.

Estevanía berättar att hon genast samtyckte till detta förslag och redan samma natt hade hon fått komma med på sitt första häxmöte där hennes mor presenterade henne inför Djävulen som en gåva. Därefter vidtog hennes avsvärjelseakt och hon förmanades att hädanefter bara tillbe Djävulen och fick kyssa honom på könsdelarna och under svansen "som är täckt med hår och längre än ett fårs och vämjelikt illaluktande".

Nu fick hon också sin padda som belöning. Paddan var klädd i gröna kläder och blev från och med nu hennes stöd och hjälp i livet som hemlig häxa.

De påklädda paddorna bodde dolda i häxornas hus fast förstås i speciella gömställen så att inte oinvigda människor skulle upptäcka dem. Paddorna åt majs och bröd och drack vin som de smaskande skyfflade in med framfötterna. Om häxan försovit sig när det var dags att flyga till sabbat så blev hon väckt av sin padda.

Varje dag när paddan ätit blev den försiktigt piskad av sin ägarinna så att den till sist svällde upp, blev giftigt grön och förklarade att nu var det nog. Då trampade häxan på sin padda med vänster fot så att en svartgrön vätska flöt ut ur båda ändarna. Denna vätska samlades upp av häxan som måste gömma den väl, ty detta var själva flygsalvan. Paddan flög också med till sabbaten och fick då umgås med andra paddor som vaktades av novisbarnen.

Med främst likdelar som ingrediens tillverkade häxorna ett dödligt gift som kallades det gula vattnet. De åstadkom också ett mer komplicerat pulver med hjälp av paddor, ormar, ödlor, salamandrar, sniglar och röksvampar (men för en gångs skull inga fladdermöss).

Det dödsbringande giftet använde häxorna för att efter särskild ansökan hos Djävulen hämnas på mänskliga ovänner. Om de fick tillstånd såg Djävulen till att offret försänktes i djup sömn och låg med munnen öppen. Häxan smög in och hällde sitt pulver i offrets öppna gap och kort därefter inträffade döden under våldsamt illamående och kräkningar.

Häxornas gifter användes också för att förstöra odlade grödor, liksom de kunde framkalla oväder och skador på husdjur av ungefär samma slag som vi redan känner från en mängd andra europeiska exempel.

Skall man fundera något över skillnaderna mellan baskiska häxor omkring år 1610 och svenska häxor 1670 så blir de mycket små i allt sådant som har med det sataniska att göra. På båda håll rövades oskyldiga barn bort så att, när detta förhållande blev känt, föräldrar och ansvarsfulla medborgare måste börja organisera vakstugor för att skydda barnen. På båda håll kom en mängd barn att tvingas eller luras bekänna och blev därför vittnen, även om de inte tilläts vittna formellt inför en inkvisitionsdomstol som de gjorde inför svenska domstolar.

Förlustelserna på häxsabbat var i stort sett identiska, liksom umgänget med Djävulen och hans initiationsriter med barn eller unga häxkandidater.

Måltiderna på sabbat skiljer sig i ett grotesk avseende, liksom det förhållandet att varje baskisk häxa hade en påklädd padda som sin sataniska skyddsängel. Därutöver hade de baskiska häxorna en mer sekteristiskt ordnad social organisation med olika grad av rang i kraft av främst tjänsteår.

Men visst är det samma legender det handlar om fast ingen forskare ännu har lyckats hitta spåret från Baskien till Dalarna.

3. Inkvisitionen griper in med katastrofalt resultat

Några månader efter att María de Ximildegui hade vänt upp och ned på sin hemby Zugarramurdi hade lugnet lagt sig. Då infann sig emellertid en inkvisitionskommissarie och hans notarie och förhörde i hemlighet åtta män i byn, en i sänder och med efterföljande tysthetsed från de förhörda. Förhören handlade om vilka som bekänt sig vara häxor och vad de bekänt i sak och allt antecknades in i minsta detalj. Lika tyst och diskret som dessa inkvisitionens lägre tjänstemän hade infunnit sig, lika stillsamt försvann de.

Året innan hade inkvisitionstribunalen i Logroño förändrat sin sammansättning. Den ledande inkvisitorn hade befordrats till domare vid inkvisitionens högsta beslutande organ i Madrid, La Suprema. Den näst äldste i tjänsten efter honom, doktor Alonso de Becerra y Holguín (i fortsättningen Becerra), hade därmed i sin tur befordrats till seniorinkvisitor och ordförande vid tribunalen i Logroño.

Becerra var 48 år och munk i den adliga Alcántaraorden. Han hade avlagt en teologisk doktorsexamen, sannolikt vid universitetet i Salamanca, och han hade nu åtta år bakom sig i inkvisitionens tjänst.

Samtidigt som den äldste befordrats till Madrid hade den yngste av de tre inkvisitorerna i Logroño dött, så nu fanns två vakanser att fylla eftersom varje tribunal måste ledas av tre högre domare. Var de tre eniga i sina beslut verkställdes de, vid oenighet måste de vända sig till La Suprema i Madrid för avgörande.

Den som sändes först till Logroño för att fylla en av vakanserna var Juan de Valle Alvarado (i fortsättningen Valle), som var licentiat i teologi och 55 år gammal. Han hade en bakgrund som landsortspräst och därefter som sekreterare åt ärkebiskopen i Burgos. Och när denne år 1603 blev storinkvisitor, högste ämbetsman i La Suprema, följde Valle med till Madrid som hans sekreterare.

Becerra och Valle kom väl överens och det var dessa två som inledde arbetet med häxproblemet i Zugarramurdi medan den tredje inkvisitorstjänsten fortfarande var vakant. Här finns ett ögonblick av historiens ironi, eftersom så mycket hängde på vem som skulle få den tredje tjänsten. Hade det blivit en man med samma inställning som Becerra och Valle är det högst troligt att Spanien och dess provinser fått uppleva en massmordskampanj mot påstådda häxor som överträffat allt annat i den vägen i Europas övriga länder. Inkvisitionen var nämligen i allt den gjorde en ohyggligt effektiv och välordnad organisation.

Alonso de Salazar Frías var emellertid en radikalt annorlunda person än Becerra och Valle. Han hade en teologisk examen från Salamanca och var uppvuxen i en advokatfamilj i Burgos med 14 syskon. Efter sin prästvigning vid 24 års ålder hade han gjort en snabb ämbetsmannakarriär och bland annat verkat som en av Madrids mest framgångsrika advokater, en gärning som alls inte ansågs stå i konflikt med de kyrkliga uppdragen, och han hade fått en mäktig beskyddare i kardinalen Bernardo de Sandoval y Rojas.

Trots sin strålande karriär hade Salazar en het och ännu inte uppfylld dröm, han ville bli inkvisitor. Men även om han till och med lyckats utverka ett rekommendationsbrev från påven ansökte han förgäves hos storinkvisitorn Juan Bautista de Acevedo om att få en tjänst som inkvisitor. Det var alltså denne storinkvisitor som utnämnt sin före detta sekreterare Valle till en av de vakanta tjänsterna i Logroño.

Dessa till synes överflödiga detaljer saknar dock inte sin betydelse – historiens ironi igen – för det är sannolikt att storinkvisitorn hade sina skäl att vara misstänksam mot den briljante före detta advokaten Salazar. Hade storinkvisitorn fått chansen hade han rimligtvis utnämnt en tredje inkvisitor i Logroño av samma läggning och inriktning som Becerra och Valle. Och historien hade gått mot katastrof.

Men storinkvisitor de Acevedo dog oväntat innan den tredje tjänsten i Logroño hade kunnat tillsättas. Och till ny storinkvisitor utnämndes Salazars vän och beskyddare, kardinalen Bernardo de Sandoval y Rojas (som dock för historien är mer känd som beskyddare av Cervantes).

En av den nye storinkvisitorns allra första åtgärder var att ge sin vän och skyddsling Salazar det han så hett åtrådde, en befattning som inkvisitor. Det blev den lediga stolen i Logroño. Och historien kom därmed att räddas undan en omfattande katastrof.

Men i Logroño hade de två andra inkvisitorerna Becerra och Valle ett halvårs försprång i sina efterforskningar om häxorna i Baskien. Från början hade de inte haft några bestämda uppfattningar om hur problemet skulle hanteras, eftersom de båda saknade erfarenheter av häxerimål. Några sådana rättsliga prövningar hade inte ägt rum i Logroño på många år och Becerra och Valle fick börja med en djupdykning i arkiven, deras efterforskningar förde dem hundra år bakåt i tiden. Men därmed kände de sig snart betydligt klokare och beslöt att i tysthet låta arrestera ett litet urval häxor för att se vad detta kunde ge för information under förhör med de misstänkta.

Bland de fyra som hämtades in befann sig den María de Jureteguía som varit den första i byn Zugarramurdi att falla till föga för den franska flickans fantasier och bekänt sin synd hellre än att försöka stå emot de hotelser och påtryckningar som eljest skulle ha blivit följden.

Hon liksom de andra tre provhäktade häxorna bekände genast vid första förhöret. María intygade att hon varit häxa redan vid tolv års ålder, och att hon som barnhäxa hade fått ansvaret att vakta paddorna under sabbaten, och att hon då en gång råkat puffa till en padda med foten i stället för med den avsedda lilla herdestaven, och att hon för denna vanvördnad piskats så att hon hade ont i flera dagar efteråt. Hon angav fortfarande sin moster María Chipía som den som lärt henne till häxa och som i början hade smort henne med flygsalva när det skulle bära iväg.

De andra tre häxorna kom med betydligt gruvligare bekännelser. Den 80-åriga Estevanía de Navarcorena erkände sig skyldig till många mord och hämndeakter, bland annat att hon mördat sitt eget barnbarn med häxpulver då hon blivit förtörnad över att barnet gjort på sig i hennes nya förkläde. Hon hade också mördat en ung man i byn för att han ropat glåpord efter henne.

De fyra första häxorna som Becerra och Valle tog in till Logroño bekände alltså genast och högst frivilligt, någon tortyr förekom inte.

Förklaringen måste främst vara den katolska, och i förhållande till den protestantiska, omvända ordningen att den som *inte* bekände riskerade värre straff än den som erkände sin synd och sökte förlåtelse. Under de svenska häxprocesserna spred sig tidvis kunskapen bland de misstänkta att den som inte bekände skulle klara livhanken. För häxorna i Zugarramurdi och alla dem som skulle följa efter var det alltså tvärtom. Högst troligt är väl också att de förhörande inkvisitorerna knappast försummade möjligheten att påpeka detta förhållande.

En fångvaktare, som stått och tjuvlyssnat på ett samtal mellan María de Jureteguía och hennes moster som hon angivit, berättade vad han hört inför tribunalen där allting som vanligt pliktmedvetet skrevs ned, varför vi än idag kan ta del av det högst sannolika referatet.

Mostern hade beklagat sig för María de Jureteguía och sagt att hon fann det svårt att bekänna saker som hon inte var skyldig till. Själv var hon ju ingen häxa och det trodde hon inte heller att någon av de andra var. Då hade María varnat henne och förklarat att om hon ville hoppas på att någonsin komma ut ur fängelset så skulle hon bekänna så flitigt hon förmådde även om allt var påhitt från början till slut. Så hade María själv gjort, anförtrodde hon nu sin moster. Det var så dags, kan man tycka.

Att de fyra första häxorna hade hämtats av inkvisitionen och sedan dess var försvunna var givetvis ingenting som passerat obemärkt hemma i byn Zugarramurdi. Det var lätt att föreställa sig att andra som hade bekänt inför hela församlingen snart stod på tur att försvinna in i inkvisitionens tystnad.

Sex av dem som efter påtryckningar och hot hade tvingats bekänna inför de andra byborna, och som också nåtts av rykten om att en världslig domstol hotade att låta arrestera dem, råddes nu av sina anförvanter att snarast bege sig till tribunalen i Logroño för att rätta till det hela.

När dessa sex infann sig inför Becerra och Valle förklarade de emellertid hur allting hade gått till och tog därmed tillbaka sina bekännelser. Detta bidrog starkt till att de båda inkvisitorerna kom att betrakta dem som särskilt förhärdade och farliga häxor. Denna misstanke kom snart att bekräftas av en kommissarie som svarat för de första förhören i Zugarramurdi, liksom av de fyra som redan hade bekänt och nu villigt intygade att de nyanlända som vägrat erkänna i själva verket tillhörde den ledande kretsen av häxorna.

Becerra och Valle beslöt att tills vidare låta de nekande mjukna lite i fängelset och skrev till La Suprema och presenterade det ovanligt komplicerade fall av kätteri som man kommit på spåren i Logroño.

La Suprema mottog emellertid inte det beskedet med någon entusiasm, också där var man tvungen att dyka ner i arkiven för att hitta hundraåriga instruktioner för hur fall som dessa skulle behandlas. Med ledning av arkivfynden sände man över en lista på frågor som skulle ställas till de misstänkta, både de som befann sig i fängsligt förvar och de som inkvisitorerna snart måste söka upp för att förhöra på hemorten.

Frågelistans genomgående syfte var att försöka fastställa om de som bekänt hade drömt sig vara häxor eller om de varit med om sina upplevelser i sinnevärlden. Det var frågor om någon uppmärksammat häxans frånvaro när hon nattetid lämnat sin säng för att flyga till sabbat, hur lång tid det tog att flyga dit och hur långt bort sabbaten låg från hemorten, om salvan fick dem att falla i sömn eller känna sig egendomliga, om de hört kyrkklockor eller tornur slå på sina färder, om de mött någon utomstående på väg bort eller hem och så vidare.

Dessutom underströk instruktionerna från La Suprema hur undersökningen måste inrikta sig på att finna utomstående stöd för påståenden om exempelvis barnamord. Hade i så fall något barn verkligen dött eller försvunnit vid den angivna tiden? Och om någon påstod sig ha slitit hjärtat ur kroppen på sitt offer – hade verkligen någon mördad person påträffats i det skicket?

Den försiktighet som instruktionerna från La Suprema andades gjorde inte stort intryck på Becerra och Valle när de fortsatte att bearbeta sina fängslade häxor. Ty snart började det dyka upp förklaringar till även de mest skeptiska frågor. Exempelvis kunde en häxa mycket väl vara borta på sabbat utan att det märktes i hennes omgivning eftersom Djävulen kunde lämna kvar en demon i hennes säng som antagit hennes gestalt så att det såg ut som om det var hon som låg där, en variant på den förklaring som dök upp i Sverige, att häxorna kunde forma ett stycke trä som såg ut som de förda barnen när de var bortflugna.

När Becerra och Valle kommit ungefär så här långt i sitt arbete och båda är fullt och fast övertygade om att de är en särdeles farlig häxsekt på spåren tillsätts den tredje och dittills vakanta platsen i tribunalens tremannaledning; till detta upphetsade läge anländer Salazar. Vad han än förväntat sig vid tillträdet till sin hett efterlängtade befattning som inkvisitor så inte lär det ha varit detta. Men det skulle dröja något innan han blev varm i kläderna och började ställa till besvär för sina redan övertygat häxtroende kolleger.

Det var dags för en av inkvisitorerna att ge sig iväg på en visitationsresa till de av häxor infekterade områdena. Den som stod i tur var Valle och han fick nu tilläggsinstruktioner från La

Suprema där han anmodades att särskilt söka efter konkreta bevis, inte nödvändigtvis fler bekännelser – de sex som nekat vid ankomsten till Logroño hade nu bekänt – utan konkret bevismaterial som påklädda paddor, häxpulver, flygsalva och liknande. Materialet skulle därefter undersökas av vetenskaplig expertis, läkare och apotekare, för att man skulle kunna bedöma bevisvärdet. Instruktionerna mer än antyder att La Suprema inte låtit sig övertygas av alla långa och detaljerade förhörsprotokoll med sensationella bekännelser.

Inkvisitor Valle visade sig emellertid måttligt intresserad av sådana fysiska efterforskningar när han gav sig ut på sin visitationsresa med början i de två byarna Zugarramurdi och Urdax. Desto ivrigare var han att skaffa fram nya bekännelser, inte minst från ett stort antal barn, och han ansåg sig på det viset ännu säkrare kunna fastställa brottslighetens oerhörda omfattning.

Överallt där han drog fram steg upphetsningen men det var inte givet att alla kyrkans män skulle ställa sig på hans sida. Biskopen i Pamplona tillhörde dem som avfärdade idén om en stor hemlig häxsekt som ren och skär vidskepelse och resultatet av fantasier, drömmar och alltför mycket upphetsat sladder. Biskopen vågade sig inkvisitor Valle inte på, men två andra lägre befattningshavare inom kyrkan – en skeptisk munk och en församlingspräst som vägrade att predika mot häxfaran – lät han arrestera tillsammans med 13 andra särskilt farliga häxor som han fann på sin resa. De arresterade skickades till fängelse och förhör i Logroño.

Valle bör ha blivit mycket besviken när han ivrig att ta itu med alla nya häxor återvände till Logroño och möttes av en instruktion från La Suprema som måtte ha varit tvärt emot hans förhoppningar. Storinkvisitorn hade beslutat att utfärda ett nådeedikt, det vill säga en amnesti för alla häxor som inom en viss given tid angav sig själva och bekände. Tribunalen i Logroño beordrades vidare se till så att innehållet i nådeediktet blev väl spritt i de områden man betraktade som särskilt svårt infekterade och att den som gav sig ut på nästa visitationsresa skulle ha det med sig och använda sig av det.

Samtidigt stod emellertid tribunalen inför uppgiften att avsluta de processer man redan inlett, man hade nu kommit upp i 28 häxor varav 14 hade bekänt.

Processens avgörande skede, en *consulta de fé* hölls den 8 juni 1610. Man var nu uppe i 19 häxor som avlagt bekännelse. För alla utom en beslöts enhälligt att de skulle få syndernas förlåtelse i kombination med olika botstraff. Så långt var de tre inkvisitorerna överens.

När det gällde förnekarna och den sista i raden av dem som bekänt ville Becerra och Valle döma alla till bålet men då röstade Salazar nej. Beträffande den som bekänt men som Becerra och Valle ändå ville bränna anförde Salazar att allt letande efter bevis hade gett negativt resultat och att således ingenting utom hennes bekännelse band henne till brottet, vilket Salazar ansåg otillräckligt.

Den motsättning som nu började växa fram mellan de tre inkvisitorerna påminner nästan häpnadsväckande mycket om hur det gick till när Anders Stiernhöök och de andra skeptikerna i Trolldomskommissionen över Norrland började sätta sig på tvären ett halvt århundrade senare. Salazar pekade på en mängd detaljer där bekännelserna inte stämde överens och därför blev mindre trovärdiga. Ett tydligt sådant exempel var att de allra första häxorna som bekänt inte hade sagt ett ord om prästen Juan de la Borda och munken Pedro de Arburu. Det var desto märkligare eftersom senare anlända häxor som bekänt hade framhållit att just munken och prästen intog en framträdande ställning som hedersgäster hos Djävulen vid sammankomsterna. Ett sådant uppseendeväckande förhållande borde ingen ha missat, menade Salazar. Den typen av petiga, låga och icketeologiska invändningar gjorde framför allt kollegan Valle rasande och samtalstonen mellan honom och Salazar började tidvis präglas av svordomar och skrik så att förskräckta tjänstemän inom tribunalen måste varna dem för att de var så högljudda att det hördes utanför murarna.

Men Salazar hade kommit in för sent i häxjakten, när de andra två redan var övertygade, för att han skulle kunna påverka förloppet på ett avgörande sätt. Nu stundade det stora skådespelet som både Becerra och Valle såg fram emot med stor optimism och förväntan. För det som hittills hade avhandlats inom inkvisitionens murar var hemligt. Men nu skulle allmänheten äntligen och mycket dramatiskt få veta allt om häxornas härjningar när domarna offentliggjordes och straffen verkställdes. Nu närmade sig den stora autodafén som, hoppades Becerra och Valle, skulle ingjuta sådan skräck och vördnad hos allmänheten att det blev häxsektens undergång. Deras fromma förhoppning skulle inte bara grusas i största allmänhet, utan fullkomligt komma att motverka sitt syfte.

Autodafén i Logroño 1610 framstår som den enskilt mest utlösande faktorn bakom en vidsträckt och allmän häxpanik som nu följde.

4. Skådespelet som skapade 5 000 nya häxor

En spansk autodafé i inkvisitionens regi var ett domedagsskådespel och folknöje som dessutom genom kyrkans organisation hade en mycket effektiv marknadsföringsapparat till sitt förfogande.

Och det som nu skulle ske i Logroño lovade att bli en särdeles föreställning. För visserligen hade inkvisitionen arbetat med andra kätteribrott än häxmålen och fått 24 domar klara till autodafén. Sex personer skulle dömas för judaism, en för islamism, en för lutheranism, en för bigami, 13 för hädelse och två för att de falskeligen utgett sig för att vara inkvisitionens agenter.

Men sådana brottslingar var rutin på inkvisitionens autodaféer och ingen av de tidigare nämnda skulle brännas på bål. Häxor däremot var något sensationellt och helt nytt och den inströmmande publiken i Logroño hade kommit resande från långt håll och var snart enorm. Så mycket som 30 000 människor hade samlats för att avnjuta det spännande skådespelet. Snickarna hade arbetat hårt för att resa tribunerna, alla rum med fönster ut mot det stora torget var uthyrda och 13 lass ved hade i god tid beställts för de 13 häxor som fortfarande nekade. Stadens gator var packade med folk och vartenda rum till uthyrning överbelagt och byarna runt staden fyllda med alla dessa turister som kommit från Frankrike i norr och Kastilien i söder. Kung Filip III väntades också komma men fick förhinder i sista stund till inkvisitorernas besvikelse.

Processionerna och ceremonierna varade i tre dagar. Första dagen inleddes arrangemanget med Det Gröna Korsets procession. Det törnbesatta gröna korset var inkvisitionens emblem. Först i denna procession gick uppemot tusen lägre tjänstemän i inkvisitionen, kommissarier och sekreterare med sina stavar med guldemblem. Efter dem kom munkordnarna, dominikaner, franciskaner, mercedianer, trinitarianer och jesuiter, följda av präster. Först därefter bars det gröna korset fram av en prior inom franciskanerorden som omgavs av kyrkosångare och musiker, därefter följde hedersgästerna bland höga kyrkliga dignitärer och sist kom inkvisitorerna och deras personal vid tribunalen.

Processionen skred fram till det stora torget där det gröna korset fästes vid den högsta punkten på hedersläktaren och mer hände inte första dagen.

Men under natten och bakom fängelsets murar blev de sex som skulle brännas nu underrättade om sin dom av munkar som också skulle vaka över dem under den sista natten. Inkvisitionen hade, till skillnad från den förväntansfulla publiken får man utgå från, en förhoppning att de sex skulle falla till föga och erkänna under denna våndans natt så att man slapp bränna dem på bål.

Men alla sex stod på sig i sitt nekande. Det var den misstänkte munkens mor María de Arburu (munken själv hade dömts till fängelse trots att han inte ens under tortyr hade erkänt) och prästens mor María de Bastán de la Borda (prästen hade också uthärdat tortyren utan att erkänna och dömts till fängelse) samt ytterligare två äldre kvinnor och två män.

Nästa dag, som var en söndag, väcktes fångarna vid soluppgången och fick sina botgöringsdräkter och frukost. Vid sjutiden på morgonen var det dags att börja fångarnas procession där alla delinkventerna var barfota. Främst gick 21 män och kvinnor vars dräkter visade att de skulle dömas för mindre allvarliga brott som blasfemi och kätterska uttalanden. Men sex av dem bar gissel runt halsen som visade att de skulle piskas.

Därefter följde 21 dömda vars dräkter och *corozas* (hattar som liknade biskopsmössor) hade bemålats med gula fläckar, vilket var ett tecken på att de skulle benådas och återupptas i den kyrkliga gemenskapen.

Till sist kom sex delinkventer vars dräkter och kättarmössor var bemålade med djävlar och röda eldsflammor och efter dem fem kistor med häxor som hade dött i en tyfusepidemi i fängelset innan de hunnit erkänna men vars lik man noga bevarat för autodafén. Framför deras kistor bars träskulpturer som symboliserade de döda och som skulle brännas tillsammans med liken.

De 53 dömda fångarna följdes av fyra inkvisitionssekreterare till häst som hade en mulåsna mellan sig överdragen med grön sammet och lastad med en kista som innehöll alla de domar som nu skulle offentliggöras, därefter följde en ryttare med inkvisitionens standar och slutligen de tre inkvisitorerna och särskilda hedersgäster – alla till häst.

Framme vid stora torget delade processionen upp sig så att fångarna i viss fastställd ordning – de lindrigaste förbrytarna främst, häxorna, inklusive dem som låg i likkistor, högst upp – fick ta plats på den särskilda fångläktaren så att alla satt med ansiktet mot hedersläktaren med inkvisitorerna högst upp under en baldakin och nedanför dem alla kyrkliga dignitärer från när och fjärran.

Därefter hölls en predikan som slutade med att trohetseden till den Heliga Inkvisitionen upplästes och besvarades med ett samfällt Amen från de tiotusentals åskådarna.

Nu började äntligen föredragningen av domarna. En och en fick häxorna komma ned från läktaren och placera sig på en liten tribun vänd mot hedersläktaren och den pulpet varifrån två inkvisitionssekreterare turades om med högläsningen. Det kan nämligen inte ha varit så lätt att stå och skrika tillräckligt högt för att i detalj klargöra vad exempelvis María de Zozayas (häxan som erkänt men ändå skulle brännas) hade gjort sig skyldig till. Det bör ha tagit ungefär två timmar enbart att föredra hennes ytterst detaljerade dom.

Det var alltså inte lite som den häpna publiken fick lyssna till under denna heldag av frossande i häxdetaljer. Om någon besökare i Logroño varit okunnig om vad häxor sysslade med när han kom, så bör han ha rest därifrån som närmast spränglärd i häxologi.

Mer än häxdomarna hann man alltså inte med att läsa upp den första dagen. Men skådespelets regi var ändå sådant att publiken tålmodigt höll sig kvar. För när domarna äntligen föredragits var det visserligen bara en timme kvar till solnedgången – men mörkret skulle snart lysas upp av flammande häxbål.

De sex nekande häxorna fördes tillsammans med de fem som låg i likkistor och representerades av sina avbilder i trä, burna av munkar, bort till bålen där de fick stiga upp och fjättras vid en påle. De hade fortfarande chansen att bekänna men ingen av de sex utnyttjade den möjligheten.

Fortsättningen kunde nu förlöpa på två sätt, man vet inte vilken metod som användes i Logroño 1610. Antingen garroterades (ströps) delinkventerna vid den påle där de kedjats fast innan bålet tändes. Eller också brände man dem levande.

Nästa morgon fortsatte ceremonierna, fortfarande med mästerlig regi, med att först klara av de mindre intressanta kättarna så att man inte kom in på häxorna förrän efter middagstid.

Ånyo blev det oändligt detaljerade uppläsningar om alla de påstådda och i dessa fall fullständigt bekända brotten. Därefter fick de dömda stiga fram och avge en väl repeterad bekännelse till den katolska kyrkans lära som de nu svor att följa under resten av sina dagar i jordelivet. Och så kunde inkvisitor Becerra lösa dem från bannlysningen och återuppta dem i kyrkans gemenskap. Dessa ceremonier varade till en och en halv timme efter solnedgången.

Som avslutning gick Becerra fram till María de Jureteguía, hon som varit den första att falla till föga för den franska flickans fantasier i Zugarramurdi, hon som förmanat sin moster att man måste bekänna vadsomhelst för att bli fri, och befriade henne högtidligt från hennes botgörardräkt. Samtidigt ropade han med hög röst ut att María skulle visas särskild nåd av inkvisitionen därför att hon varit så uppriktigt ångerfull och därför att hon skulle stå fram som ett lysande exempel på såväl inkvisitionens godhet som dygdens lön för den som samarbetade så till den grad som María hade gjort.

Prästen Juan de la Borda och munken Pedro de Arburu, som råkat i onåd för att de tvivlat på inkvisitor Valles föreställningar om häxor, och vars mödrar bränts för sitt nekande, hade däremot sluppit att schavottera på autodaféen. Det hade La Suprema i Madrid beslutat, förmodligen därför att man ansåg det pedagogiskt olämpligt med kyrkans folk som botgörare på autodafé bland häxerianklagade. De hade dock dömts mycket hårt trots att de nekat sig genom tortyr båda två, vilket normalt skulle ha befriat dem. Visserligen hade La Suprema befriat dem från galärerna men båda satt nu inspärrade som fångar i kloster.

För inkvisitorerna Becerra och Valle var denna autodafé, länge omtalad i Spanien som "den med häxorna", en strålande framgång. Ingen kunde ju längre tvivla på att häxsekten verkligen existerade efter att så många domar med erkännande hade offentliggjorts. Och eftersom alla överläggningar inom inkvisitionen var hemliga så visste ingen utanför murarna att oenigheten var stor mellan de tre inkvisitorerna.

Med samma effektivitet som om de haft tillgång till dagens television hade Becerra och Valle nu lyckats övertyga befolkningen i de centrala delarna av en hel nation att det fanns en överhängande häxfara, att häxorna kunde se ut hur som helst, att de fanns där man minst anade det. Kort sagt att det bara var att åka hem till byn och misstänksamt börja skärskåda sina grannar tills man såg något säkert tecken.

Och det var just vad alla besökarna i Logroño gjorde. Snart rasade en våldsam häxpanik i hela norra Spanien, snart fanns tusentals misstänkta, och den stora massakern tycktes obönhörligen närma sig.

5. Inkvisitor Salazars räddningsexpedition

Ett femtiotal orter i norra Spanien var nu infekterade av häxpanik. Biktande människor övertalades av prästerna att ange sig själva eller andra, den folkliga oron ledde till veritabla lynchningar av misstänkta och barnflockarna pekade ut den ena efter den andra; när en utpekad barnaförande häxa hade försvunnit från byn med inkvisitionens kommissarier och handräckning pekade barnen genast ut nästa häxa. Det fanns inte en enda stad i norra Spanien där inte barn hämtades varje natt till häxsabbat.

Ett "predikokorståg" mot häxorna spred paniken än mer. Inkvisitionen stod nu inför ett vägval. Becerra och Valle tvekade inte inför det valet utan ansökte hos La Suprema om att få förstärkningar med extra domspersonal eftersom det fanns tusentals misstänkta att ställa inför rätta. Dessutom ville de få sin tribunal förstärkt med ambulerande underavdelningar som kunde börja döma samtidigt på flera orter. Becerras och Valles alternativ skulle ha lett raka vägen mot Europas mest omfattande massaker på häxerimisstänkta.

Det förstod man emellertid också i inkvisitionens högsta ledning. La Suprema valde därför ett radikalt annorlunda alternativ, en metod som inkvisitionen tillämpat tidigare för att undvika massavrättningar. Man utfärdade ett nådeedikt, en sorts häxamnesti på fyra månader. Den som under angiven tid steg fram och bekände och ångrade sina synder skulle förlåtas, återupptas i den kyrkliga gemenskapen och i övrigt vara straffri. Becerra och Valle mottog beskedet om detta daltande med häxorna med stor besvikelse.

Salazar tog sig i gengäld an sin uppgift med desto större entusiasm och kraft. Det var nämligen han av de tre inkvisitorerna som nu stod på tur att resa på visitation – något som man rimligtvis varit medveten om i La Suprema – och pingsten 1611 gav han sig iväg med sina två inkvisitionssekreterare och två baskiska tolkar, som dessutom hade uppdraget att predika under resan och hjälpa till med ceremonierna under de kommande rekonciliationsakterna.

Resans första anhalt blev Pamplona där Salazar helt i enlighet med sina instruktioner sökte upp biskopen Antonio Venegas de Figueroa, som var den starkaste enskilda kraften inom den kyrkliga opposition som börjat växa fram i norra Spanien mot de fundamentalistiskt häxtroende. Biskopen hade genomfört en del egna undersökningar och kommit fram till slutsatsen att barnaförandet till Djävulen och de följande förlustelserna uteslutande rörde sig om drömmar och fantasier. De två männen bör således ha blivit angenämt överraskade av att träffa varandra, särskilt biskopen som fram till detta möte inte kunde ha känt till att en av de tre inkvisitorerna i Logroño faktiskt delade hans egen skepsis till alla föreställningar om den härjande häxsekten.

Därefter kastade sig Salazar över uppgiften som skulle hålla honom i hårt arbete under drygt åtta månader, och under vilken tid han skulle författa mer än 11 000 manuskriptsidor om sina fynd och slutsatser.

Salazar inrättade flera arbetslag som kunde gå i skift på varje ny plats där inkvisitionen anlände för att förhöra misstänkta och ta emot bekännelser.

Till skillnad från sin kollega Valle på dennes visitationsresa ägnade sig Salazar så lite som möjligt åt barnhäxor, som han i stället frikände och gav officiell syndaförlåtelse på löpande band.

Vad som till en början inte var tillåtet för dem som infann sig eller inhämtades var att ta tillbaka en tidigare bekännelse inför inkvisitionskommissarier eller lokala präster. Salazar tvingades i enlighet med sina instruktioner att hota alla som försökte ta tillbaka sina erkännanden med strängt straff, vilket betydde bålet. Däremot var det tillåtet att ta tillbaka angivelser, något som han uppmuntrade desto starkare.

Redan på en av de första orterna Salazar besökte hann han med att förlåta och frikänna åtta häxor under första förmiddagspasset. Och så skulle det komma att fortsätta under de åtta månaderna. De botgöringsstraff han utdömde i slutet av varje sådan akt var i regel obetydliga, exempelvis tio Fader Vår och tio Avemaria om dagen i två månader. En av sekreterarna, Francisco Ladrón de Peralta, skrev senare om tempot på denna visitationsresa att Salazar arbetade "så outtröttligt att det föreföll omöjligt att någon människa kunde hinna med mera" och genom att föregå med sådant gott exempel förmådde Salazar också sina medarbetare att hålla samma höga arbetstakt.

Hans andra uppdrag under resan var att försöka samla konkreta bevis för eller emot häxsektens existens, något han till en början försummade eftersom han ändå inte trodde på de bekännelser han måste använda som underlag för sina förlåtelseceremonier. Han noterar exempelvis med tydlig ironi hur han enligt somliga bekännelser själv varit föremål för tortyr, mord och seanser där han skulle ha bränts på bål av häxorna utan att han själv lyckats observera ett så högst påtagligt och intressant förlopp.

Med tiden lyckades han få tillstånd från La Suprema att acceptera återtagna bekännelser och eftersom häxorna då snabbt började minska i antal beklagade han senare att man inte kunnat arbeta så redan från början. Halvvägs i sitt arbete kunde han rapportera:

"Då jag avreste från Logroño hade endast 338 bekännelser avlagts – – – Men nu har jag på min resa till dags dato och med Guds hjälp behandlat 1 546 fall. Dessa fördelar sig på följande grupper: 1 199 under 12 och 14 år har frikänts, 271 personer på 12 och 14 år och däröver har rekoncilierats, 34 har avsvurit sig sina villfarelser. Till sist finns här 42 *revocantes* (personer som återtagit sina bekännelser), av vilka några tagit tillbaka efter att de redan rekoncilierats av den Heliga Inkvisitionen, medan andra tagit tillbaka sina bekännelser på dödsbädden. Härtill kommer ett stort antal barn på fem år och därunder, över vilka jag enligt överenskommelse med mina kolleger endast läst några exorcismer som vi alla tre utvalt för detta ändamål. Folk i alla åldrar har således fått del av den tröst och lindring som både de själva och deras barn eller släktingar sett fram emot, och detta har haft en mycket lugnande inverkan i hela området."

Det var utan tvekan just detta som var Salazars strategiska mål, att sprida lugn där han drog fram, att i tysthet bakom inkvisitionens slutna dörrar förmedla tröst i stället för att domedagspredika och aldrig låta inkvisitionsagenterna på de olika orterna få del av bekännelsernas innehåll. Den häxmisstänkta person som steg in till Salazar kom snart ut som förlåten och återupptagen i den kristna gemenskapen utan att någon, inte ens den rekoncilierades biktfader, hade rätt att fråga om vad som hade föregått förlåtelsen.

Salazar lyckades dessutom till sina inkvisitorskollegers besvikelse förlänga nådeediktets giltighet med ytterligare fyra månader under vilka han fortsatte att arbeta i samma ursinniga tempo.

I sinom tid kom han också igång med uppgiften att sakligt pröva innehållet i olika bekännelser. Exempelvis sände han ut sina agenter för att hålla uppsikt över kända mötesplatser vid givna nattliga tillfällen, före stora helger, för att sedan jämföra agenternas rapporter om att de över huvud taget inte sett till några människor på den angivna platsen med olika bekännelser där det påstods ha varit både sexorgier och kalas på barn. Han lyckades också få tag på en del prover på påstådda häxsalvor som han lät medicinsk expertis analysera och avslöja. Sådan salva som somliga häxor med hugg, slag och hotelser tvingats leverera till kommissarier och fogdar visade sig bestå av harmlösa örter, smält fett och sot. Med dessa vetenskapliga analysresultat som grund kunde Salazar gå tillbaka till de påstådda häxor som levererat materialet och få hela bluffen bekräftad och dokumenterad.

Salazars två inkvisitorskolleger Becerra och Valle blev alltmer oroade av tendensen i de rapporter som strömmade in och de försökte motverka Salazars resultat genom att själva förhöra nya misstänkta häxor i områden som Salazar ännu inte hade besökt. På så vis lyckades de få fram några hundra nya misstänkta, däribland tolv präster som genom att vara misstrogna mot föreställningar om en häxsekt givetvis hade avslöjat sig själva. Becerra och Valle skrev därefter till La Suprema och ondgjorde sig över hur häxorna bara blev fräckare genom nådeediktet, varför det var angeläget att så fort som möjligt byta taktik och övergå till den dömande verksamheten.

Men La Suprema svarade bara kallt att man i stället borde intressera sig för att införskaffa bevis för misstankarna, konkreta bevis i stället för bekännelser. Särskilt när det gällde de tolv misstänkta prästerna.

Becerra och Valle hade som vanligt ingen framgång med uppdraget att finna bevis, tvärtom fick de i stället se hur ett lager påstådd häxsalva som Valle hemfört i triumf nu avslöjades som falsarium av läkare och apotekare.

Salazar hade i alla avseenden varit mer framgångsrik och kunde brevledes presentera en slutsats inför storinkvisitorn i Madrid som gick stick i stäv med kollegernas:

"Vad sabbatsresorna, mötena, skadorna och allt det andra angår, så har jag inte funnit ett enda positivt bevis, ja, inte ens indicier, varav det kan utläsas att något häxeri reellt och kroppsligt har ägt rum. Jag har tvärtom kommit fram till det som jag anade redan före mina erfarenheter på denna visitationsresa: att häxornas egna vittnesutsagor är helt otillräckliga och alls inte berättigar till något enda fängslande – – – med mindre än att deras påståenden styrks av fakta, som väl att märka bevittnas av personer som inte själva är häxor."

Men striden var långtifrån över. Vad som återstod var en uppgörelse inför själva La Suprema där den forne advokaten Salazar skulle få spela rollen av försvarare i en av historiens märkligaste processer.

6. Rättegången inför La Suprema

Inkvisitorskollegerna Becerra och Valle lät sig varken skrämmas eller imponeras av det ofantliga material som Salazar hemförde från sin visitationsresa, 1 802 nedtecknade häxbekännelser på mer än 11 000 trycksidor. De menade tvärtom att Salazar hade försummat det allra viktigaste, att upprätta förteckningar på alla de andra människor som hade blivit angivna genom bekännelserna. Endast med det materialet kunde inkvisitionen komma vidare i kampen mot häxsekten, ansåg Becerra och Valle.

Salazar hävdade att ett sådant arbete vore alldeles meningslöst eftersom minst tre fjärdedelar av häxornas bekännelser var falska även i rent subjektiv bemärkelse, att de alltså ljög. Och redan av den anledningen skulle man i framtiden kunna förvänta sig ett stort antal återtagna bekännelser. Att då i mellantiden kasta sig över alla dessa falskt utpekade, dra bekännelser ur dem också och på så vis få ännu fler falskt utpekade att arbeta med vore fullständigt meningslöst.

I den skriftväxlingsstrid mellan å ena sidan Becerra och Valle och å andra sidan Salazar som nu utbröt inför La Suprema kan man också hitta Salazars förklaring till sådana bekännelser som inte var medvetet falska:

"Låt oss antaga", skriver han, "att vi var villiga att gå med på allt detta (innehållet i mer eller mindre fantastiska bekännelser) och tro att Djävulen är i stånd att göra personer närvarande när de inte är det och andra osynliga när de passerar mitt för näsan på sina bekanta, varigenom ingen längre kan vara säker på om han eller hon som är närvarande är mer verklig än han eller hon som är hos häxorna, skulle det då inte vara mycket lättare att acceptera följande förklaring: Djävulen nöjer sig med att narra dessa 'osynliga' och de andra, som tror att de har varit borta. Det sker inte i verkligheten, utan Djävulen inbillar dem detta för att vederbörande skall tala i god tro och vinna gehör för dessa och liknande lögner och följaktligen också bli trodda, när de säger att de på sabbaten har sett andra människor, som de därefter utpekar som häxor. På detta sätt låter Djävulen med en gång hela befolkningen dras in i ett virrvarr av rykten, där skyldiga människor hur lätt som helst kan bli dömda."

Det förefaller som om Salazar uppfattade Djävulen som en ond kraft som kunde manipulera människors sinnen och verklighetsuppfattning i syfte att få igång en masshysteri med förödande resultat.

Moderna beteendevetare skulle säkert instämma med Salazar när det gäller masshysterins subjektiva element, även om de inte som han vore bundna av nödvändigheten att erkänna Djävulens existens och onda vilja.

För Salazar kan hans förklaring till falska bekännelser som ändå inte var lögn möjligen ha varit taktik – han skulle ha förlorat sin trovärdighet inför den teologiska expertisen om han förnekat Djävulen. Men det är möjligen en alltför "modern" tolkning eftersom det rimligaste antagandet ändå måste vara att en teolog utbildad på 1600-talet var fullt och fast övertygad både om Djävulens existens och om hans onda vilja. Det var inte där problemet låg för Salazar, utan det var svårigheten att förklara masshysteri i en tid då ordet inte existerade och än mindre föreställningar om vad ett sådant psykologiskt förlopp kunde innebära. Ändå är Salazar också den moderna vetenskapliga förklaringen på spåren:

"Den enda grunden (för den exploderande ryktesspridningen) tycks ha varit bestraffningen av häxor på autodaféen i Logroño, nådeediktet och det faktum att en inkvisitor besökt så många platser. Detta har uppenbarligen givit folket anledning att spekulera om allting kanske kunde vara förhäxat, och denna misstanke bekräftas var gång ryktena berättas vidare med det resultatet att det idag inte finns den svimning, sjukdom eller olycka, som man inte säger beror på häxorna."

I La Suprema tog man det förvånansvärt kallt när de stridande inkvisitorerna i Logroño började bombardera den högsta ledningen med sina inlagor och analyser. Det kom att dröja närmare två år av säkert olidlig väntan för de kämpande parterna innan La Suprema verkligen tog upp saken till slutligt avgörande. Men då hade Becerra befordrats till fiskal i La Suprema, var alltså föredragande och i praktiken häxornas åklagare, dessutom en ovanligt insatt och hängiven åklagare som helt säkert ville vinna målet lika hett som Salazar. För de flesta övriga av de åtta högsta inkvisitorerna i La Suprema var häxfrågorna tämligen okända eftersom de inte varit föremål för några ingående prövningar på närmare hundra år.

Den här bristande balansen inför den avgörande diskussionen tycks mer än en person i den högsta ledningen ha insett – storinkvisitorn var ju också sedan gammalt en av Salazars beskyddare.

La Suprema begärde in samtliga akter i häxfrågan från Logroño och så följde några månaders inläsning i ärendet för domarna. Men till slut var det äntligen dags för den avgörande striden. Och då kallades Salazar till Madrid för att föra häxornas talan!

Exakt hur striden fördes kan vi inte veta eftersom alla överläggningar i högkvarteret i slottet Escorial i Madrid var hemliga. Men vi känner de olika sidornas sätt att resonera.

Becerra och Valle representerade en fundamentalistisk inställning i så motto att de menade att utgångspunkten måste vara den teologiska expertisens analyser under de senaste hundra åren och den praxis som etablerats både tidigare i Spanien och i andra länder. Denna tradition skulle man jämföra med alla bekännelser och fick därmed en väldig kvantitativ bevisning för att teorierna stämde. Men enligt denna metod borde man också utesluta sådana inslag i bekännelserna som *inte* stämde med tidigare erfarenheter eller var uppenbart orimliga, exempelvis bekännelser om hur inkvisitor Salazar hade bränts på bål under sabbat.

Salazars utgångspunkt var den motsatta och den i nutidens ögon fullt moderna. Han var en vetenskaplig empiriker innan ordet ens fanns, han utgick från det som förelåg i sinnevärlden och det som kunde bevisas. Och han hade bearbetat de nära 2 000 bekännelserna han själv nedtecknat med ett sinnrikt notsystem där han höll reda på just det som Becerra och Valle från sina utgångspunkter avskydde – alla motsägelser, orimligheter och uppenbara lögner. Idag skulle man kalla hans metod "vetenskapligt kvantitativ analys" eller något liknande.

Salazar gjorde själv en sorts överskådlig tabell över hur motsättningarna såg ut mellan parterna. Här några smakprov:

Becerra: Alla bekännande häxor har begått de gärningar de medgivit.

Salazar: Även om det är teoretiskt möjligt finns inte en enda övertygande vittnesutsaga på den punkten.

Becerra: Bevisen för detta är omisskännligt sanna.

Salazar: Även de starkaste vittnesmålen innehåller starka inslag av osäkerhet.

Becerra: Det bör väckas åtal mot alla dem som är misstänkta.

Salazar: Det bör inte väckas åtal mot någon enda såvida det inte finns någon annan bevisning än påståenden.

Becerra: Vi måste straffa en av de allvarligaste kättarförbrytelserna.

Salazar: Inte så länge det saknas bevis för att förbrytelserna ägt rum.

Becerra: I processerna måste vi skriva ned bekännelserna så att de stämmer med vad vi redan vet om häxeriet.

Salazar: Tvärtom. Vi måste ta med alla motsägelser och orimligheter i protokollet.

Striden inför La Suprema varade i mer än fem månader där Becerra hade uppdraget att vara åklagare och Salazar advokat. Disciplinen i denna kyrkans högsta domstol var stenhård, ingen fick avbryta någon annan talare, ingen fick ens med minspel eller gester försöka störa den som hade ordet. Och det var sannerligen ingen sömnig församling av kyrkliga pensionärer som lyssnade på den nästan halvårslånga striden. I La Suprema blandade man visligen äldre och erfarna kyrkliga befattningshavare med yngre män i karriären som gjorde sitt yttersta för att visa sig dugliga. Det är förmodligen den sammansättningen som förklarar La Supremas oerhörda effektivitet, man hade att dagligen behandla skrivelser som kom från Sicilien i öster till Mexico i väster. Några dumskallar eller stofiler var det alltså inte som efter att ha förhalat denna strid i nära två år nu ägnade ett halvt år av sin tid till att dagligen lyssna med stenansikte.

När avgörandet skulle fällas fick Salazar själv inte längre delta. Men till sin höge beskyddare storinkvisitorn överlämnade han ett förslag till åtgärder i 20 paragrafer innan han reste tillbaka till Logroño för att börja den olidliga väntan på La Supremas utslag.

Det konkreta förslag som Salazar lade fram skulle man kunna se som hans sammanfattande slutplädering. Det är ett radikalt dokument som i praktiken avser att få slut på alla häxprocesser genom att höja beviströskeln så att egna bekännelser och angivelser inte längre skulle räcka till.

I inledningen till denna "plädering" föreslår Salazar en serie åtgärder för att göra upp med det förflutna. Alla de kommissarier i inkvisitionens tjänst som ägnat sig åt hot och våld för att tvinga fram bekännelser ute i byarna måste straffas och de förfördelade måste man be om ursäkt och återgälda på något sätt. De som ägnat sig åt misshandel i inkvisitionens namn måste ställas inför rätta och i fortsättningen förbjudas att ägna sig åt häxerimål.

Var och en måste få officiell tillåtelse att återta en bekännelse utan risk för straff. Alla föreliggande bekännelser och vittnesutsagor skall förklaras värdelösa.

I fortsättningen måste alla församlingspräster befallas att inte på några villkor utesluta någon från kyrkans gemenskap med mindre än att den blivit dömd av inkvisitionen.

Domarna över prästen Juan de la Borda och hans kusin munken Pedro de Arburu måste upphävas så att de kan återinstalleras i sina kyrkliga tjänster.

Den Heliga Inkvisitionen måste offentliggöra ett edikt som påbjuder lugn i häxfrågan och ingen inkvisitionskommissarie får längre ta emot anmälningar eller på eget bevåg inleda några undersökningar av misstankar för häxeri.

Till dessa minst sagt långtgående förslag fogade Salazar hela sitt batteri av regler för hur strängt bevisningen måste prövas i sakligt avseende och hur försiktigt angivelser och bekännelser måste betraktas.

Den 29 augusti 1614 undertecknade sju ledamöter i La Suprema sitt beslut och sände det med inkvisitionens interna postgång till Logroño. Skrivelsen var på 18 sidor och det är inte svårt att föreställa sig med vilken iver och ångest som Salazar nu ögnade igenom den sirligt pedantiska pikturen.

I inledningen tar La Suprema avstånd från – och avsvär sig möjligen något skenheligt eget ansvar för – den autodafé som ägde rum i Logroño och de förvecklingar som föregick skådespelet. Man konstaterar att man icke korrekt underrättats om det andliga och fysiska våld som ledde fram till floden av bekännelser och man hoppas att i framtiden bli förskonad från liknande misstag, varför härmed överlämnas följande instruktioner för framtiden...

Den ordning som La Suprema nu fastställer såväl för tribunalen i Logroño som för alla andra inkvisitionsdomstolar i det spanska riket är praktiskt taget identisk med den pläderande summering som Salazar överlämnat till storinkvisitorn när han reste hem till Logroño för att vänta på beslut. Hans seger var fullständig. Därmed kom häxprocesserna att avslutas ungefär hundra år tidigare i Spanien än i de flesta andra europeiska länder.

Alonso de Salazar Frías dog 1635 vid 71 års ålder som medlem i La Suprema och kanik vid katedralen i Jaén. Han var samtida med Lope de Vega och Cervantes, men hans insatser för mänskligheten hade genomförts bakom inkvisitionens murar och tysthetslöften. Inte förrän drygt 300 år senare när arkiven öppnades kunde eftervärlden få kännedom om den häxornas advokat som räddade minst 5 000 människoliv under den hysteriska häxepoken i Europa.

Till skillnad från Urban Hjärnes skulle Salazars liv och gärning bilda ett fantastiskt underlag för roman eller film. Vilken story! som vi journalister säger...

XI

Om Blåkulla, häxpanik och barnvittnen i vår egen tid

1. Den djävulska pedofilsekten i Bjugn

Anno Domini 1992 den 27 februari hölls en svavelosande häxpredikan i det lilla norska kustsamhället Bjugn utanför Trondheim. Officiant var den före detta socialarbetaren och numera självlärda experten på sexuella övergrepp mot barn, Laila Vielfaure. Några år tidigare hade hon drabbats av en plötslig uppenbarelse när hon såg en amerikansk film på TV om sexövergrepp mot barn och var nu närmast handelsresande i ämnet med en blandning av föredrag, kurs och åskådliggörande drama som kallades "Trygg och Stark" där tidens budskap lärdes ut.

Och tidens budskap när det gällde sexuella övergrepp mot barn var att de var ohyggligt mycket vanligare än man tidigare trott. "Amerikanska undersökningar" hade visat att så mycket som hälften av västvärldens kvinnor hade utsatts för sexövergrepp någon gång i livet. I Norge räknade den nya självlärda expertisen med att åtminstone var tionde men kanske så mycket som var sjätte norsk flicka var utsatt för incest, liksom var sjunde pojke. Enligt expertisen förvärrades förhållandena från dag till dag. Överallt pågick det hemlighetsfulla sexkriget mot Norges barn och gärningsmännen kunde finnas där man minst anade det. Därför gällde det att ständigt vara på sin vakt och lära sig att känna igen vissa tecken på att barn var utsatta för incest eller sexövergrepp från någon vuxen utanför familjen.

Säkra tecken på att barn var utsatta för sexövergrepp var koncentrationssvårigheter i skolan eller en plötslig förändring av barnets prestationer i skolan, sängvätning, barnsligt språk, kiss- och bajsskämt, sömnsvårigheter eller mardrömmar, huvudvärk, urinvägsinfektioner, extrem renlighet, aggressivitet, överdriven kärvänlighet och klängighet, magsmärtor och ont i halsen.

Predikan hölls i Bjugn gjesteheim i bostadsområdet Botngård och bland åhörarna fanns fyra anställda i personalen på Botngård barndaghem, kommunpsykologen och en representant för barnavårdsnämnden på orten. Det var kommunen som betalade för arrangemanget.

Det var nu således en tidsfråga innan någon skulle upptäcka de första säkra tecknen på sexuella övergrepp mot barnen i Bjugn.

Och det var föreståndarinnan på barndaghemmet i Botngård som först kom det ohyggliga på spåren, någon vecka efter kursen "Trygg och Stark". Hennes eget barnbarn A undslapp sig en kommentar om att ha sett "tissen" på Ulf Hammern, den ende manlige anställde bland personalen på dagis.

När avslöjandet skedde var den misstänkte gärningsmannen inte på plats, eftersom han var i Oslo med Bjugns amatörteatersällskap och spelade förste älskare i en musikal av Andrew Lloyd Webber. Men på dagis gaddade sig personalen snabbt samman under föreståndarinnans ledning och förberedde en spaningsinsats mot Hammern när han kom tillbaka till jobbet. Fjällen hade fallit från arbetskamraternas ögon och de var redan övertygade om Hammerns skuld.

Den misstänkte gärningsmannen ansvarade för arton barn tillsammans med fyra kvinnor. Det blev främst dessa fyra som fick uppdraget att spionera på honom när han kom tillbaka från teaterresan till Oslo.

En serie observationer gjordes och noterades noga. När Ulf Hammern hälsat på barnet A hade hon inte svarat. Ett barn hade klängt i hans livrem och då hade han strukit barnet över håret men avbrutit sig när han insåg att han var "upptäckt" av en kollega. Han hade dessutom smekt en flicka på låret. Ett barn hade sett sorgset ut och "stirrat med stora rädda ögon". Ulf hade också skalat en apelsin på ett misstänkt sexuellt sätt och därefter kallat apelsinklyftorna för båtar när han stoppade dem i munnen på flera barn. Det ekivoka apelsinskalet beslagtogs i en papperskorg och överlämnades senare till polisen som bevismaterial.

Under tiden började barnet A bearbetas i hemliga förhör och gjorde vissa medgivanden om otäcka saker som inträffat i det "Blå rummet" under ett täcke.

Dagispersonalen fann fler indikationer, bland annat en barnteckning där man sannolikt kunde se en penis. Man ringde till experten i Oslo som hade hållit föredraget om säkra tecken, redovisade sina observationer och bad om råd. Experten svarade att man alltid och utan att tveka måste polisanmäla. Det skedde samtidigt som personalen upptäckt ännu en indikerande barnteckning "med stora hemska armar" som fått flera av de anställda att falla i gråt när de förstod det hemliga budskap och rop på hjälp som dessa armar uttryckte.

Länsmannen i Bjugn, Arne With, som var kommunalpolitiker för höyre och ordförande i barnavårdsnämnden, hade fått ett pinsamt ärende i knäet. Han kände Ulf Hammern eftersom de spelade fotboll i samma oldboyslag och han tvivlade till en början starkt på uppgifterna. Men han måste ju hämta in Ulf Hammern på förhör, vilket han gjorde fredagen den 13 mars 1992. Det hade nu gått precis två veckor sedan pedofilexperten Laila Vielfaure hållit sin predikan om alla övergrepp som skedde i det tysta.

Ulf Hammern nekade under sex timmars förhör, han fick kommentera det beslagtagna apelsinskalet och två barnteckningar men han gjorde inga som helst medgivanden och måste släppas. Emellertid kallades han genast till socialkontoret där han fick sparken från sin anställning på daghemmet i Botngård och därefter gick han på möte i kommittén för firandet av 17 mai. För de andra kommittémedlemmarna berättade han om förhöret hos länsmannen, bedyrade att han var oskyldig men sade sig villig att lämna sin plats i kommittén om de andra ansåg det lämpligast. Man beslöt emellertid att han skulle vara kvar, ingen av de andra ville tro på de förfärliga anklagelserna.

Polisen i Bjugn måste emellertid ta itu med någon sorts utredning. Men norska regler förhindrade att man gick rakt på barnen med förhör. I stället uppmanades nu alla föräldrar att förhöra sina barn. En rundskrivelse författades och placerades i dagisbarnens små ryggsäckar när de skulle gå hem.

Polisen fick napp i tio fall där föräldrar nu vid närmare eftertanke ansåg sig ha gjort egendomliga observationer eller tyckte att deras barn dolde något, eftersom de nekade till att veta något om övergrepp. Psykologer tillkallades och föräldrarna bildade med experternas hjälp en stödgrupp där de kunde utbyta erfarenheter.

En far kunde snart meddela att hans dotter nog kommit hem från dagis med sädesvätska i håret. Han hade utfört en särskild luktkontroll genom att ta sig själv i skrevet och sedan jämföra i minnet med lukten i dotterns hår. Provet utföll positivt. Det var verkligen denna speciella lukt han känt i dotterns hår för någon tid sedan när Ulf Hammern fortfarande fanns bland personalen på dagis.

Flickans mor erinrade sig dessutom att dottern haft något sår i slidan året innan och att hon då, således helt i onödan, misstänkt sin man.

Psykologerna förklarade för föräldrarna i stödgruppen att barn som utsatts för sexuella övergrepp nästan alltid var ovilliga att erkänna genast. De skyddade sig med förträngningsmekanismer, och om de nekade alldeles för ihärdigt kunde det vara ett tecken på att de egentligen ville erkänna.

Efter någon tid började barnen, precis som psykologerna förutsett, göra medgivanden och sändes snart i skytteltrafik till regionsjukhuset i Trondheim där de fotograferades i underlivet, psykologerna kom till hjälp med anatomiskt korrekta dockor med könsorgan, specialtillverkade för just denna typ av förhör. Mattor från dagis och en del barnkläder skickades till kriminalteknisk undersökning för att man skulle finna något av den sperma som Ulf Hammern, nu enligt flera samstämmiga barn, sprutade omkring sig i tid och otid och på allt och alla i barndaghemmet. Kriminalteknikerna fann emellertid ingen sperma.

Man var nu uppe i minst tio barn som hade erkänt. Ulf Hammern gick arbetslös i Bjugn, omsusad av skvaller men utan advokat, eftersom han inte var formellt delgiven misstanke och inte anhållen och eftersom polisutredningen mot honom pågick i hemlighet.

Historierna om vad som hade utspelat sig i det Blå rummet på dagis växte och började bli mer konkreta. En pojke berättade hur han hade tvingats tejpa för sin egen mun och hur Ulf därefter hade bundit honom med tråd och våldtagit honom. Föräldrarna lämnade in bevis i form av en tråd som de uppgav vara av samma typ som använts i det Blå rummet.

Andra barn berättade hur de hade kastats högt upp i luften eller ut genom ett fönster, hur Ulf ofta varit naken på dagis, eller hur han varit utklädd i maskeradkostymer liknande Fantomens och ständigt hade det kommit något vitt sprutande ur hans tiss. Förhören skedde i samverkan med psykologer som intygade att barnen talade sanning.

Mer graverande detaljer kom fram, för när somliga barn börjat bekänna var det som om alla fördämningar öppnats. Ulf hade flera samlingar med fotografier på nakna barn, ett blått och ett rosa album, och själva hade barnen också utsatts för nakenfotografering med sexuell innebörd. Sperma i håret förekom nu på flera håll och en flicka berättade hur hon tvingats torka upp sperma från golvet på dagis med sitt hår. Ulf Hammern anhölls, misstänkt för övergrepp på nio barn.

I samband med anhållandet genomfördes en omfattande husrannsakan i den misstänkte gärningsmannens hem. Enligt barnens berättelser skulle det ju finnas såväl mystiska sexleksaker som flera uppsättningar maskeradkostymer och framför allt en stor samling pedofil pornografi i hemmet. Men ingenting av detta påträffades vid husrannsakan. Vilket för såväl den upphetsade föräldragruppen som polisen bevisade hur smart Hammern var och att han fått för mycket tid på sig att städa undan alla bevis.

Efter kort tid släpptes följaktligen Ulf Hammern fri. Det fanns ingen som helst materiell bevisning som stödde anklagelserna och utredningsmaterialet var visserligen mycket stort men samtidigt snårigt och svåröverskådligt.

När Ulf Hammern försattes på fri fot vände sig "förtvivlade föräldrar" till medierna som genast drog på för fullt och behandlade den misstänkte som skyldig. En helikopter dånade snart över daghemmet för att ta översiktsbilder. Bjugn blev "ett samhälle i skräck och vånda". Medierna upprördes över att barnen inte hade någon rättssäkerhet.

Vid det här laget hade föräldrarnas förhör med barnen fastställt att inte mindre än 25 barn hade utsatts för övergrepp. Och de bekännande 25 hade i sin tur utpekat ytterligare 15 barn som dock ännu inte kommit över sina förträngningar och berättat sanningen. Kort sagt, samtliga 40 barn på daghemmet i Botngård skulle ha varit utsatta för Ulf Hammerns sexuella övergrepp.

Men från och med nu var opinionen i Bjugn delad och skulle förbli så för all framtid. En grupp, som senare skulle bli majoritet, ansåg att historien hade svämmat över alla förnuftets breddar. Att något enstaka barn kunde ha råkat illa ut var en lika förskräcklig som sannolik möjlighet, menade man. Men alla barn! Ånej.

Mot dessa skeptiker kämpade kärntruppen kring de inblandade föräldrarna och all sakkunnig expertis som hade dragits in i utredningen.

Kommunpsykologen beklagade att den tvivelsutan skyldige gärningsmannen försatts på fri fot eftersom det påverkade barnen negativt. När Ulf Hammern satt inlåst kunde barnen mer frimodigt berätta sanningen. När han släppts ut blev de rädda och slöt sig och höll inne med sina förfärliga hemligheter.

Den norske barnombudsmannen – som i Norge är en TV-celebritet snarare än statlig ombudsman – Trond-Viggo Torgersen for till Bjugn och höll ett stort och bejublat möte med barn och föräldrar där han slog fast att den misstänkte var skyldig och utlovade att historien skulle komma att växa ännu mer. Han genomförde en presskonferens i rådhuset och där uppträdde också kommunstyrelsens ordförande och bekräftade att alla misstankar mot Hammern var välgrundade.

Barnombudsmannen blev genast sannspådd i sin förmodan att historien skulle komma att växa. För nu började barnen berätta att de varit hemma hos Ulf Hammern. Och att flera vuxna personer funnits med i regelrätta sexorgier med barnen som offer. Och att de hämtats i gredelina bilar, eller orange och pistaschgröna bilar med ränder eller prickar på, eller i en vit minibuss med guldmasker målade på sidorna. Polisen sökte förgäves utan att finna någon enda bil som stämde på dessa signalement.

Men barnens berättelser stod nu inte att hejda. Under orgierna hemma hos Hammern hade alla varit klädda i maskeradkläder och masker, slängkappor och trikåer, såvitt man kan förstå. Männen stod på led och onanerade och kvinnorna höll fram röda skålar för att samla upp den sprutande sperman och man tände svarta ljus och det fanns en lucka i golvet som ledde ner till underjorden och… så vidare.

Nu när föräldrarna insåg att de hade att göra med en hel pedofil organisation hade de också fått en förklaring till hur Hammern kunnat hämta hem barn från dagis. Ty det fanns således sammansvurna bland personalen på dagis!

Föräldrarnas stödgrupp började också känna sig övervakad och misstänkte att man var utsatt för hemlig avlyssning av pedofilerna. Polisen fick också för sig att de lokaler där polisarbetet pågick var avlyssnade av pedofilligan.

29 barn ansågs nu ha varit hemma på orgier och häxsabbatsliknande seanser hos Ulf Hammern. Föräldrarna började genomföra "fotokonfrontationer" med barnen för att fastställa identiteten på ännu inte avslöjade medlemmar i ligan. Det blev fem identifierade misstänkta, däribland länsmannen Arne With som ett barn hade känt igen från en tidningsbild på 17 mai. Detta med polisens inblandning var en skakande insikt för aktivisterna i föräldragruppen eftersom de nu fick bekräftelse på att fienden "visste allt". Snart var antalet misstänkta uppe i 13 personer, därav sex kvinnor och bland dem fyra som arbetade på dagis.

Ett stort tillslag närmade sig, nu skulle ligan buras in. Polisen kom dock fram till ett något säreget kriterium för vilka som skulle gripas, nämligen var och en som mer än en gång utpekats av mer än ett barn. Det stora tillslaget skedde den 10 januari 1993, ungefär tio månader efter att de första misstankarna mot Ulf Hammern hade formulerats av barnet A. Sju personer anhölls och häktades, däribland två dagisfröknar, en snickare som haft underhållsarbete på dagis, en polis, Ulf Hammern och hans hustru.

Dock fanns mer än 20 utpekade medlemmar i pedofilsekten. Och barnens berättelser hade utvecklats vidare. Nu hade de bekänt hur de brukade transporteras till en avlägsen bondgård där de fördes in i en lada och placerades i varsin liten krubba med

316

halm där de fick ligga nakna som Jesusbarnet medan männen stod på led framför dem och besteg varsitt får och kvinnorna klappade fåren. Snart visade det sig att små lamm hade offrats under skräckinjagande seanser.

Polisen körde förgäves runt i trakten med olika barn för att hitta den mystiska bondgården. I något enstaka fall ansåg utredarna dock att barnen kommit med osannolika berättelser. Man var till exempel inte beredd att acceptera historien om hur kaniner utsatts för oralsex.

Efter någon månad hävdes häktningen för alla misstänkta utom Ulf Hammern. Polisen Arne With blev också försatt på fri fot men stängdes av från tjänsten. En del barnberättelser om just With hade visat sig innehålla uppenbara fel, exempelvis hur han, då han deltog i sabbatsorgier med maskeradkostymer och svarta ljus hemma hos Hammmem, hade stigit ned i underjorden via en lucka i Hammerns köksgolv. Någon sådan lucka fanns bevisligen inte.

Bevisläget var hopplöst mot alla misstänkta utom Ulf Hammern. För det fanns en konkret bevisning vid sidan av alla barnhistorier. Underlivsfotograferingen av 59 barn på regionsjukhuset i Trondheim hade visat att omkring hälften av barnen hade sådana skador, främst på mödomshinnan, att det måste tolkas som att de varit utsatta för penetration av något slag.

Enligt polisens logik var Ulf Hammern den enda möjliga gemensamma nämnaren för dessa barn. Men problemet var att de dokumenterade skadorna inte stämde överens med bekännelserna. Några av de barn som kommit med de mest livfulla beskrivningarna av svarta mässor och sexorgier i maskeradkostymer företedde inga tecken på skador i underlivet och hade vare sig i det "Blå rummet" på dagis eller på andra mer spännande platser utsatts för de våldtäkter de berättat om.

Åklagarmakten beslöt att enbart åtala Ulf Hammern för övergrepp på tio barn som alla hade underlivsskador som tydde på sexuella övergrepp. Visserligen hade bara ett av de tio barnen gått på just det dagis där Hammern arbetade. De andra var från daghem längre bort där Ulf Hammern ändå ansågs ha kunnat nästla sig in gång på gång utan att upptäckas.

Rättegången pågick i 43 dagar och försvarets stora svårighet var den medicinska bevisningen. Den var svår att komma förbi, liksom vittnande psykologer som gick ed på sin vetenskapliga heder att barnens berättelser tveklöst var sanna.

Föräldragrupperna var rasande över "sveket mot barnen" genom att alla andra skyldiga i pedofilernas liga hade sluppit åtal. Föräldrarna gjorde en egen cd-skiva med "pedofilsången" där man i poetisk form skildrade övergreppen och sveket.

Domen föll den 31 januari 1994, nästan två år efter att paniken börjat. De tio jurymedlemmarna friade med betryggande majoritet den misstänkte.

Frikännandet utlöste jubel bland den majoritet av invånarna i Bjugn som vid det här laget kände sig förvissad om att historien om den stora djävulska pedofilsekten bara var sagor från barn. Åtskilliga av Bjugns invånare hissade demonstrativt den norska flaggan i topp. Desto bittrare blev det juridiska slutet för den benhårt troende gruppen av föräldrar och psykologer.

Motsättningarna i Bjugn lever ännu efter mer än tio år. Minst 300 personer har flyttat från orten. De flesta föräldrarna till barn som bekänt är än idag övertygade om att Bjugns samhälle härjades av en hemlig pedofilsekt som höll häxsabbat och orgier i flera år och förgrep sig på mer än 40 barn utan att ställas till ansvar.

Den bevisning som varit den mest belastande för den till slut ensamme åtalade Ulf Hammern skulle inte vinna någon tilltro idag. Men för läkarna på regionsjukhuset i Trondheim hade det varit en alltför ny erfarenhet att undersöka underlivet på barn mellan fyra och sex år i jakt på "typiska" skador. De hade till att börja med ingen kontrollgrupp av barn som inte misstänktes ha varit utsatta för övergrepp. Ingenting att jämföra med, således.

Och senare forskning har visat att i stort sett vilken som helst grupp av slumpvis utvalda barn skulle ha uppvisat mödomshinnor med samma slags variationer som barnen från Bjugn.

Och vad gäller frågan om barns sanningsenlighet när de berättar om sexorgier av Blåkullatyp var frågeställningen uppe till prövning redan under häxprocessernas tid. Den spanske inkvisitorn Salazar Frías skulle precis som den svenske juristen Anders Stiernhöök le bistert igenkännande i sin himmel om de fått höra barnens historier från Bjugn drygt trehundra år senare.

2. Incestpanikens spridningsvägar och psykologernas uppfinningsrikedom

Idéerna kommer från USA där intresset för incest och sexuella övergrepp mot barn fick ett väldigt uppsving i början på 1980-talet. En forskare vid namn David Finkelhor uppgav sig ha systematiserat inte mindre än 270 sexskandaler som inträffat på barndaghem i USA där 1 639 barn skulle ha utsatts för övergrepp.

Ett av de typfall som Finkelhor och hans medhjälpare beskrev gällde rituella sexorgier på dagis där personalen gruppvis och simultant våldförde sig på barnen. Beskrivningen av detta typfall passar märkvärdigt väl in på de påstådda händelserna i Bjugn:

Det dröjer länge innan barnen börjar berätta och berättelserna blir gradvis allt mer skräckinjagande, liksom antalet gärningsmän utökas. Kvinnor sägs alltid delta då det är frågan om rituella sexorgier, liksom maskeradkostymer och masker alltid förekommer. Förövarna hotar att ge sig på barnens katter eller marsvin eller andra djur om de skvallrar (den anklagelsen framfördes på flera håll i Bjugn där också en påstått mördad katt skickades på rättsmedicinsk obduktion). Ofta transporteras barnen iväg till okända ställen där orgierna pågår. Det förekommer nästan alltid framställning av barnpornografiska filmer, ehuru sådan film aldrig har blivit beslagtagen.

Finkelhors forskningsresultat ger ju ett betänkligt intryck och det framstår dessutom som ett mysterium att kaliforniska orgier på dagis kan visa sig stämma så väl överens med beskrivningarna från Bjugn. Det finns dock ett litet problem med Finkelhors sensationella rön. Vad gäller flertalet av de fall han undersökt finns inget belägg för att de har inträffat i verkligheten. Bara en tredjedel av materialet i hans undersökningar ledde till rättslig prövning med blott ett fåtal fällande domar.

Och inte ens fällande domar kan vid den här tidpunkten ses som någon som helst garanti för sanningshalten i anklagelserna, särskilt inte i USA.

1982 dömdes makarna Kniffen och McCuan från Kern County i Kalifornien till fängelsestraff på sammanlagt mer än tusen år. De dömdes för att ha haft sexuella orgier med egna och andras barn, med och utan maskeradkostymer. Bevisningen bestod av barnens berättelser och psykologer som nyligen specialiserat sig på barnövergrepp och vetenskapligt garanterade att barnen talade sanning, precis som i Bjugn.

Kniffen–McCuan-skandalen var den första i en rad liknande domar i Kalifornien. När de släpptes efter 14 år i fängelse konstaterades i den friande domen att de oskyldigt dömda hade varit utsatta för en besinningslös förföljelse och att barnen lurats och lockats att komma med påhittade uppgifter och att således den psykologiska expertisens omdömen inte varit vatten värda.

Från samma tid och samma delstat härrör skandalen kring den så kallade Pitts-ligan där sju vuxna män och kvinnor dömdes till fängelsestraff på mellan 273 och 405 år. När de dömda släpptes 1990 konstaterade domstolen i sitt friande utslag att förhören med barnen varit manipulerade av så kallad expertis och aktivistiska föräldrar.

På daghemmet Little Rascals i North Carolina uppstod i slutet av 1980-talet en historia som gick ut på att 90 barn skulle ha utsatts för sexuella övergrepp från en liga på sju vuxna, däribland sheriffen i staden. Sju personer åtalades, fyra kvinnor och tre män, en man dömdes till tolv livstidsstraff och daghemmets kvinnliga kock till enkel livstid. Domarna upphävdes i högre instans och resten av utredningarna lades ned, inklusive den geologiska utredning som sökte efter det hemliga bergrummet under daghemmet.

Ett berömt fall i USA gäller den 26-åriga dagisanställda Margaret Kelly Michaels som dömdes till 47 års fängelse för sexuella övergrepp på sju barn.

Utredningen mot Kelly Michaels kom igång efter att hon slutat sin anställning på daghemmet men när ett av barnen berättade att hon hade tagit tempen på honom med en termometer som stacks in i stjärten. Det väckte misstankar och så kom förhören igång.

Det vill säga, polisen meddelade föräldrarna att de skulle börja förhöra sina barn. Och föräldrarna startade terapigrupper och psykologerna kom löpande med sina anatomiskt korrekta dockor och andra pedagogiska hjälpmedel. Efterhand började barnens alltmer avancerade historier "krypa fram". Dagisfröken hade stuckit knivar, gafflar och skedar i barnens alla kroppsöppningar, hon hade deponerat sin avföring på golvet och därefter tvingat barnen att äta såväl avföring som dricka hennes urin, hon hade arrangerat sexlekar med jordnötssmör som smetades på könsorganen. Psykologerna intygade på sin vetenskapliga heder att de förhörsresultat de själva varit med att få fram var sanningen och inget annat än sanningen.

Det tog fem år för Margaret Kelly Michaels att bli försatt på fri fot. Den högre instans som frikände henne slog fast att så kallade experter hade framkallat hysteriska inbillningar hos barnen.

När vågen av vilda påståenden om sexuella övergrepp på landets barndaghem växte och psykologer och intresseföreningar påstod att det fanns mer än fem miljoner organiserade pedofiler som våldförde sig på barn under olika former av häxsabbat beordrade den amerikanska regeringen en omfattande utredning. Ett stort forskningsprojekt gick igenom 12 000 fall av påstådda sexorgier på dagis. Inte i ett enda fall kunde påståenden om orgier och maskeradkostymer och de andra mer uppseendeväckande inslagen i dagislegenderna beläggas. Men man fann belägg för enstaka övergrepp mot enstaka barn. En liknande stor undersökning som beställdes av den brittiska regeringen – efter samma sorts växande panik som i USA – kom till samma resultat.

Det som började i USA vid tidigt 1980-tal hade emellertid spritt sig till Europa något decennium senare. Bjugn var bara ett exempel.

Våren 1987 bröt paniken ut i den lilla holländska staden Oude Pekela när en mor upptäckte att hennes lille son blödde i stjärten när han kom hem från lek i skogen. Polis och experter tillkallades och psykologerna kastade sig över barnen som snart började berätta om perversa sexlekar i skogen, utflykter till främmande bondgårdar och orgier i maskeradkostymer – i det här fallet hade de vuxna gärningsmännen klätt ut sig till cirkusclowner. Porrfilmer spelades in, djur slaktades under rituella former som måste tolkas som typisk satanism. En läkare fastställde att 120 barn blivit utsatta för övergrepp av den hemliga satanist- och pedofilsekten, en psykiater berättade att han hade videoupptagningar med bekännande barn som skulle få den mest förhärdade åskådare att falla i gråt. 48 barn ansågs av åklagarmyndigheten utgöra klara fall av offer för sexuellt våld. Regeringen tvingades tillsätta en större utredning, pressen löpte förstås amok.

Utredningen visade till slut att hela historien sprack på logistiken. De påstådda orgierna hade i flertalet fall utspelats långt bort på hemliga platser, och i så fall skulle ju barnen ha varit borta i hela dygn utan att deras föräldrar skulle ha upptäckt den saken. Utredningen lades till slut ned trots protester från psykologer och övertygade föräldrar.

Den tyska motsvarigheten till Bjugnhistorien utspelade sig i de små städerna Borken och Coesfeld där två barndaghem drevs enligt Montessori-pedagogiken. Händelsen kom därmed att gå till historien som "Montessori-skandalen".

Den tyska motsvarigheten till Ulf Hammern i Bjugn hette Rainer Möllers. Hans olycka började den 7 november 1990. Den dagen hämtade en mor sin lille son som berättade att han hade feber och ont i stjärten. Som förklaring till det senare uppgav han att Rainer brukade sticka in ett finger i hans stjärt.

Modern var en övertygad aktivist i incestfrågan, hon jobbade på ett "centrum mot incest" som vid den här tiden, efter amerikansk förebild, hade börjat växa upp på många håll i Europa.

Snart var floden av rykten och historier igång. Precis som i Bjugn började det med att polisen instruerade föräldrarna att förhöra sina barn och bilda stödgrupper där de kunde jämföra sina erfarenheter. Och föräldrarna började snart erinra sig de säkra tecken som de instruerades att känna igen från tillskyndande experter (sömnlöshet, klängighet, barnspråk, mardrömmar, sängvätning, huvudvärk och så vidare).

Psykiatern Tillmann Fürniss var en av de experter som anslöt sig. Han höll möten med föräldrarna där han berättade hur oerhört vanligt det var med sexuella övergrepp mot barn, hur barnen var ovilliga att berätta om man inte lurade dem lite med hypotetiska frågor och ja- och nej-frågor.

Och som i Bjugn utvecklade sig historien från att bara ha handlat om en brottsling, Rainer Möllers, till en hel liga. Omkring 20 människor pekades ut, däribland flera kvinnor som var anställda på de två daghemmen. Det hade varit orgier i maskeradkostymer och tillverkning av barnpornografi.

Hjärnan bakom ligan påstods vara Rainer Möllers och han blev den ende av alla misstänkta som till slut åtalades. För 750 fall av övergrepp mot 63 barn.

Förutom ständiga våldtäkter hade den misstänkte ägnat sig åt att gnida in barnen med avföring och tvingat dem att äta av den. Ibland kryddad med ketchup.

Någon form av teknisk bevisning fanns inte, och inga vuxna vittnen. Bevisningen bestod uteslutande av barnens berättelser och psykologer som gick ed på att de var sanna.

Det dröjde drygt fem år innan Rainer Möllers blev frikänd. Den tyska domstolen gick i sitt friande utslag hårt åt psykologerna för deras sätt att förleda barnen att hitta på ständigt värre och värre historier.

Professor Richard A. Gardner vid Columbia University i New York, specialiserad på barnpsykiatri, har i en studie förklarat hur de masshysteriska legenderna om satanistsekter på dagis kommer till. Han pekar bland annat på den gruppdynamik som uppstår när föräldrarna sluter sig samman och ser inbillade hot överallt och hetsar upp varandra. Därmed kommer historier och fragment av historier i cirkulation inom den begränsade men snart övertygat troende kretsen och barnen fattar snart galoppen, att de inte skall göra sina föräldrar besvikna med en massa nekande. En genomgående svaghet i alla dessa historier om orgier på dagis är, menar professor Gardner, den totala frånvaron av vuxna vittnen. Inget varubud eller reparatör har någonsin råkat komma till ett dagis där dessa ytterst uppseendeväckande orgier skulle pågå, ingen enda förälder har råkat komma för tidigt och blivit vittne. Aldrig någonsin.

Orgiernas karaktäristika publiceras däremot i en hel del mer eller mindre seriösa studier och självutnämnda experter bland psykologerna som börjat specialisera sig på övergrepp mot barn läser på. Därefter dyker deras läskunskaper händelsevis upp i berättelser från de barn som de förhör.

En annan gemensam faktor för dessa orgier som bara förekommer i fantasin hos barn, deras upphetsade föräldrar och de lojalt upprörda psykologexperterna är de försenade symptomen. Barnen visar inga tecken på att ha blivit utsatta för övergrepp innan häxpaniken är ett faktum. Då börjar de få symptom, vilket inte behöver vara inbillning. Dels lever de sig in i de historier de förmås att producera. Dels stressas och plågas de av sina föräldrar som aldrig blir nöjda utan hela tiden söker bekräftelse på nya fasansfullheter. "Säkra tecken" som magsmärtor, huvudvärk, mardrömmar och ångest kan då snarare vara ett resultat av förhören än av de påstådda händelser som förhören kretsar kring.

Sverige har märkligt nog på det hela taget förskonats från pedofila ligor på våra dagis. Våra satanister har aldrig lyckats infiltrera barnomsorgen utan håller sig mer i det fördolda. Vad som däremot utvecklade sig till en svensk specialitet, dock givetvis med amerikanska förlagor, var läran om "de förträngda minnena" som uppstod på 1980-talet.

Mellan 1985 och 1995 var föreställningen om det förträngda incestminnet, som kunde återuppväckas av specialister under terapisamtal, en gällande svensk juridisk och vetenskaplig dogm. Förespråkarna för denna nya psykologiska egenhet menade att grov incest, där gärningsmannen är en far som våldtar sin minderåriga dotter, leder till ett psykiskt trauma där offret skyddar sig med förträngning och därefter växer upp som en till synes normal människa som inte tror sig ha blivit våldtagen av sin far. Emellertid finns den fruktansvärda upplevelsen kvar i det undermedvetna och kan komma att orsaka allehanda misslyckanden senare i livet utan att offret är medvetet om orsakssammanhanget. Vad som då blir avgörande för att kunna börja om i livet, menade de nya minnesterapeuterna, är att allt kommer fram i ljuset så att offret kan bearbeta sina upplevelser och därmed andligen rena sig. Då först kan hon – det var nästan bara kvinnor som var offer för förträngda incestminnen – få en rejäl chans att börja om i tillvaron.

För att återuppväcka det förträngda incestminnet behövde terapeuterna emellertid många seanser, eftersom minnesbilderna alltid växte fram "gradvis" under samtalen. Till slut när minnet blivit fullständigt klarlagt kunde man dra in polisen och gripa gärningsmannen.

Incestanklagelserna var visserligen oerhört frekventa vid denna tid – också i Sverige sades "amerikanska undersökningar" visa att var fjärde flicka och var femte pojke var incestoffer. I vårdnadstvisterna hade anklagelse om incest blivit standard på samma sätt som anklagelser om drog- och alkoholmissbruk tidigare hade dominerat. Men incestoffer som inte själva visste att de var offer var ändå en säregen nyhet som hanterades av något dussin självutnämnda minnesframkallande specialister.

I mer än 40 fall ställdes fäder inför rätta och dömdes mot sitt nekande därför att en dotter fått minnesbehandling av specialist på förträngda incestminnen. Någon teknisk eller annan materiell bevisning förekom generellt inte i dessa mål, eftersom det påstådda brottet låg för långt tillbaka i tiden, den vittnande dottern var i regel en vuxen kvinna eller tonåring. Det fäderna fälldes på var således kombinationen av dotterns vittnesmål, där hon redogjorde för sitt återuppväckta minne, och den vittnande experten som garanterade på sin vetenskapliga heder att det återuppväckta minnet var korrekt.

Åtskilliga av de kvinnor som på detta sätt fick sina fäder dömda drabbades emellertid senare av ruelser och tvivel på sitt minne och tog tillbaka anklagelserna och uppgav att de blivit suggererade att "minnas" ting som aldrig inträffat i sinnevärlden.

Till dags dato har 20 män fått nya rättegångar och friats och staten har tvingats betala ut mer än 10 miljoner kronor i skadestånd till dem som varit oriktigt frihetsberövade. En ny rättegång är däremot ingen garanti för frikännande, även om det förmenta offret nu säger sig minnas korrekt och att tidigare minnen var en produkt av påverkan från minnesterapeuten. I flera fall har domstolen ändå valt att tro mer på vittnets tidigare version och det stöd det fick av den vetenskapliga experten på förträngda minnen.

Emellertid är denna epok över. Förträngda minnen är inte längre på modet bland psykologerna och sådana mål har upphört. Men under en tioårsperiod var i stort sett var man som åtalades på dessa grunder så gott som dömd på förhand.

I takt med psykologernas växlande föreställningar förändras också brottsstatistiken. Redan året efter den uppmärksammade rättsskandalen i Bjugn sjönk siffrorna i Norge till närmare hälften när det gällde anmälningar om liknande brott. År 1992, året för Bjugnskandalen, anmäldes 836 fall av sexuellt övergrepp mot barn och 160 fall av incest i Norge. 1994 hade siffrorna sjunkit till 537 fall av anmält sexuellt övergrepp mot barn och 83 fall av incest. Än idag har Norge inte kommit upp i lika höga tal som vid tiden för Bjugnskandalen.

På 1600-talet härjade visgossar i Sverige, som kunde känna igen häxorna på deras ögon, och nålstickare i Skottland, som med någon sorts nålterapi kunde undersöka frågan om skuld eller oskuld. I vår egen tid uppträder psykologer på samma bedrägliga sätt.

Det finns en avgörande skillnad, skulle nu vilken som helst psykolog kunna påpeka. Häxeri i meningen resa till Blåkulla och bola med Djävulen, det de flesta svenska häxor, utpekade av visgossar eller ej, dömdes för är ett brott som inte existerat i sinnevärlden. Incest och sexuella övergrepp mot barn existerar.

Det är sant. Därmed försätts vi alltså i samma intellektuella dilemma som tvivlarna och häxornas försvarare på 1600-talet. De ansåg i regel att trolldomsbrottet existerade på samma sätt som vi idag anser att incest existerar.

Men när häxpaniken producerade fullkomligt omöjliga historier satte skeptikerna klackarna i marken. Och sådana omöjliga historier är exempelvis sagan om de förträngda incestminnena eller sagan om hur en Ulf Hammern som en oljad blixt snodde runt bland 40 dagisbarn i två år, ibland naken, ibland i Fantomen-utstyrsel, vilt sprutande sperma omkring sig, ständigt misshandlande barn, såvida han inte förde bort dem med sin hemliga liga i gredelina och prickiga bilar till satansorgier med barn i små krubbor där männen besteg får och kvinnorna slaktade lamm – utan att någon enda vuxen såg en enda misstänkt gärning.

Ställda inför påståendena om Ulf Hammern och hans liga i Bjugn hamnar vi i samma moraliska och intellektuella läge som Anders Stiernhöök för 300 år sedan när han under stigande olust och misstänksamhet lyssnade på historierna om Blåkulla.

3. Den mest fruktansvärde brottslingen i nordisk historia?

Vad gäller Thomas Quicks rent faktiskt och oomtvistligt dokumenterade brottslighet är den förvisso dyster men knappast unik. Han dömdes första gången 1967 för otukt med barn till sluten psykiatrisk vård. Efter några års vård var han ute på banan igen, försökte bränna ner sin egen kiosk för att få ut försäkringspengar, fingerade ett rån på sig själv och genomförde ett rån mot en banktjänsteman som vägrat honom ett lån och som kände igen honom trots hans maskering. Eftersom han från början var dömd till sluten psykiatrisk vård blev det samma dom den här gången.

Thomas Quick var verkligen inte mycket att hänga i julgranen, i all synnerhet inte som dramatisk, förslagen och farlig förbrytare.

Men nu var det 1990-tal och de förträngda minnenas tid. Och när Thomas Quick kom i kontakt med psykologer och terapeu-

328

ter så visade det sig inte direkt oväntat att även han hade en hel del förträngda minnen. Till en början hade han naturligtvis blivit utsatt för incest av sin far, vilket förklarade hans egna pedofila brott (även om övriga familjemedlemmar ursinnigt förnekar alla påståenden om en sådan uppväxt). Men mer spännande var att han "gradvis" började minnas det ena mordet efter det andra.

På hösten föregående år hade man funnit kvarlevorna efter den 15-årige Charles Zelmanovits i ett skogsparti utanför Piteå. Pojken hade försvunnit efter en skoldans för 17 år sedan och benresterna som hittats av en jägare var täckta med mossa. Polisen fann inga tecken på att fyndet skulle visa på något brott.

Men tidningarna skrev förstås och Thomas Quick började "gradvis" minnas alltmer tillsammans med sin terapeut och erkände att han mördat pojken. Polisen kopplades in.

Vad som fanns att utgå från var alltså skelettdelar av en ung man som försvunnit efter en skoldans, polisens tekniska undersökning som kommit fram till att ingenting tydde på brott samt en mentalpatient på Säter som ansåg sig ha ett förträngt minne av mord.

Men ändå åtalades Thomas Quick av dåvarande regionåklagaren i Härnösand, Christer van der Kwast. Det blev början till en lång gemensam och häpnadsväckande karriär för dem båda.

Benfynden visade inga spår av mekanisk åverkan, trots att Thomas Quick påstod att han styckat liket efter våldtäkt och mord och tagit med sig ett ben för att äta vid lägligare tillfälle. Inget av de påståendena var sant.

Men när Thomas Quick hade bevisligen fel i sina bekännelser förklarade terapeuten och senare i karriären den inkopplade psykologen att det var fullt naturligt. Det bevisade bara vilken ångest Quick hade när han återuppväckte sina minnen. Och det kunde också hända att han medvetet gjorde felaktiga bekännelser "av psykologiska skäl" eller att felen bara var ett led i den bearbetning som behövdes för att komma fram till den objektiva sanningen.

Quick beskrev offret felaktigt, fel hårfärg och fel kläder, och angav fel tidpunkt för brottet, niotiden på kvällen i stället för efter midnatt. Dessutom införde han en medgärningsman i historien som emellertid begått självmord ett år innan utredningen började. Från början hade han nämligen sagt att han grävt en grav med skohorn. Det var för det första inte sakligt korrekt, det fanns ingen grav och dessutom skulle grävande med skohorn inte ha låtit sig göras eftersom det var 13 grader minus vid tillfället. Den påstådde medgärningsmannen hade emellertid en spade (vilket ändå inte gör gravgrävande i frusen mark särskilt troligt).

Eftersom Quick mot alla odds lyckades bli dömd för detta sitt första mord steg hans trovärdighet med någon sorts byråkratisk automatik när det gällde hans följande håkomster. Och det skulle inte bli lite. Thomas Quick har erkänt åtminstone 35 mord. I ett par fall, där de påstådda offren visat sig vara vid liv och i ett fall då Quick bevisligen satt inlåst på Säter vid tidpunkten för mordet, har Christer van der Kwast avskrivit misstankarna mot honom. Men han har ändå lyckats bli dömd för åtta mord och har i samtliga fall uppgivit att han haft medgärningsmän. De påstådda medgärningsmännen har aldrig åtalats, och ingen av dem har ens kallats som vittne. Flera av medgärningsmännen är ytterst upprörda över beskyllningarna, eftersom de förekommit i domskäl och domstolarnas resonemang om hur Quick inte ensam skulle ha kunnat utföra alla de bedrifter som hans förträngda minne "gradvis", med terapeutens och psykologens hjälp, gräver fram.

Några tekniska bevis mot Quick har aldrig förekommit och han har således enligt sin egen berättelse rest runt som en ond ande i Norden och mördat i genomsnitt mer än en människa om året i närmare 30 års tid utan att lämna så mycket som ett enda litet spår efter sig. Ändå har samtliga av morden varit ytterst handgripliga och innefattat uppenbara orimligheter som styckning av lik med fogsvans nattetid och i stark kyla och mörker. Dock aldrig minsta lilla spår.

Spår som visar på Quicks oskuld finns i enstaka fall. När Quick lyckades bli dömd för tre norska mord i klump, en prostituerad kvinna, en tonårsflicka och en nioårig flicka, visade det sig att en annans mans sperma fanns kvar i den prostituerade kvinnan. Det var inte Thomas Quicks DNA. Vilket det för övrigt inte heller var i fallet med den mördade flickan Helén, ett mord som Quick också försökte ta på sig.

Quicks förklaring till att mordoffret hade en annan mans sperma i sig var att han själv, på grund av sin pedofila läggning, inte fått utlösning vid den våldtäkt som föregick mordet och att spermafyndet således härrörde från en tidigare kund. Den förklaringen håller inte rättsmedicinskt. Quick skulle enligt sin egen beskrivning likväl ha kontaminerat det DNA man faktiskt fann i offret.

När Quick och hans medhjälpare överläkaren, psykologen och terapeuten arbetar heter det inte att han berättar hur något var utan att han "känner" och "upplever" och vid förhör svänger han sig vant med terapijargongen, säger sig bli psykotisk om det påstås att han säger emot sig själv, "regredierar" eller hamnar i "ångestrelaterade låsningar som stör hans minnesfunktioner".

Quick prövar sig fram, han börjar med en "testberättelse" och kräver att först terapeuten och psykologen och därefter en ytterst samarbetsvillig förhörande polis – det är en och samme polisman som under tio år specialiserat sig på Quick, hans enda ärende – hjälper honom att få ihop sina bekännelser.

Bara någon vecka efter att Thomas Quick lyckats bli dömd för sitt första mord började han tala om ett nytt mord med sin minnesterapeut. Det gällde ett känt och omskrivet fall, två holländska turister som knivmördades i sitt tält vid Appojaure i juli 1984.

Quicks ursprungliga "testberättelse" innehåller så många

orimligheter och fel att han enligt den omöjligen skulle kunna vara gärningsmannen. Men efter tio månaders arbete och 421 sidor förhörsprotokoll hade han och förhöraren kommit fram till en något sånär sammanhållen historia. I den versionen återstår knappast någonting av den ursprungliga "testberättelsen".

Eftersom ingen sett Quick i närheten av brottsplatsen – det har för övrigt aldrig inträffat trots att man hört tiotusentals personer i samband med de brott han erkänt – så måste Quick kunna göra troligt att han själv sett någon annan som bevisligen eller åtminstone troligen var på platsen. I den här historien påstod han att han kom till Jokkmokk vid middagstiden den 11 juli 1984 och såg en bekant i Konsum. Den utpekade bekante kunde efter tio år inte säga om han varit i Konsum just den dagen men han kunde heller inte hävda motsatsen.

Vidare hävdade Quick att han färdats på en stulen damcykel med tre växlar, dock hade den stulna cykel man lyckades rota fram i registren visserligen tre växlar men hade försvunnit två dagar för sent, den 13 juli och alltså varit ostulen vid den tidpunkt då den skulle ha ingått i Quicks arsenal vid mordet. Ägarinnan bearbetades och medgav att det kanske hade varit något fel på en av växlarna (som Quick hade påstått) och att hon inte kunde svära på att det stod rätt datum i den framletade stöldanmälan. Hon reserverade sig med att det hade varit betydligt enklare att hålla reda på datum vid anmälningstillfället för tio år sedan.

Den lilla bevishögen mot Quick består nu av hans egna förträngda minnen, en person som inte har sett Quick men kanske själv varit i Konsum för tio år sedan, samt en damcykel som kanske stulits vid ett annat tillfälle än det som ägaren uppgivit i sin stöldanmälan.

Domstolen skulle senare skriva i sin dom att dessa två bevis "tillförlitligen bekräftat" att Quick varit i Jokkmokk vid den tidpunkt han angett.

Rekonstruktionen av hur själva brottet gick till skulle förstås ha kunnat ge en del ledtrådar. Quick vallades på brottsplatsen där man rest ett tält med dockor som föreställde de två offren. Trots att en hel del skrivits i tidningarna om hur morden gick till beter sig Quick närmast farsartat bakvänt när han skall visa vad han gjorde. Han kryper in i tältet och börjar gå lös på de två dockorna med sin knivatrapp. Det håller inte, videokameran stängs av.

Offren hade stuckits ihjäl utifrån tältduken.

Två timmar senare är man igång med nya friska krafter och en ny knivövning och nu sköter sig Quick bättre. Intrycket av svart fars består dock. Ty bredvid tältet står en figurant som föreställer Quicks påstådde medgärningsman och utför på order av Quick olika knivhugg.

Den namngivne medgärningsmannen visade sig emellertid ha vistats i Stockholm vid den kritiska tidpunkten och åtalades inte. I domen bortförklarar domstolen detta uppseendeväckande förhållande med att denne man inte kunde åtalas eftersom det inte fanns någon "teknisk bevisning" mot honom, vilket det som vanligt inte fanns mot Quick heller.

Så här skulle man i tur och ordning kunna gå igenom de åtta mordrättegångar som Quick har lyckats vinna, det vill säga lyckats bli fälld. Men då skulle det bli en bok om Thomas Quick och galenskap i den nutida svenska rättvisan, en bok som är nödvändig men ett lika omfattande arbete som denna bok.

Thomas Quick erkänner alltså förfärliga brott som han inte har begått, och i häxprocesserna på 1600-talet finner man gång på gång egendomliga erkännanden. Ibland kan de förklaras med risken för att annars bli dömd (i det katolska systemet) eller att inte komma direkt till himlen efter avrättningen (det protestantiska systemet), ibland med tortyr eller hopplös överbevisning av hundratals barnvittnen och rädsla för att bli bränd levande på grund av förhärdat nekande. Men man saknar sannerligen inte exempel på människor som erkände de mest fasansfulla eller omöjliga brott av just sådant slag som inte kan ha ägt rum. Den rimligaste förklaring som står oss till buds är då viljan att åtminstone en gång i livet få spela en verklig stjärnroll. Skall det gå åt helvete skall det göra det med pukor och trumpeter. Det ligger minst sagt nära till hands att se på Thomas Quicks alla omöjliga bekännelser, både dem som till och med polis och Christer van der Kwast har betraktat som omöjliga och dem som han blivit dömd för, från samma förklaringsvinkel. Den dokumenterade och verklige förbrytaren Thomas Quick var en lätt fånig typ som i huvudsak sysslade med sexuellt ofredande mot småpojkar, några misslyckade bedrägerier och ett pajasartat rån. Men i hans påhittade version av sig själv är han onekligen den mest fruktansvärde förbrytaren i nordisk kriminalhistoria.

Mer gåtfulla ter sig motiven hos den krets som omger Thomas Quick. Här finns en psykolog som händelsevis är expert på den numera föga respekterade konstarten förträngda minnen men ändå får sin vetenskapliga teori grundligt illustrerad eller rentav bevisad genom Quicks påhitt. Här finns en terapeut som får spela en avgörande roll i svensk kriminalhistoria, en polis som går till samma kriminalhistoria som den som har klarat upp flest mord och en åklagare som numera beskriver sig som "expert på seriemördare" och i kraft av att ha fått ihop fler domar än någon annan mot just en seriemördare stigit högst upp till åtminstone åklagarkarriärens tinnar och torn. Här finns som vanligt en hel hop okritiska journalister som uppmuntrar och berömmer Quicks entourage och som inte gärna vill döda en kanonstory. Att Thomas Quick är kannibal, Nordens mest meriterade seriemördare och våldtäktsman och pedofil är en ständig löpsedelshistoria. Att han bara ljuger är knappt någon historia alls.

Mysteriös är dock försvarsadvokatens roll. Rättssystemet har inte förutsett den bakvända situation som uppstår när klienten gör sitt yttersta för att bli dömd för brott som han inte begått.

Advokatens funktion är dock att tillgodose sin klients intressen, alltså i Quicks fall att bli dömd. Försvararen och åklagaren hamnar därmed på samma sida.

Men det är förvisso lättförtjänta pengar. Alla inblandade medhjälpare och assistenter kring stjärnan Thomas Quick får ibland under både festliga och lyxiga former åka på sällskapsresa när Quick skall iväg till en ny plats för att bearbeta sitt minne. Och då behöver han hjälp från alla dessa rättvisans tjänare som tjänar både pengar och berömmelse på hans fantasier.

Och vem skulle ha intresse av att säga emot dem mer än uppretade och förtvivlade "medgärningsmän" och anhöriga som tvingas se denne sinnesjuke pajas njuta av att beskriva hur han våldtagit, skändat, stympat, mördat och delvis ätit upp eller i vart fall provsmakat deras nära och kära. De enda som velat överklaga de lättvindiga domskälen till en högre rättsinstans har varit sådana anhöriga. Men de har saknat formell rätt att göra det. Åklagaren van der Kwast har alltid varit nöjd med den fällande domen i lägsta instans. Så har även Quick och därmed hans försvarare varit. Och riksåklagaren, som har formell möjlighet att föra upp alla mål till en högre instans, har av outgrundliga skäl inte funnit att någon enda av dessa sensationella domar bör prövas i en högre instans.

Om en dom mot Thomas Quick prövades i en högre instans och underkändes så löper dock samhället, eller "rättssamhället", en viss risk. Om Thomas Quick, förvisso mot sin vilja och säkert högljutt protesterande, blev friad i ett mål så skulle det leda till den obehagliga insikten att även andra fällande domar mot honom borde prövas på nytt och mer ingående. Och kom man fram till att Thomas Quick lyckats med bedriften att organisera justitiemordet på sig själv – vilket allt faktiskt talar för – så skall han ha ersättning för sitt onödiga lidande, miljoner i skadestånd. Han har ju papper på att han är tokig.

Ty överhetens representanter kan inte förklara att man dömer någon oskyldig för åtta mord med att det var ju en mytoman, en minneskonstnär och en terapeut som lurade oss.

Det är emellertid bara de anhöriga som vill se en sådan prövning. Starka krafter ser till så att de aldrig får den möjligheten. Somliga riskerar att bli utskämda.

Och efter att Thomas Quick nyligen ifrågasattes offentligen blev han så kränkt att han drog sig tillbaka, "tog time-out", och hotade med att sluta bekänna. Det var möjligen dags för det, eftersom varje ny fällande dom i tingsrätten i Falun – "av praktiska skäl" är det för det mesta samma domstol som dömer Quick – skulle väcka än mer besvärande frågor och gyckel. Christer van der Kwast, numera överåklagare vid riksåklagarämbetet, en av riksåklagarens närmaste män, beslutade blixtsnabbt att lägga ner de tio förundersökningar som pågick rörande nya mord bekända av Thomas Quick. Det fanns således ingen som helst teknisk eller annan bevisning rörande dessa tio mord, bara terapiminnen hos Quick.

Enbart det polisiära utredningsarbetet kring Thomas Quicks påstådda mordturné har kostat skattebetalarna i Sverige och Norge omkring 50 miljoner kronor. Av någon anledning har den finska polisen betackat sig för att få över bekännaren Quick, så några finska mord har han trots ihärdiga försök inte lyckats få upp på sin meritlista.

4. Satanssekten som lade sina ritualmördade barn i massgrav utanför Södertälje

Den 9 februari 1993 kunde kvällstidningarna meddela att polisen grävde efter massgravar utanför Södertälje. Det man sökte var de skändade liken efter ett trettiotal barn som skulle ha mördats av en djävulsdyrkande sekt efter sexuella övergrepp och satanistiska ritualer.

För att journalister skall skriva sådant som de absolut betraktar som lögn krävs vissa formella förutsättningar. I det här fallet fanns två sådana förutsättningar. Dels var det ett medium med hög allmän trovärdighet som hade lanserat nyheten kvällen innan, nämligen TV-nyheterna Rapport. Dels var det ju objektivt sant att polisen grävde utanför Södertälje och till och med använde sofistikerad apparatur för ändamålet, en så kallad markradar. Instrumentets funktioner och möjligheter beskrevs ingående.

För att Rapport i sin tur skall meddela en nyhet som ingen av medarbetarna kan betrakta som sann behövs lite mer än faktiskt polisiärt grävande, helst en vetenskaplig legitimation.

Man skulle kunna tro att det i samband med djävulssekter i Fantomen-trikåer, som har orgier och massmördar barn vid svarta stearinljus och allt det andra som tillhör dessa sagors rekvisita, borde vara svårt att få fram en journalistiskt godtagbar vetenskaplig bekräftelse. Dock fanns en docent Eva Lundgren vid Uppsala universitet som oförskräckt meddelade att det fanns vetenskapliga belägg för de påstådda händelserna. Hon var själv i besittning av bevis. Därmed brakade sensationen loss. Eva Lundgren hade inlett marschen mot de högre tjänsterna.

Letandet efter massgravarna, det objektiva förhållandet som gick att skriva om, hade sitt upphov i ett incestmål som hade avgjorts av Södertälje tingsrätt och Svea hovrätt året innan. En 16-årig flicka hade angett sina föräldrar för att de under en längre tid skulle ha utnyttjat henne sexuellt och sålt henne till män och kvinnor på hemliga sexklubbar. Föräldrarna nekade.

Några sexklubbar kunde man aldrig finna på flickans vaga beskrivningar men hon hade skador i underlivet som gynekologisk expertis betraktade som resultatet av sexuella övergrepp.

I september 1992 dömde Södertälje tingsrätt fadern till sex år och två månaders fängelse och ett skadestånd. Modern friades av tingsrätten.

När målet avgjordes av Svea hovrätt skärptes faderns straff till tio års fängelse och skadeståndet bestämdes till 948 000 kronor. Och modern som frikänts i tingsrätten dömdes nu till fem års fängelse och ett skadestånd på 250 000 kronor.

Där kunde historien ha tagit slut.

Men den 16-åriga flickan var naturligt nog undersökningsobjekt för terapeuter och psykologer och började på hösten 1992, efter att föräldrarna satts i fängelse, "gradvis" erinra sig än mer groteska detaljer än dem hon redan berättat om hur föräldrarna sålt henne på hemliga bordeller för barn. Därmed växte historien om djävulssekten fram. Sekten ritualmördade barn och hade vid ett tillfälle tvingat flickan att mörda själv. Hon sade sig ha varit med och sett hur barn, som bars bort i svarta plastsäckar efter seanserna, grävdes ner i massgravar utanför Södertälje i närheten av föräldrarnas bostad.

Polismyndigheten hade inte särskilt stor handlingsfrihet i den situationen. Även om polisen sannolikt trodde lika lite på historien som journalisterna så var det ett faktum att två domstolar hade slagit fast att flickan talade sanning. Det var bara att börja gräva.

När historien nu läckte ut – och grävandet givetvis visade sig resultatlöst – begärde de två advokater som försvarat flickans föräldrar resning i målet. De "nya omständigheter" som måste till för att Högsta domstolen skall bevilja resning bestod i att den flicka vars uppgifter fällt båda föräldrarna visat sig kapabel till fullständig galenskap. Således fanns det nu än större anledning att ifrågasätta de uppgifter som domstolarna trott på trots att ingenting styrkte flickans berättelser om hemliga barnbordeller där hon sålts till vilt främmande män.

Högsta domstolen instämde, vilket inte tillhör vanligheterna när det gäller begäran om resning i brottmål. Målet återförvisades till Svea hovrätt.

Svea hovrätt befann sig därefter i den delikata situationen att nu döma eller fria sig själv. Ty om hovrätten trott på en uppenbart galen människa borde ju båda föräldrarna frikännas. Men inte kunde väl en hovrätt begå ett sådant omdömeslöst fel?

Svea hovrätt löste problemet på så vis att man förklarade att det man själva haft att döma hade genomförts på ett klanderfritt sätt. Vad gäller de hemliga barnbordellerna var domen riktig. Däremot hade flickan efter att hon berättat sanningen inför hovrätten dels utsatts för en amerikansk terapeut som lärt henne hur det gick till med djävulsdyrkare i USA. Dels hade hon efter den korrekta domen i hovrätten utsatts för "posttraumatisk stress" och därför börjat fantisera i ångest. Det hon sagt i hovrätten var således sant, det hon sagt därefter var inte sant.

I konsekvens med det resonemanget skulle man tro att hovrätten lät sina tidigare domar stå fast. Men i stället kompromissade man genom att sänka faderns straff från tio till fem års fängelse och sänka hans skadestånd från 948 000 till 250 000 kronor. Han var alltså fortfarande skyldig, men lite mindre skyldig eftersom hans dotter visat sig lögnaktig. Modern frikändes och befriades från all skadeståndsskyldighet.

Vad som är sant och inte sant i det ursprungliga incestmålet kommer vi aldrig att få veta.

Däremot är det definitivt sant att det inte fanns några massgravar för ritualmördade barn utanför Södertälje. Och det rykte om försvunna barn från flyktingförläggningar, som skulle kunnat förklara satanistsektens tillgång på små barn för sina ritualer, kunde till slut avfärdas som grundlöst.

Men dåvarande docenten vid Uppsala universitet Eva Lundgren ansåg det fortfarande vetenskapligt bevisat att satanisterna existerade och att de ritualmördade små barn. Hon framträdde i olika medier med videoinspelningar där två barn berättade hur de blivit vittne till mordet på en skånsk flicka som hette Helén.

Helén-mordet var ett av tidens mest uppmärksammade, det var ju också ett av de mord som Thomas Quick förgäves försökt ta på sig.

De barnvittnen som Eva Lundgren lyckats mobilisera, via deras mödrar som var övertygade om att fäderna och före detta makarna var medlemmar i en satanistsekt, berättade inte bara hur de sett Helén strypas efter en våldtäkt. De hade också sett hur ett fullgånget foster skurits ut från en levande kvinna och därefter halshuggits med yxa. Polisen började utreda. Det ledde aldrig till något resultat vilket Eva Lundgren förklarade med polisens ointresse och okunnighet.

Ett år senare, när Eva Lundgren blivit professor i Uppsala, framträder hon i medierna i samband med sin bok *La de små barnen komme til meg.*

(Eva Lundgren är trots sitt svenska namn norska och säger sig tidigare ha tvingats fly från Norge därför att hennes avslöjanden om sexuella övergrepp och kvinnomisshandel i kristna norska familjer gjorde henne oönskad i landet. Nå, i Sverige gick det bättre för hennes karriär).

I en intervju i Göteborgs-Posten den 28 maj 1994 slår Eva Lundgren fast att barnen inte ljuger utan att problemet är att "vi vuxna aldrig vågar lyssna och förstå".

Som åskådningsexempel framträder den flicka som vittnade i incestmålet i Södertälje i Eva Lundgrens bok. Nu har flickans minnesbilder av djävulsdyrkarna gradvis klarnat ytterligare. Hon berättar att somliga sektmedlemmar, "de som jag kallar normala, de avlivar bara barn, men så finns det de som äter upp barnen". Eva Lundgren berättar för den något häpne reportern hur hon här har funnit "vår kulturs hemliga hjärta" och att barnen när de utsätts för satanisternas orgier och övergrepp "skapar en strategi genom att först förtränga. När de sedan börjar minnas kommer erfarenheterna ofta som små fragment utan sammanhang. Det svåraste arbetet är att lära sig tolka berättelserna."

Den nyutnämnda professorn slår fast att "egentligen är Sverige ett u-land vad gäller forskning om sexualiserat våld. I Norge, USA och England satsar man rejäla resurser medan vi i Sverige nöjer oss med att tillsätta en och annan utredning."

1998 utnämndes Eva Lundgren av regeringen till professor och chef för "Nationella sekretariatet för genusforskning" vid universitetet i Göteborg. Denna institution har fått regeringens uppdrag att vetenskapligt bevisa att män som grupp är överordnade kvinnor som grupp.

I maj 2001 framträdde professor Lundgren med ett arbete som tycks stämma väl överens med regeringsuppdraget. I rapporten "Slagen dam – Mäns våld mot kvinnor i jämställda Sverige" slog hon fast att normalbeteendet för män är att utöva våld mot kvinnor och att den minoritet av män som inte misshandlar kvinnor bryter mot de kulturella lagarna.

Justitieminister Thomas Bodström konstaterade artigt att "den aktuella undersökningen liksom andra forskningsprojekt bidrar till den samlade kunskapen om våld mot kvinnor". Man får tolka uttalandet som att justitieministern anser sig tillhöra den onormala minoriteten av männen som inte misshandlar sin fru eller andra kvinnor.

5. Det yngsta barnvittnet i Nordens historia

Sommaren 1984 hittades de styckade kvarlevorna efter den prostituerade Catrin da Costa i ett grönområde i Stockholm. Det skulle leda till en av de mest omdiskuterade mordrättegångarna i svensk historia. Ännu 18 år senare är frågan om skuld och icke skuld i det så kallade styckmordsmålet glödhet och errupterar då och då i oerhört aggressiva utfall för och emot i medierna.

Det mesta av den diskussionen skall jag lämna åt sidan i just det sammanhang jag nu skriver. Däremot finns det skäl att påminna om de rent demonologiska inslagen i styckmordsmålet, särskilt i ett sammanhang där man diskuterar Blåkullalegendernas utseende och funktion i vår egen tid.

I den innersta kärnan av styckmordsmålet finns nämligen ett barnvittne som var 17 månader gammalt vid den kritiska tidpunkten. Barnet har alltså inte kunnat vittna direkt, varken inför domstol eller psykologer. Det är hennes mor som har fungerat som ett översättande medium för att ett och ett halvt år senare tolka barnets eventuella upplevelser.

Att barnet blev indraget i historien berodde tidstypiskt nog på en vårdnadstvist med incestanklagelse. Vid mitten av 80-talet svepte den USA-inspirerade incestvågen också över Sverige.

Hustrun till läkaren A hade gjort vissa observationer sommaren 1984. Hon ansåg sig vid ett tillfälle ha sett den lilla dotterns mödomshinna när hon bytte blöjor och vid ett senare tillfälle skulle mödomshinnan ha försvunnit. Därtill var dottern misstänkt röd i stjärten och hennes mor hade vid ett tillfälle upptäckt en handduk i badrummet som vid beröring alstrade "det typiskt frasande ljudet av sperma".

När också dagispersonal ansåg sig ha gjort observationer om misstänkt röd stjärt och den lilla flickan dessutom hade ont i magen var det dags för polisanmälan och medicinsk undersökning av barnet. I sinom tid skulle denna incestutredning rinna ut i sanden, eftersom inget brott kunde påvisas eller göras troligt annat än i ett psykologutlåtande. Det hade lekts med anatomiskt korrekta dockor.

Men när den så kallade Obducenten greps som misstänkt för styckmordet fick mamman till barnet som inte hade varit utsatt för incest en uppenbarelse. Hon förklarade senare att det var hennes "intuition" som lett in henne på spåret. Hennes man Allmänläkaren hade nämligen några år tidigare haft just den nu gripne rättsläkaren och hans excentriskt klädda hustru hemma på en socialt sett tämligen misslyckad middag. Sedan dess hade de två paren aldrig setts mer. Men bevisligen kände ju den misstänksamma mammans man den gripne rättsläkaren som döpts till Obducenten i medierna. Så uppstod tanken att det kanske dolde sig något värre än incest i den lilla flickans innersta och förträngda minnen.

Mamman började förhöra sitt barn, vilket inte kan vara lätt eftersom barnet var för litet för att kunna uttrycka sig konkret och begripligt och de förmodade händelserna dessutom låg ett drygt år tillbaka i tiden. Men under dessa förhör, som mamman säger sig anteckna efteråt ur minnet, växer undan för undan en tämligen typisk Blåkullahistoria fram. Som mamman själv meddelade i ett av de polisförhör där hon kontinuerligt redogjorde för nya rön "så har jag ju ibland så att säga legat ett halvt steg före Erika och liksom förstått vart hon ville komma ibland. Och så har hon så småningom kommit dit" (ur förhörsprotokoll av den 13 november 1985).

Den historia som mamman arbetade fram med sitt barn följer till punkt och pricka häxsabbatsmönstret från 1980- och 90-talens förhör med något äldre dagisbarn. Det börjar med tämligen konkreta misstankar om sexuellt övergrepp och slutar med häxsabbat.

I första stadiet gällde det för mamman att få misstankarna mot sin man bekräftade, alltså att fastställa att han förgripit sig på dottern innan hon var två år gammal. Vad gäller dessa avslöjanden blev barnets av mamman tolkade berättelser inte underlag för någon dom.

I andra stadiet började mamman knyta ihop sin man med den misstänkte rättsläkaren och den styckade prostituerade kvinnan. Barnet uppges "spontant" ha känt igen den döda Catrin da Costa på en bild i tidningen.

När historien trappas upp till nästa avsats så har de två läkarna haft homosexuella samlag med varandra framför det lilla barnet.

Och därefter tillkommer de sedvanliga rituella inslagen. De har iförda någon sorts maskeradkostymer, "kåpor", och med svärtade ansikten målat sitt offer ("Tanten" som barnet känt igen från en tidningsbild) röd, gul och blå. Självfallet har de fotograferat under sina orgier.

Slutligen kommer bekännelsen om kannibalism. De två läkarna skulle ha ätit på den styckade kvinnans kropp, bland annat hennes ögon, och därtill anrättat okända delar på någon sorts grill.

Dessa uppgifter togs på största allvar av de utredande poliserna eftersom den inblandade barnpsykologiska expertisen intygade att mammans tolkning av vad barnet kanske berättat tydde på att historien var fullt pålitlig.

Mamman trodde länge att grillandet skulle ha ägt rum vid hennes före detta svärföräldrars sommarställe i skärgården. Polisen spettade sedermera upp trädgårdslandet på det angivna sommarstället i sökandet efter det styckade offrets försvunna huvud.

Då hade emellertid utredarna kommit fram till att mordet och de satanistiska orgierna ägt rum på en helt annan plats, nämligen på rättsläkarstationen i Solna.

Följaktligen vallades barnet på den antagna brottsplatsen i sällskap av psykologer, rättsläkare och polis. Varken ute i själva bårhuset eller på andra ställen i lokalerna visade emellertid barnet några som helst tecken på att känna igen sig. Detta fann de två psykologiska experterna i utredningen särskilt anmärkningsvärt. Eftersom det visade att hon varit där. Eftersom hon vägrade att känna igen sig.

I sitt expertutlåtande om denna synförrättning på den förmodade brottsplatsen skrev de två barnspecialisterna att "Erikas reaktioner vid detta besök kan beskrivas som en tillkämpad oberördhet gränsande till uppspelthet och skulle psykologiskt kunna uppfattas som en försvarshållning mot att våga berätta eller minnas. Det kan tyckas egendomligt att Erika reagerade på detta sätt när hon i dialogerna med modern ger så mycket uppgifter kring fadern och (rättsläkaren) och deras förehavanden om det som polisen misstänkt, nämligen att Erika varit med fadern och (rättsläkaren) på rättsläkarstationen och där åsett ett styckmord. Man bör dock beakta att de psykologiska omständigheterna vid samtalen med modern skiljer sig väsentligt från att vara på den plats där Erika möjligen varit utsatt för dessa skrämmande upplevelser och dessutom vara där inte ensam med modern utan med en psykolog och en barnpsykiater (och delvis också en rättsläkare)."

Rättsläkaren som deltog i denna övning var Jovan Rajs, som på helt andra grunder resonerat sig fram till att de två misstänkta var skyldiga. Han hade hjälpt till genom att dekorera den misstänkte kollegans tjänsterum med tre kranier, dock utan att ens därmed uppnå några hågkomster från den lilla flickan.

Även om själva styckmordsprocessen har en mängd bevisning utanför barnvittnets av modern tolkade utsagor så är det till syvende og sidst barnets påstådda berättelse som är det centrala för all bevisföring i själva målet. Åklagarsidan vände exempelvis mot Allmänläkaren att han bevisligen varit tillsammans med Obducenten på rättsläkarstationen. Eftersom hans dotter hade berättat det. Men framför allt för att en psykolog och en barnpsykiater vetenskapligt bekräftat att dotterns historia var sann.

De två läkarna kunde aldrig fällas för mord. Men för att åtminstone något blidka allmänheten fann Stockholms tingsrätt i sin dom anledning att skriva in att de två misstänkta dock, bortom varje rimligt tvivel, hade styckat den prostituerade kvinnan på rättsläkarstationen just så som barnets berättelse vidimerats av vetenskaplig expertis.

Det brott som de två mordåtalade enligt den frikännande domen skulle ha gjort sig skyldiga till – brott mot griftefrid – var emellertid preskriberat.

Följaktligen har de frikänts så att de ändå dömts, fast utan att kunna överklaga. Men därvid är vi inne på rättsskandalen i stort.

Vad gäller den av påstådd vetenskap bekräftade demonologiska berättelsen om maskeradkostymer, homosexuella orgier, målat lik och kannibalism, så har både medierna och domstolarna visat en märklig finkänslighet. Man undviker att beröra de uppenbart absurda inslagen, diskuterar exempelvis inte hur de två misstänkta på den korta tid som enligt utredningen skulle ha stått dem till buds lyckats kleta ned både sig själva och offret med färg, klä ut sig i kåpor, fotografera, äta ögon och grilla likdelar och därefter återställa allt till sin ordning och, i Allmänläkarens fall, spatsera hem för att äta pingsthelgsmiddag med familj och föräldrar.

Den barnpsykologiska expertisen är också något undanglidande när det gäller de uppenbart orimliga inslagen i "barnets berättelse" som sagan kallas. Liksom de medier som, med ytterst få undantag, skildrade hela rättsskandalen med utgångspunkt från att de misstänkta var skyldiga och att barnet sett dem både stycka och mörda. Somliga journalister inom den hejarklack som arbetade för en fällande dom utvecklade en märkligt hög grad av vetenskapligt kunnande när det gällde att förstå och tolka "barnets berättelse" till slutsatsen att den i allt väsentligt måste vara sann. Men också de undvek visligen att närmare diskutera kannibalismen och den svarta sabbaten.

Och detta är, tycker jag mig ha funnit, ett typiskt drag för vår tid när det gäller att associera till allt som har med "häxprocesser" att göra.

Å ena sidan vantolkar vi de historiska häxprocesserna för att få dem att passa in i nutidens politiska agenda. Å andra sidan förefaller det omöjligt för oss att se häxprocessernas karaktäristiska drag upprepas i vår egen tid.

När Dagens Nyheter på den traditionella häxaftonen detta år, således på skärtorsdagen, berättar för sina läsare om de historiska häxprocesserna heter det att "några forskare bedömer att det var 600 000 människor, kvinnor mest, som gick under i lågorna". Vilket några forskare inte alls gör eftersom det knappast finns belägg för tjugondelen så många. Och vidare upplystes Dagens Nyheters läsekrets om att häxprocesserna genomfördes av överheten "för att få pli på befolkningen" för att lättare kunna driva in skatter. Vilket är en fnoskig förklaring, dock en något bättre fnoskig förklaring än den som länge var den mest populära bland kulturskribenter och feminister: nämligen att det var tre miljoner kvinnor som brändes på bål som ett uttryck för männens vilja att som grupp förtrycka kvinnorna som grupp eller möjligen att slå ett slag för skolmedicinen på de manliga universiteten.

De historiska häxprocesserna används som emblem för i stort sett vilken som helst nutida politisk attityd. När en professor i Uppsala nyligen sökte en professur i Lund råkade han ut för malören att en anställningsgrupp inte ville förorda honom. Då gick han ut i pressen med beskedet att han varit utsatt såväl för "en häxprocess" som för "inkvisitionen". Märkligt nog var han professor i historia, galenskapen kan blomma ut i de mest överraskande sammanhang när det gäller häxprocesser. För övrigt fick han jobbet i alla fall.

Och å andra sidan. Ingen enda observatör såg i tid de typiska häxprocessinslagen i exempelvis barnets häxsabbatssaga i styckmordsprocessen, barnens berättelser från häxjakten i Bjugn, legenden om de 12 000 barnen som skulle ha deltagit i satanistorgier på amerikanska barndaghem, eller i berättelser om massgravarna, kannibalorgierna och barnoffren till Satan i Södertäljesagan.

För Blåkulla i vår egen tid är vi blinda. Och det var just i vår egen tid som vi slog det historiska rekordet med det yngsta barnvittnet någonsin i en häxprocess.

Efterord och källor

Denna text blev tvivelsutan mitt livs mest stillasittande reportage-arbete. Det gör inte nödvändigtvis ansträngningen mindre. Det var betydligt enklare att bestiga Matterhorn.

Men ett reportage är det och ingenting annat. Ambitionen är alltså att texten skall vara sann i journalistisk mening och att det tydligt skall framgå vad som är redovisning av fakta och vad som är resonemang.

Litteratur bör man emellertid inte göra av häxprocessernas epok, åtminstone inte för svenskt vidkommande, även om det var min första avsikt. Men det är en högst väsentlig skillnad när det gäller källor och faktisk kunskap om vi jämför 1600-talet och 1100- och 1200-talen. Med en måttlig överdrift kan man påstå att vi har namn och adress på de flesta personer som brändes på bål för trolldom i Sverige, liksom på deras domare. I ett sådant kunskapsläge har den litterära fiktionen ingen meningsfull uppgift utan skulle bara röra till bilden. Alltså journalistik.

Å andra sidan, om denna text varit litteratur skulle jag med rätta ha kunnat anklagas för plagiat från flera håll, framför allt från professor Bengt Ankarloo och universitetslektor Jonas Liliequist och den danske forskaren Gustav Henningsen. Mitt eget bidrag till kunskapsbilden är åtminstone vad gäller 1600-talet ytterst blygsamt. Vad jag avsett att åstadkomma därvidlag är en sorts översättning till journalistik av den akademiska forskningens redan publicerade rön och kunskaper.

Det arbetet skall inte överskattas, jag avser alls inte att uppträda i lånta fjädrar. Men det skall heller inte underskattas. För om det hade varit en enkel sak hade andra journalister redan gjort det. Mina två föregångare i ämnet, Lars Widding och Per Anders Fogelström, som båda tillhör den ypperstá journalistiska eliten, begränsade sig klokt till ett kort och dramatiskt avsnitt, nämligen slutet på de svenska häxprocesserna i Stockholm 1675–76. De skrev för övrigt med en teknik som kan sägas vara *new journalism* långt innan begreppet existerade; journalisten lånar 1800-talsromanens komposition och stilgrepp men bibehåller kravet på korrekta fakta.

Vad gäller det obönhörliga kravet på att sakuppgifter skall vara korrekta har jag fått en ytterst generös och värdefull hjälp från professor Bengt Ankarloo, vars granskning har besparat läsarna ett trettiotal direkta felaktigheter samt ett dumt resonemang. Samma hjälp har jag fått från Jonas Liliequist vid Umeå universitet med kapitel VI.

Jag föreställer mig att Bengt Ankarloo, vars arbete i ämnet är det sannolikt mest grundläggande i Europa, får samma konstiga känsla vid läsningen av min text som jag själv får när jag ser någon av mina romaner i en så kallad läsa-lätt-version för invandrare och förståndshandikappade. Ytterst försynt meddelade han mig att han tyckte att jag förenklat en del, bland annat i terminologin.

Och det är ju sant, det var avsikten. Akademisk text är av flera skäl, delvis närmast principiella, oläslig för större delen av mänskligheten. Här är inte platsen att försöka reda ut varför det förhåller sig så, det vore dessutom ofint att bita den hand som så generöst försett mig.

Vad gäller den följande källförteckningen har jag gjort ett mycket strängt urval i stället för att försöka imponera så som akademikerna gör genom att förteckna allt de snuddat vid. Jag begränsar mig till de källor som antingen varit grundläggande för mitt arbete, eller där jag hämtat väsentlig information, eller där en läsare som vill veta mer skulle få nöje av läsningen.

Stockholm i juni 2002
Jan Guillou

Källor

Ankarloo Bengt, Trolldomsprocesserna i Sverige, Lund 1996

Ankarloo Bengt & Henningsen Gustav, Häxornas Europa 1400–1700, Lund 1987

Dagbladets Helgemagasin, Oslo 23 mars 2002

Duckert Hege m fl, Satans Kvinnfolk, Oslo 1989

Englund Peter, Det hotade huset, Stockholm 1994

Fogelström Per Anders, Historia kring Stockholm – Häxorna i Katarina, Stockholm 1966

Fogelström Per Anders, En bok om Söder, Stockholm 1953

Gadelius Bror, Urban Hjärne och häxprocesserna i Stockholm 1676, Stockholm 1909

Gadelius Bror, Häxor och häxprocesser, Falköping 1963

Henningsen Gustav, Häxornas advokat – historiens största häxprocess, Kristianstad 1987

Kringstad Hans, Bjugn-Formelen, Oslo 1997

Kärfve Eva, Den stora ondskan i Valais, Stockholm 1992

Lagerlöf-Génetay Birgitta, De svenska häxprocessernas utbrottsskede 1668–1671. Bakgrund i Övre Dalarna. Social och ecklesiastik kontext, Stockholm 1990

Liliequist Jonas, Brott, Synd och Straff – Tidelagsbrottet i Sverige under 1600- och 1700-talet, Umeå Universitet 1991

Lindeberg Per, Döden är en man, Stockholm 1999

Linnel Tore, Nyttoväxter, Uppsala 1985

Lundmark Lennart, DN Kultur/essä den 7 och 8 mars samt 24 maj 2002

Rystad Göran, Karl XI – En biografi, Falun 2001

Trondarnes Distriktsmuseums skriftserie Nr 3/2002, Europas Heksepro-sesser og trolldomsforfølgelsene i Troms

Widding Lars & Jacobson-Widding Anita, När häxbålen brann, Stockholm 1980

Åberg Alf, Häxorna – de stora trolldomsprocesserna i Sverige 1668–1676, Göteborg 1989